Über dieses Buch

Dieses Lexikon enthält 500 Biographien bedeutender Fotografen von der Pionierzeit um 1830 bis zur Gegenwart. Es konzentriert sich dabei auf Persönlichkeiten, die der Fotografie vornehmlich den Rang eines künstlerischen Mediums gesichert haben, berücksichtigt aber auch Werbefotografen und Bildjournalisten, deren Schaffen über kommerzielle Auftragsarbeiten hinausgeht oder auch fotohistorische Bedeutung hat.
Das Vorwort skizziert Grundlagen und Geschichte der Fotografie als Kunst. Weiterführende Literaturangaben und zahlreiche Abbildungen ergänzen die lexikalische Information.

Der Autor

Jörg Krichbaum, geb. 1945 in Dortmund, hat mit diesem Buch das erste Fotografen-Lexikon überhaupt erarbeitet. Nach einer Fotografenlehre war er lange Zeit als Bildjournalist für verschiedene Tageszeitungen tätig. Studium an der Hochschule für Bildende Künste Berlin und an der Universität Göttingen. Seit 1979 ist er stellvertretender Chefredakteur einer Fotozeitschrift. Zahlreiche Veröffentlichungen: neben Gedichtbänden, Erzählungen, Romanen u.a. Studien über »*Albrecht Altdorfer*« (1978) und »Heinrich Riebesahl« (1978) und zusammen mit Rein A. Zondergeld *DuMont's kleines Lexikon der Phantastischen Malerei* (1977), *Künstlerinnen – Von der Antike bis zur Gegenwart* (1979), *Lexikon der Phantastischen Literatur* (1981). Tukan-Preisträger der Stadt München 1981; Villa-Massimo-Stipendium 1981/82.

Jörg Krichbaum

Lexikon der Fotografen

Fischer
Taschenbuch
Verlag

Originalausgabe
Fischer Taschenbuch Verlag
Dezember 1981

Umschlagentwurf: Jan Buchholz/Reni Hinsch

Fischer Taschenbuch Verlag GmbH, Frankfurt am Main

Gesamtherstellung: Clausen & Bosse, Leck
Satz: Fotosatz Hümmer, Waldbüttelbrunn
Printed in Germany
1080-ISBN-3-596-26418-9

Vorwort

Bezeichnend für die Fotografie und zugleich irritierend für viele ihrer Apologeten ist die Tatsache, daß sie ihre Entstehung einer Reihe von Chemikern und Alchimisten verdankt. Diese Alchimisten, von dem Glauben an die Allmacht der Wissenschaft durchdrungene Forscher, wurden in der Handhabung des neuen Mediums durch Künstler – zumeist Maler – abgelöst, die in der Fotografie eine Möglichkeit erkannten, nicht nur mit dem Licht zu zeichnen, sondern vor allem kostengünstiger und einfacher zu einem Abbild der Realität zu gelangen. Daß es sich bei diesen Abbildern zumeist um Porträts und weniger um Landschaften oder Stilleben handelte, erklärt sich aus dem Sachverhalt, daß die fotointeressierten Maler zumeist Porträtisten waren, für die die Malerei in erster Linie eine Art Broterwerb darstellte.
Die Fotografie traf um 1840 auf eine Situation, in der die Selbstdarstellung des Bürgertums, in Schrift und Bild, von einer schon fast staatserhaltenden Bedeutung war. Die Vereinnahmumg und Verwertung (»carte de visite«) der Fotografie durch die Porträtisten ließe sich demzufolge als logische Konsequenz darstellen – und sie führte dazu, daß sich ihr rein künstlerischer Zweig (die auftragsungebundene Durchgestaltung eines visuellen Problems) erst sehr viel später durchsetzen konnte, obgleich schon um 1850 eine Reihe von gerichtlichen Prozessen angestrengt worden war, in denen schließlich festgestellt werden konnte, daß es sich bei der Fotografie tatsächlich um Kunst und nicht um ein bloßes »Handwerk« handelte.
Den ersten Porträtisten folgten um 1860 die ersten Dokumentar- und später die Reisefotografen. Um 1875 begannen Fotoanalytiker wie Eadweard Muybridge und Ottomar Anschütz, die Fotografie als Mittel zur Sichtbarmachung schneller Bewegungsabläufe einzusetzen, die bis dahin dem menschlichen Auge verborgen geblieben waren. 20 weitere Jahre sollte es aber noch dauern, bis der Fotografie mit den Werken Heinrich Kühns und Robert Demachys (um 1895) ihr ursprünglich künstlerischer Aspekt zurückgegeben wurde. Diese als »Kunstfotografie« bezeichnete Lichtbildnerei, die den Einsatz von Umdrucktechniken (Bromöl-, Gummidruck) propagierte, wurde zum ersten internationalen fotografischen Stil, der in Skandinavien ebenso gepflegt wurde wie im Süden Europas und in den Vereinigten Staaten – und dessen unverhohlener Romantizismus gut 25 Jahre später von den Bauhaus-Fotografen (László Moholy-Nagy, Herbert Bayer) und deren Mitläufern in der »Neuen Fotografie« (die sachlich und experimentell zugleich war) vehement kritisiert und

überwunden wurde. Kurz vor 1930 entwickelte sich, verursacht durch revolutionäre Veränderungen im Kamerabau (Kleinbildkamera) der Bildjournalismus, der von da ab von vielen Historikern in völliger Verkennung seiner genuinen Begrenztheit als einzige und wahre fotografische Richtung mißverstanden werden sollte. Erst 1950 vollzog sich, ausgelöst durch Otto Steinerts programmatische Ausstellung »Subjektive Fotografie« in Saarbrücken, eine Rückbesinnung auf die fotokünstlerischen Leistungen der »Neuen Fotografie«. Zugleich wurde in der kritischen Auseinandersetzung mit Steinerts ausgewählten Bildbeispielen erneut die kreative Potenz, die visuelle Wucht der Fotografie sichtbar, die sich seitdem, unangefochten von allen anderen Entwicklungen, als Kunst interpretiert und bestätigt sieht, ganz gleich, ob es sich dabei um die analytisch/konzeptuelle Fotografie eines John Hilliard oder Floris M. Neusüss (seit 1969) handelt oder um den modernen »Visualismus« eines Andreas Müller-Pohle (seit 1975), der nicht nur an die Leistungen des Bauhauses anknüpft, sondern sich auch auf die Errungenschaften Alexander Rodtschenkos und Sergej M. Eisensteins beruft.
Grundsätzlich läßt sich die Fotografie – wie jede andere kunstfähige Disziplin auch – in zwei Entwicklungsrichtungen teilen: in die künstlerische und in die kommerzielle, wobei es keine absolut neue Erkenntnis ist, daß die erste Gruppe dominiert, Qualitätsvorgaben erarbeitet und genau für jene visuellen Veränderungen und kreativen Revolutionen sorgt, die dann nach Anerkennung und positiver Rezeption durch Kritikerschaft und Publikum dem Verwertungsmechanismus der zweiten Gruppe (Fotodesign/Fotowerbung etc.) ausgeliefert sind. Um diese Zweiteilung auch verbal deutlich werden zu lassen, spricht man seit einigen Jahren von »Primärfotografie«, wenn man den unzweideutig künstlerischen Teil dieser 150 Jahre alten Disziplin meint – so wie man im Bereich der Literatur von Belletristik spricht, wenn man klargestellt wissen will, daß bei mit diesem Wort bezeichneten Texten *nicht* zugleich auch an Feuilleton- oder Werbetexte gedacht ist.
Ein entscheidender Schritt zur weiteren Lösung dieses eigentlich schon durch Heinrich Kühn um 1900 und 50 Jahre später durch Otto Steinert geklärten Problems der kreativen Fotografie und ihrer eindeutigen Definierung als Kunst, neben den beiden anderen visuellen Künsten Malerei und Film, vollzog sich durch die mit internationalem Beifall bedachte Ausstellung »Photographie als Kunst 1879–1979, Kunst als Photographie 1949–1979«, die im Spätherbst 1979 im Ferdinandeum in Innsbruck gezeigt wurde und dem Andenken Heinrich Kühns gewidmet war. Dort wurde letztmalig und verbindlich für alle weiteren Argumentationen an Namen und Werken das zusammengestellt, was sich in der chronologischen Reihung als eine »visualisierte Geschichte« der künstlerischen Fo-

tografie, der Primärfotografie im weitesten Sinne, interpretieren ließe. Das vorliegende Lexikon der Fotografen versteht sich so gesehen nicht nur als ein reines Nachschlagewerk, in dem die wichtigsten Namen der Lichtbildnerei zusammengetragen sind, sondern zugleich auch als ein kleiner »enzyklopädischer Beitrag« zur Geschichte der Fotografie als Kunst. Aus diesem Grunde finden all die Fotografen keine Aufnahme im Biographienteil, die für die neuere Fotografie überwiegend als kommerzielle Verwerter von Wichtigkeit sind. Grenzfälle, wie beispielsweise Helmut Newton, dessen berauschende Modefotos und Menschenarrangements beispielhaft und wegweisend sein dürften, sollen damit ebensowenig gemeint sein wie die Arbeiten eines Kishin Shinoyama, Richard Avedon oder Robert Häusser – in diesen Fällen entscheidet, wenn auch subjektiv festgestellt, die kreative Substanz bzw., wie im Falle Pierre Cordiers, die über den Tag hinausgehende fotohistorische Bedeutung. Eine plausiblere Vorgehensweise für die erste Erstellung eines Lexikons der Fotografen scheint im Augenblick noch nicht vorstellbar. Die damit verbundenen Probleme oder gar »Ungerechtigkeiten« sind mir bewußt. Gleichwohl hoffe ich, mit diesem Buch in angemessener Weise auf den häufig geäußerten Wunsch nach einer derartigen Publikation reagiert zu haben.

Ich möchte dieses Vorwort nicht abschließen, ohne mich bei Jean-Claude Lemagny, Bernd Lohse, Fritz Kempe, Cornell Capa, Karl Steinorth, Ake Sidwall und Ditmar Albert sowie Ulrich Rathje vom Münchner Fotomuseum zu bedanken, die mich wiederholt mit Katalogmaterial und Informationen unterstützten – und ohne deren Hilfe dieses erste Lexikon der Fotografen in der vorliegenden Form nicht zustande gekommen wäre.

Göttingen/München 1979/80 *JörgKrichbaum*

Von allen Fotografen, bei denen am Spaltenanfang ein * gesetzt ist, sind eine oder mehrere Aufnahmen abgebildet.

Abbe, James (* 1883 Alfred/Maine, † 1973 San Francisco) Machte seine ersten Aufnahmen mit 15 Jahren. 1910 feste Anstellung als Reporter bei der »Washington Post«. Ab 1915 mehrere Reisen nach Europa. Ab 1918/19 Fotoserien der großen Filmstars aus Hollywood (u.a. Fred Astaire, Rudolph Valentino). 1922 Zusammentreffen mit D. W. Griffith, gemeinsames Filmprojekt. Reisen nach Europa, wo er zunächst Fotos aus der Welt der Mode u.a. für »Harper's Bazaar«, »Vue« und »Vogue« machte, dann aber, ab 1929, als Bildjournalist für die »Berliner Illustrirte« tätig wurde: Fotoserien über die Nationalsozialisten, deren Emporkommen er bewundernd verfolgte (Porträts von Hitler, Göring, Goebbels). Ab 1936 Bildberichte über den Spanischen Bürgerkrieg. 1939 Rückkehr nach Amerika, wo ihm 1940 unter dem Titel »James Abbe Observes« ein eigenes Rundfunkprogramm eingeräumt wurde.

Lit. J. A., Stars of the Twenties. New York 1975

* **Abbott,** Berenice (* 1898 Springfield/Ohio) Studium der Journalistik an der Ohio State University bis 1918; Studium der Bildhauerei in New York und Paris bei Emile Bourdelle und Constantin Brancusi. 1922 Aufenthalt in Berlin. 1923 Assistentin von → Ray. 1926 Eröffnung eines Porträtstudios in Paris, wo sie das Werk → Atgets kennenlernte. 1929 Rückkehr nach New York und erste Versuche, eine fotografische Bestandsaufnahme »ihrer Stadt« im Sinne Atgets zu erstellen. 1934–58 Lehrtätigkeit an der New York School for Social Research. 1958–61 Auseinandersetzung mit der wissenschaftlichen Fotografie. Zu ihren überragenden Werken zählt die Fotodokumentation »Changing New York«, die 1939 publiziert wurde. Die Pionierarbeit auf dem Gebiet der Dokumentarfotografie macht sie neben → Bourke-White und → Lange zu einer der wichtigsten Fotografinnen des 20. Jh. in den USA.

Lit. B. A. In: K. Steinorth, Photographen der 20er Jahre. München 1979

Adams, Ansel Easton (* 1902 San Francisco) Begann mit 14 Jahren zu fotografieren. Ab 1923 mehrere Fotoreisen in die High Sierra, über die er 1927 ein Portfolio herausgab. 1929 erstmaliges Zusammentreffen mit → Strand, dem er entscheidende Anregungen verdankte: Er entschloß sich, hauptberuflich als Fotograf zu arbeiten. 1932 gründete A. gemeinsam mit Edward → Weston, → Cunningham u.a. die Fotogruppe »f/64«. 1933 Bekanntschaft mit → Stieglitz und Eröffnung einer eigenen Fotoschule (und Galerie) in Kalifornien. 1934 Schließung der Schule und Konzentrierung auf die reine Landschaftsfotografie. 1939 Einzelausstellung im Museum of Modern Art von San Francisco. 1940 gründete und eröffnete er mit Beaumont Newhall die Fotoabteilung des Museums of Modern Art. Ab 1955 regelmäßige Workshops in Yosemite-Valley. Seine als Reaktion auf die impressionistische Fotografie favorisierte »straight photographie« mit ihrer prinzipiellen Beschränkung auf die Sujets Landschaft und Architektur (sporadisch) gehört zu den herausragenden Äußerungen der Lichtbildnerei. Zahlreiche Bildbände, Portfolios und Ausstellungen machten ihn zu einem der bekanntesten Fotografen der Gegenwart. Seine oft sehr großformatigen Prints (s/w) gelten wegen der individu-

Berenice Abbott

ellen Vergrößerungstechnik als von anderer Hand nicht kopierbar.

Lit. N. Newhall und A. A., The Eloquent Light. San Francisco 1963

Adamson, Robert (* 1821 Burnside/Schottland, † 1848 St. Andrew/Schottland) Dieser nach dem Talbotschen Kalotypie-Verfahren arbeitende Lichtbildner war der erste Fotograf in Schottland, der schon um 1840 ein Porträtatelier unterhielt. 1843 lernte er durch Vermittlung des Wissenschaftlers Sir David Brewster den Maler David O. → Hill kennen, mit dem er bis zu seinem Tod zusammenarbeitete. 1844–48 entstanden mehr als 1500 Kalotypien; zunächst eine Serie von Porträts der Gründungsmitglieder der Free Church of Scotland, dann Landschaftsstudien, Doppelporträts, Gruppenbildnisse und Stadtansichten, die in Albumform verkauft wurden. In derselben Zeit stellte A. mehrmals seine Kalotypien in der Royal Scottish Academy aus.

Lit. R. A. In: Photographie zwischen Daguerreotypie und Kunstphotographie. Bearbeitet von F. Kempe. Museum für Kunst und Gewerbe. Hamburg 1977

* **Albert,** Herbert (* 1943 Aachen) Absolvierte eine Ausbildung als Kaufmann; 1970 Examen als Diplom-Kaufmann an der Universität Köln. Seit 1961 Beschäftigung mit der Fotografie, daneben Auseinandersetzung mit der Farbenpsychologie und der Soziologie. Fotoarbeiten bis 1973/74 vorwiegend in Farbe (alle Sujets). 1974 Reisen u.a. nach Marokko, Italien, Irland und Griechenland, wo seine Serien über »Skulpturen und Landschaften« (s/w) entstanden. Zugleich konzentrierte sich A. auf die dokumentarische Ablichtung von Detailarchitekturen, Hausfassaden und Hausensembles in Belgien, Holland und Luxemburg (deutliche Parallelen zum Werk → Schürmanns). A. präsentiert »menschliche Lebensräume«, ohne den Menschen selbst abzubilden. Der partielle Einfluß der Arbeiten von → Harbutt definiert sein Œuvre als »subjektiven Dokumentarismus«. 1978 erhielt er zusammen mit → Schürmann und Hans-Martin Küsters den Förderpreis der Stadt Aachen (erstmalige Vergabe an Fotografen).

Lit. H. A. In: ZOOM, Nr. 2. München 1980

Albert, Joseph (* 1825 München, † 1886 München) Studierte bis 1847 u.a. Physik und Chemie am Polytech-

Herbert Albert »*Sifnos 1979*«

Herbert Albert »*Athen 1977*

nikum in München; Bekanntschaft mit → Löcherer; Abbruch des Studiums und Eröffnung eines Fotoateliers in Augsburg (1850). Erste Ausstellung seiner Lichtbilder 1854 im Münchner Glaspalast. Spezialisierung auf Reproduktionen. 1857 Bildserie über das Schloß Hohenschwangau. 1858 Ernennung zum »Hofphotographen« und Verlegung des Ateliers nach München, zahlreiche Fotoaufträge für das Bayerische Königshaus. Bis 1862 fertigte A. mehr als 40 Porträts von Mitgliedern europäischer Königshäuser, dazu Kaiser Franz Joseph von Österreich und Papst Pius IX. 1863 fotografierte er den Deutschen Fürstenkongreß in Frankfurt, 1871 den Einzug der »siegreichen bayerischen Truppen« in München. Berühmt wurde er unter anderem wegen seiner zahlreichen, sehr aufwendig inszenierten Gruppenporträts, seiner Bildserien von König Ludwig II., seiner Versuche mit der Farbfotografie 1877 (Zusammenarbeit mit Louis Ducos du Hauron 1879), seiner Bildfolgen aus dem Versailler Schloß und seiner Lichtdruck-Werkstatt, in der er Massenauflagen von Fotografien (bis zu 1000 Stück pro Tag) herstellen konnte. Zu seiner Zeit war er nicht nur einer der bekanntesten Porträtfotografen, sondern auch der mit Abstand wohlhabendste.

Lit. W. Ranke, J. A. Hofphotograph der bayerischen Könige. München 1977

Alexandre (eigentl. Albert Edouard Drains; *1855 Paris, † 1925 Nizza) Übersiedelte 1875 nach Brüssel und gründete dort ein Fotoatelier. Seine Kenntnisse der Werke von → Demachy und → Kühn animierten ihn um 1900 zu Lichtbildern im Sinne der Kunstfotografie, als deren wichtigster Wegbereiter in Belgien er häufig genannt wird. 1888 zeigte er seine ersten freien Arbeiten (vorwiegend Landschaften und genrehafte Szenen) im »Cercle Artistique« in Brüssel. Als Mitglied der »Association Belge de Photographie« beschäftigte er sich nach 1890 wiederholt mit der Darstellung des Soldatenlebens. 1922 übersiedelte er von Brüssel nach Nizza.

Lit. A. In: C. Magelhaes und L. Roosens, De fotokunst in België 1839–1940. Deurne/Antwerpen 1970

* **Alinari,** Leopoldo (* 1832 Florenz?, † 1865 Florenz) Erlernte 1845–48 die Technik der Lithographie und des Kupferstichs in der Florentiner Werkstatt von Giuseppe Bardi, der ihn darüber hinaus mit der Fotografie vertraut machte und ihn 1852 finanziell bei der Eröffnung eines kleinen Fotoateliers unterstützte. 1854 konnte A. das Geschäft erweitern; er nahm seine Brüder Romualdo (1830–91) und Giuseppe (1836–91) mit hinzu und spezialisierte sich auf Porträtaufträge, wozu Aufnahmen von Massenveranstaltungen, Hochzeiten und Situationsporträts ebenso zählten wie das üppig arrangierte Ganzporträt mit gemaltem Hintergrund. Um 1860 wurden die »Fratelli Alinari« mit der Reproduktion von Gemälden, Skulpturen und Reliefs der Uffizien betraut (sie benutzten dazu Kameras mit Formaten bis zu 90 × 130 cm). 1864 erging an sie der Auftrag, die Gemälde von Raffael in Wien, Venedig und Florenz zu reproduzieren. Nach dem Tode Leopoldos (dessen Sohn Vittorio 1891 die Leitung des Ateliers übernahm) wurde das Unternehmen von den Brüdern nochmals erweitert. Sie erprobten neue Kopier- und Aufnahmetechniken, experimentierten mit Umdrucktechniken und dem Farbdruck, erstellten eine Topographie Sardiniens und reisten wiederholt durch Italien, um Aufnahmen des Landlebens und von den kulturhistorisch wertvollsten Bauwerken anzufertigen. Zugleich versuchten sie sich als »Schnappschuß«-Fotografen und Schilderer genrehafter Szenen (»Im Wirtshaus«, »In der Apotheke«, »Die Bauarbeiter«, o.J.). Zu ihrer Zeit waren die Gebrüder A. eines der größten und wohlhabendsten fotografischen Unternehmen in Europa. Sie beschäftigten um 1870 mehr als 100 Personen (vor allem Laboranten) und unterhielten Zweigateliers in Rom, Venedig und Neapel. Die Zahl ihrer noch erhaltenen, nachgelassenen Aufnahmen wird auf annähernd 90 000 geschätzt.

Lit. A., Photographers of Florence 1851–1920. Florenz 1978

Alpert, Max Wladimir (* 1899 Odessa/Ukraine) Diente nach einer Fotografenlehre 1917–24 als Soldat in der Roten Armee. Ab 1924 als Reporter für die »Arbeiter Zeitung« tätig. 1929–31 Reporter für die »Prawda«; Mitglied der Russischen Gesellschaft Proletarischer Fotografen; Fotodokumentation »Ein Tag im Leben der Familie Fillipow«, die ihn über die Grenzen der UdSSR hinaus bekannt machte. Ab 1936 Reporter für »Tass«, hauptsächlich an der ukrainischen Front (Tschechoslowakei) eingesetzt. Ab 1960 Arbeiten für die Nachrichtenagentur »Nowosti«. 1962 Edierung eines Berichtes über seine Tätigkeit als Fotograf. Er gilt neben Arkadi Shaykhet, Alexander Uzlyan und Boris Kudoyarov als einer der Begründer des modernen Bildjournalismus in der Sowjetunion.

Lit. M. A. In: D. Mrázkowá und V. Remes (Hrsg.), Von Moskau nach Berlin. München 1979

Altobelli, Gioacchino (* um 1840 Rom, † ? Rom) Arbeitete wie → Molins und später → Faruffini zuerst als Maler, bevor er sich für die Fotografie (Naßplatten-Verfahren) entschied. Mit Molins eröffnete er 1865 in Rom ein Atelier und konzentrierte sich neben Porträtaufträgen auf die Ablichtung von Stadtansichten Roms. Als festangestellter Fotograf der Französischen Akademie konnte er sich ausschließlich

Alinari »*Florence. View of the Cathedral from the Palazzo Vecchio*«

mit der Fotografie beschäftigen. 1867 stellte er auf der Pariser Weltausstellung »sechs Schautafeln mit Fotografien von römischen Gebäuden« vor, die nach einem »neuen, durch die Päpstliche Regierung lizensierten Verfahren« hergestellt waren. Berühmt wurde er durch seine schon auf die »Kunstfotografie« weisenden »Mondlichteffekte«. Er fotografierte die Bresche bei der Porta Pia mit Soldaten als Statisten (historische Anspielung auf den 20. 9. 1870, als die Italiener im Deutsch-Französischen Krieg Rom besetzten). A. zählt zu den bedeutendsten frühen römischen Fotografen.

Lit. G. A. In: P. Becchetti, Fotografie e fotografia in Italia. Rom 1978

* **Alvarez-Bravo,** Manuel (* 1902 Mexico-City) Studierte nach seiner Ausbildung als Handelskaufmann Literatur und Malerei an der Central School of Classic Art. Seine ersten Fotografien entstanden 1922. Bedeutsam für seine Entscheidung, Berufsfotograf zu werden (1928), wurde seine Bekanntschaft mit → Modotti, die sich bis 1930 in Mexiko aufhielt und ihn mit den Fotos von Edward → Weston konfrontierte. 1933 Begegnung mit → Strand; 1935 Reise nach Chicago und Kontakte zu → Cartier-Bresson. 1943–59 Dozentur für Fotografie am Film Institute of Mexico-City. 1955 Beteiligung an der von → Steichen organisierten Ausstellung »The Family of Man«. Seine freien, oftmals symbolisch-phantastischen Figurendarstellungen wie auch seine sozialkritischen Fotoserien aus mexikanischen Städten, die durch ihre klare Formensprache überraschen (und bisweilen an → List denken lassen) zählen neben den Arbeiten von Sebastiao Salgado zu den besten Leistungen der lateinamerikanischen Fotografie.

Lit. M. A.-B. In: ZOOM, Nr. 12. München 1979

Angenendt, Erich (* 1894 Castrop, † 1962 Dortmund) Entstammte einer alten Fotografenfamilie. Absolvierte 1908 eine Lehre als Lichtbildner in Borken und besuchte bis 1913 die Düsseldorfer Kunstakademie. Er wurde 1914 zur Luftwaffe eingezogen, für die er mit den Mitteln der Fotografie eine Bomber-Nachtflugkarte entwarf. 1920 eröffnete er in Dortmund ein auf Porträt- und Architekturaufnahmen spezialisiertes Fotoatelier. U.a. lieferte er Fotobeiträge für das 1928 erschienene Buch »Der Gigant an der Ruhr«. Ebenso wirkte er an der Publikation »Menschen der Zeit« mit, die 1930 u.a. mit Fotos von → Perscheid, → Erfurth und → Lendvai-Dircksen erschien. In seinen nach 1945 entstandenen Lichtbildzyklen aus dem Ruhrgebiet versuchte er, eine aussagesteigernde Verbindung von Fotografik (Teilsolarisation, Negativkopie, Doppelbelichtung usw.) und Dokumentation herzustellen. 1958 wurde ihm als erstem Fotografen von Theodor Heuss das Große Bundesverdienstkreuz verliehen.

Lit. E. A. In: P. Benteler, Deutsche Fotografie nach 1945. Ausstellungskatalog Fotoforum Kassel. 1979

Annan, James Craig (* 1864 Hamilton/Schottland, † 1946 Lenzie/Glasgow) Erlernte die Fotografie bei seinem Vater Thomas → Annan, mit dem er 1883 nach Wien reiste. 1883–85 verdiente er seinen Lebensunterhalt mit Reproduktionen von Kunstwerken (Heliogravuren); danach Beschäftigung mit der Landschafts- und der Schnappschußfotografie. 1892 Ausstellung seiner Arbeiten in Glasgow. 1894 Ernennung zum Mitglied der Fotografengruppe »Linked Ring«; → Stieglitz wird auf ihn aufmerksam und erwirbt mehrere seiner Arbeiten für seine Sammlung. Im selben Jahr entstehen seine »impressionistischen Photogravuren« aus Venedig, die → Demachy beeinflußt haben könnten. 1900 Einzelausstellung in der Royal Photographic Society in London, deren Ehrenmitglied er 1924 wird. 1936 Ernennung zum Mitglied der Royal Society of Arts. Sein im Kreuzpunkt von Symbolismus und frühem Dokumentarismus stehendes Werk zählt zu den Höhepunkten der Fotografie in Schottland.

Lit. J. C. A., Glasgow Portraits. Ausstellungskatalog The Scottish Arts Council. Glasgow 1968

Annan, Thomas (* 1829 Glasgow?, † 1887 Glasgow) Arbeitete bis 1855 als Kupferstecher in Glasgow; um 1857 Bekanntschaft mit → Hill, der ihn in die

Manuel Alvarez-Bravo *»Mädchen vor der Wand«*

fotografischen Techniken einwies. Um 1865 arbeitete A. im ehemaligen Atelier von → Adamson in Edinburgh; wegen finanzieller Mißerfolge Rückkehr nach Glasgow; Eröffnung eines eigenen Porträtstudios 1867. 1868–77 fotografierte A. wiederholt in den Slums von Glasgow. 1883 reiste er mit seinem Sohn James Craig → Annan nach Wien, um bei Karl Klic die Technik der

Photogravure zu erlernen. Bekannt wurde A. nicht nur wegen seiner eindrucksvollen »Slum-Serie« (»Photographs of Closes, Streets & c.«, im Auftrag des Glasgow City Improvement Trust), sondern auch wegen seiner mehr als 100 Lichtbilder schottischer Herrenhäuser aus der Umgebung seiner Heimatstadt.

Lit. Th. A. In: Photography – the first eighty years. Texte von V. Lloyd. Ausstellungskatalog Galerie Colnaghi. London 1976

Anschütz, Ottomar (* 1846 Lissa bei Posen, † 1907 Berlin) Absolvierte, bevor er bei → Hanfstaengl zum Fotografen ausgebildet wurde, eine Lehre als Dekorationsmaler. Bereits mit 22 Jahren eröffnete er ein eigenes Fotoatelier in Lissa, wo er 1870 (noch vor → Muybridge) Momentaufnahmen mit Bromsilber-Gelatineplatten und Schlitzverschluß herstellte. 1882 entstanden jene Bewegungsaufnahmen von fliegenden Störchen, die ihn als Pionier in dieser Technik auswiesen. 1886 fanden seine fotografischen Versuche zur Darstellung schneller Bewegungsabläufe finanzielle Unterstützung durch das Preußische Abgeordnetenhaus. Ein Jahr später konstruierte er den »Anschütz-Schnellseher«. Seine Aufnahmen von der Einweihung des Niederwalddenkmals 1883 (Abdruck in der »Leipziger Illustrierten«) werden häufig als die ersten »Reporter-Fotografien« bezeichnet. Sein patentierter »Schnellseher« ermöglichte es, Einzel- bzw. Reihenaufnahmen von Bewegungsphasen zu einem schnellen Bewegungsablauf zu verschmelzen – dieses Gerät kann als einer der Vorläufer des Kinematografen angesehen werden (→ Marey).

Lit. B. Lohse, Der vielseitige Herr Anschütz. In: Foto-Magazin, Nr. 6. München 1976

Arbus, Diane (* 1923 New York, † 1971 New York) Bis 1959 tätig als Modefotografin; dann Zusammenarbeit mit → Model und Beschäftigung mit der Porträtfotografie. Die Beschränkung auf das einfache, unprätentiöse Abbilden ihrer Personen erinnert an → Sander. Es entstanden beeindruckende Lichtbildserien von den Randgruppen der Gesellschaft. 1967 beteiligte sie sich mit einer Auswahl von Fotografien an der Ausstellung »New Documents« im Museum of Modern Art, New York. 1970–71 Dozentur an der Rhode Island School of Design. Depressionen und verstärkte Angriffe von Kritikern trieben sie 1971 zum Selbstmord. Ein Jahr nach ihrem Tod veranstaltete das Museum of Modern Art eine umfangreiche Retrospektivausstellung.

Lit. D. A., An Aperture Monograph. New York 1972

Atget, Jean Eugène (* 1856 Libourne, † 1927 Paris) Fuhr mit 13 Jahren als Schiffsjunge zur See. Nahm 1877–80 Unterricht (Musik/Theater) am Konservatorium in Paris und begann, nachdem er als Schauspieler und Maler gescheitert war, erst 1898 zu fotografieren. Er spezialisierte sich auf Pariser Stadt- und Hausansichten, die Malern wie Maurice Utrillo und André Derain als Malvorlage dienten. 1899 erwarb die Historische Bibliothek von Paris mehrere seiner Lichtbilder. Seine zahlreichen Bildserien der vom Abriß bedrohten Häuser, der Wirtshäuser, der Schaufensterreihen der alten Pariser Viertel lassen ihn zum Begründer der sozialdokumentarischen Fotografie werden. 1927 erwarb → Abbott etwa 2000 Negative aus dem Nachlaß von A., die sie 1930 für den Bildband »Atget: Lichtbilder« (Leipzig/Paris) zur Verfügung stellte. Abbotts Idee, eine fotografische Bestandsaufnahme ihres Wohnsitzes New York anzufertigen (»Changing New York«), ist unmittelbar durch die Lichtbilder A.s inspiriert. Mehrere seiner fotografischen Archi-

Eugène Atget

tekturdetails wurden als Vorlage für Restaurierungsarbeiten benutzt.

Lit. E. A., Das alte Paris. Ausstellungskatalog Rheinisches Landesmuseum. Bonn 1978

Attie, David (* 1921 Brooklyn/New York) Arbeitete mehrere Jahre als Zeichner, Graphiker und Illustrator für verschiedene Zeitschriften, bevor er sich bei Alexey Brodovitch zum Fotografen ausbilden ließ. Seit 1970 ist A. u.a. als Werbefotograf für die Pharmaindustrie und als Bildjournalist für amerikanische Magazine tätig. In seinen seit 1971 entstehenden freien Arbeiten konzentriert er sich auf die Darstellung des Menschen (Akt, Porträt, Situationsstudie). Bekannt wurde er in Europa durch seinen Band »Russian Self-Portraits« (1977), in dem er, wie schon vor ihm → Riebesehl in seinen »Selbstdarstellungen« (1972), Menschen von der Straße in das Atelier holte und sie dort aufforderte, sich selbst abzulichten.

Lit. D. A., Russian Self-Portraits. New York/London 1977

Atzwanger, Peter Paul (* 1888 Tisis/Feldkirch, † 1974 Innsbruck) Wurde 1904–08 an der Fachschule für Steinbearbeitung in Laas zum Bildhauer ausgebildet. 1909 kurzes Kunststudium in Wien; erste Versuche mit der Fotografie. 1911–13 Studium an der Graphischen Lehr- und Versuchsanstalt in Wien. 1913 Bekanntschaft mit → Kühn, dessen Schüler und Assistent er wurde. Ab 1918 Assistent im Atelier von → Perscheid in Berlin (Porträtfotografie). 1919 Rückkehr nach Tirol. Bis 1928 als freier Fotograf tätig, Versuche mit Umdrucktechniken. Später erste Versuche mit der von Oskar Barnack entwickelten Kleinbildkamera (Leica); Fotoberichte aus seiner näheren Umgebung (Tiroler Landschaften/Szenen aus dem Leben der Landbevölkerung). 1928 Berufung als Dozent an die Graphische Lehr- und Versuchsanstalt in Wien; dort bis 1946 als Professor tätig. Der größte Teil seines Bild- und Negativarchivs wurde während des Zweiten Weltkrieges vernichtet. Seine überaus einfühlsamen Porträts und seine pointierten Bildberichte des österreichischen Landlebens (vor allem seine »Bauernstuben-Szenen«) werden von den Fotohistorikern noch immer zu wenig beachtet.

Lit. K. Springenschmid, Die Bauernschule. Mit Lichtbildern von P. P. A. Leipzig 1939

Austria, Maria (eigentl. Maria Östreicher; * 1915 Karlsbad, † 1975 Amsterdam?) Studierte ab 1934 an der Graphischen Lehr- und Versuchsanstalt in Wien. 1937 Flucht vor den Nazis nach Holland; dort nach 1945 erste fotografische Aufträge für Zeitungen und Zeitschriften. Ab 1950 umfangreiche Fotoberichte über das Concertgebouw Orchester in Amsterdam. Ab 1960 Porträtserien berühmter Persönlichkeiten, Bildserien über das Circustheater in Scheveningen und die Stadsschouwburg in Amsterdam und Nimwegen u.a., außerdem Reportagen über kulturelle Ereignisse in ganz Holland. A. war nicht nur eine hervorragende Porträtistin (Aufnahmen u.a. von James Baldwin, Bertrand Russell, Albert Schweitzer, Clara Haskil), sondern eine der besten und konsequentesten Ballett- und Theaterfotografinnen der Nachkriegszeit.

Lit. M. A., Fotografien. Amsterdam 1976

Avedon, Richard (* 1923 New York) Kam während des Kriegsdienstes bei der Marine im Photography-Department zur Lichtbildnerei. Setzte nach Kriegsende seine Ausbildung im Atelier von Alexey Brodovitch fort und spezialisierte sich dann, bis 1950, auf Ballett- und Theaterfotografien. Bis 1965 wirkte er vor allem als Modefotograf für »Harper's Bazaar« und ab 1965 für »Vogue«. Er arbeitete bevorzugt im Studio, mit Kunstlicht, um das Artifizielle der »Mode« erkennbar werden zu lassen. Auch seine Prominentenporträts, u.a. von Igor Strawinsky, Jorge Luis Borges, Jasper Johns und Jean Genet, entstanden im Atelier (zumeist unter Verwendung eines Weitwinkelobjektivs). 1970 gab er unter dem Titel »Diary of a Century« die Fotografien von → Lartigue heraus. Obgleich er neben → Penn und Bert Stern zu den wohl bekanntesten Modefotografen Amerikas zählt, liegen seine überzeugenderen Leistungen auf dem Gebiet des »freien Porträts«.

Lit. R. A., Portraits. Mit einem Essay von H. Rosenberg. New York 1976

Bailey, David (* 1938 London) War von 1952–57 als Gelegenheitsarbeiter im Londoner East End tätig; ab 1957 Dienst in der Air Force; 1959 Volontariat im Fotoatelier von John French; ab 1960 Fotoaufträge für »Vogue«; zugleich Bildessays im »Daily Telegraph«, in »Elle« und »Glamour«; seit 1970 Arbeiten als Kameramann für Film und Fernsehen. B.s Spezialgebiete sind Modefotografien, Bildreportagen und Situationsporträts. Seine äußerst expressiven Akt- und Modefotografien haben ihn schon zu Beginn der 70er Jahre zu einem der bekanntesten Fotografen dieses Genres in England werden lassen.

Lit. D. B., Mrs. David Bailey. München 1980

Bakowski, Janusz (* 1922 Warschau) Begann nach dem Zweiten Weltkrieg, sich intensiv mit den Bauhaus-Fotografen (→ Peterhans, → Moholy-Nagy, → Bayer) und dem »Suprematismus« auseinanderzusetzen. Er zählt seit Ende der 60er Jahre zu den konsequentesten und zugleich bekanntesten Vertretern der experimentellen Fotografie in Polen. 1972 Ausstellung mehrerer seiner Arbeiten auf der photokina in Köln, 1973 in Kassel, 1974 in Tokio und New York. Kennzeichnend für B.s Arbeiten, wie z.B. in »Porträt 1 A–F«, ist die sukzessive Veränderung vorgegebener Bilder durch Zerschneiden und systematische Neuordnung der Einzelbilder zu einem neuen, sinnvollen Ganzen (Collage, Streifen-, Quadratraster).

Lit. J. B., In: H. Schöttle (Hrsg.), dumont foto 1. Köln 1978

* **Baldus,** Eduard Denis (* 1820 Westfalen, † 1882 Frankreich) Bevor B. ab 1851 für das Comité des Monuments Historiques Baudenkmäler (Architekturen/Skulpturen) fotografierte, war er als Maler tätig. Neben ihm arbeiteten auch → Le Gray, → Marville und → Le Secq an diesem Projekt. B. benutzte nach 1852 das von Le Gray entwickelte Wachspapier-Verfahren. 1854–55 erstellte er im Auftrag der Regierung eine Fotodokumentation über den Neubau des Louvre-Flügels (insgesamt 1500 Detailaufnahmen). 1856 wurde er beauftragt, die neue Eisenbahnstrecke Paris–Marseille zu fotografieren. Neben → Bayard und Marville arbeitete er an einem weiteren lukrativen Regierungsauftrag: der Abbildung der Skulpturen-Sammlung des Louvre. Gemeinsam mit → Nègre entwickelte er ein neuartiges Repro-Verfahren mit geätzten Stahlplatten.

Lit. E. D. B. In: A. Jammes und O. Steinert, Die Kalotypie in Frankreich. Essen 1965

Ballmer, Theo (* 1902 Lausanne, † 1964 Basel) Absolvierte 1917–21 eine Lehre als Lithograf und Chemigraf. Besuchte 1921–24 die Kunstgewerbeschule in Zürich. War von 1924–28 in erster Linie als Grafiker tätig, daneben freie fotografische Arbeiten. Fortsetzung des Studiums 1929 am Bauhaus u.a. bei Wassily Kandinsky und Hannes → Meyer. Erste Beleuchtungsstudien und Fotogramme entstanden. 1930 Rückkehr nach Basel, wo er bis 1964 als Lehrer an der Kunstgewerbeschule wirkte. Tätig vor allem in der Werbegrafik, der Typografie und der experimentellen Fotografie: Fotografische »Formenspiele« (1935), »Streiflichtstudien« (1936) und »Fotogramme« (bis 1960).

Lit. T. B. In: E. Bertonati, Das experimentelle Photo in Deutschland. Ausstellungskatalog Galleria del Levante. München 1978

Baltz, Lewis (* 1945 Newport Beach/Rhode Island) Studierte bis zum Bachelor of Arts (1969) am San Francisco Arts Institute; Fortsetzung des Studiums bis zum Master of Arts (1971) an der Claremont Graduate School. Bis 1972 Dozentur am Pomona College in Claremont und am California Institute

Eduard Baldus

of Arts in Valencia. 1976 Gewährung eines Guggenheim-Stipendiums. In seinen Landschaftsaufnahmen (z.B. in »East of Carson City«) erinnert B. deutlich an die frühen Landschaftsstudien von → Orlopp. In seinen Frontalansichten von Neubau- und Industrievierteln (und auch Architekturdetails) greift er auf Abbildungsprinzipien von → Mantz zurück. Gleichwohl gehört B. zu den bekanntesten Dokumentaristen des amerikanischen Kontinents: Er bevorzugt die s/w-Fotografie. Sein ungleich einfallsreicheres europäisches Pendant dürfte der Aachener → Schürmann sein.

Lit. L. B., The New Industrial Parks Near Irvine – California. New York 1974

Batz, Eugen (*1905 Velbert) Besuchte 1925–27 die Kunstgewerbeschule in Wuppertal-Elberfeld; sein Hauptinteresse galt während dieser Zeit der Malerei (Landschaften). 1928 fotografierte er die Industrieviertel des Ruhrgebietes. 1929–31 studierte B. am Bauhaus in Dessau u.a. bei Josef Albers, Paul Klee und → Peterhans, der ihn mit der Fotografie als einem eigenständigen künstlerischen Medium vertraut machte. In der Folgezeit entstanden skurrile Objektarrangements, die an den frühen → Finsler erinnern. 1931 folgte B. seinem Lehrer Paul Klee als Meisterschüler an die Düsseldorfer Kunstakademie. Seine Lichtbilder weisen offenkundig einen phantastisch-avantgardistischen Charakter auf. 1949 Gründungsmitglied der »Neuen Rheinischen Sezession«. Um 1960 Aufgabe der Fotografie.

Lit. E. B. In: E. Bertonati, Das experimentelle Photo in Deutschland. Ausstellungskatalog Galleria del Levante. München 1978

Baumgartl, Monika (*1942 Prag) Studierte nach ihrer Übersiedlung in die Bundesrepublik Deutschland 1962–65 Fotografie in Hofheim. Ab 1973, nach ersten freien Landschafts- und Porträtstudien, Versuche, das Problem »Bewegung und Zeitablauf« fotografisch sichtbar zu machen. 1974 Phasenbelichtung einer Mondfinsternis. Ihre häufig zu Tableaus zusammengefügten Lichtbilder besitzen einen über das Dargestellte hinausgehenden formalen Reiz (auch anzutreffen bei den Werken → Roehrs und → Dekkers). Bekannt wurde sie auch wegen ihrer langjährigen Zusammenarbeit (seit 1970) mit → Rinke, dessen Körper-, Raum- und Prozeßdemonstrationen sie fotografisch aufzeichnete.

Lit. M. B., Ausstellungskatalog Galerie Walther. Düsseldorf 1973

Bayard, Hippolyte (*1801 Breteuil-sous-Noye/Frankreich, †1887 Nemours) War nach seiner Übersiedlung nach Paris Angestellter im Finanzamt. Verkehrte in Künstlerkreisen, malte und zeichnete und begann 1836, mit der Camera obscura zu experimentieren. Nach Bekanntwerden des Verfahrens von → Daguerre versuchte er, unter Verwendung von Papier als Schichtträger (Direkt-Positiv-Verfahren), zu einem vergleichbaren Ergebnis zu kommen. Drei Monate nach der ersten Bekanntgabe des Daguerre-Verfahrens durch François Arago legte B. diesem seine eigenen Bildergebnisse vor, fand jedoch nicht die Anerkennung, die Daguerre gefunden hatte. Aus diesem Grunde versuchte er (allerdings mit geringem Erfolg), am 24. 6. 1839 die Pariser Öffentlichkeit durch eine Ausstellung mit 30 Lichtbildern (erste Fotoausstellung der Geschichte) auf sich aufmerksam zu machen. 1842 eröffnete er ein Fotostudio in Paris; zugleich begann er mit einer noch heute überraschend modern wirkenden Serie über Pariser Bauwerke. 1847 reiste er nach England, wo er höchstwahrscheinlich mit → Talbot zusammentraf. Nach seiner Rückkehr entstanden bis 1850 Bilder nach dem von Talbot erfundenen Kalotypie-Verfahren. Ab 1851 experimentierte B. auch mit dem nassen Kollodium-Verfahren. 1851 Gründungsmitglied der »Société Héliographique«. 1854 Mitbegründer der Société Française de la Photographie (SFP). 1855 (ein Jahr nach der Konstruktion einer »Multipleoptik-Kamera« durch → Disdéri) Eröffnung eines Ateliers für »Carte-de-Visite«-Porträts und ›Kunstreproduktionen. Im selben Jahr erste Ausstellung der SFP, bei der hauptsächlich B.s Werke gezeigt wurden, da sie, einem zeitgenössischen Bericht zufolge, »oft die Arbeiten der eigentlichen Erfinder in der sicheren Ausführung und der gekonnten Handhabung der Technik« übertrafen. Die wirkliche Bedeutung B.s für die Fotografie wird erst seit Anfang der 70er Jahre erkannt (→ Niépce).

Lit. A. Jammes, H. B. Ein verkannter Erfinder und Meister der Photographie. Luzern/Frankfurt a.M. 1975

Bayer, Herbert (* 1900 Haag/Österreich) Begann 1919 eine Lehre im Kunstgewerbeatelier von Georg Schmidthammer in Linz. Wurde 1920 Assistent im Architekturbüro von Emanuel Margold in Darmstadt, der ihn dazu bewegte, zur Fortsetzung der Ausbildung an das Bauhaus zu gehen (1921–23). Ab 1923 unternahm B. mehrere Reisen nach Italien. 1925 Rückkehr als Meister für Typografie und Werbung an das Bauhaus in Dessau; erste experimentelle Fotografien und Fotocollagen; Freundschaft mit → Moholy-Nagy. 1928 Übersiedlung nach Berlin; künstlerische Leitung der Zeitschrift »Vogue«; Ausarbeitung seiner als Idee skizzierten »Fotoplastiken«, die zu einem Zentralthema seiner lichtbildnerischen Arbeit wurden; Direktor der Werbeagentur Dorland. Ab 1929 entstanden skurrile Stilleben, Landschaften und Collagen, die u.a. den Einfluß von → Heartfield und → Höch erkennen lassen. 1938 Emigration nach New York; künstlerischer Berater der Werbeagentur Dorland. 1946 künstlerischer Leiter der Container Corporation of America. 1947 Aufgabe der Fotografie.

Lit. H. B. Photographic Works. Mit einem Essay von B. Newhall. Ausstellungskatalog Arco Center for Visual Art. Los Angeles 1977

Beard, Richard (* 1801 Blackfriars/London, † 1885 London) War als Kohlenhändler in Blackfriars tätig. 1840 erwarb er von Miles Berry eine Lizenz, die es ihm erlaubte, nach dem Verfahren → Daguerres zu arbeiten. Außerdem hatte er von Alexander Wolcott (New York) eine Lizenz für die Benutzung eines Kamerasystems erworben, bei dem anstatt eines Objektivs ein konkaver Spiegel Verwendung fand. Anfang März 1841 eröffnete er in London das erste Porträtatelier Englands. Nach anfänglichen Erfolgen und der Gründung eines zweiten Ateliers in Liverpool, mußte er 1850 seinen Bankrott erklären, weil er sich u.a. durch einen teuren Prozeß gegen seinen schärfsten Konkurrenten → Claudet (der direkt bei Daguerre die Lizenz für dessen Verfahren erwerben konnte) zu hoch verschuldet hatte. Das Londoner Atelier wurde allerdings von seinem Sohn weitergeführt.

Lit. R. B. In: Camera, Nr. 6. Luzern 1979

Beaton, Sir Cecil (* 1904 London, † 1980 Reddish House/Salisbury) Machte bereits mit acht Jahren seine ersten Fotografien (→ Lartigue). Er besuchte die Schulen von Harrow und Cambridge, wo er von 1922–25 Kunst- und Theaterwissenschaften studierte; daneben entstanden umfangreiche Porträtserien aus der High Society. 1928 Fotograf für das Modemagazin »Vogue«. 1930 Übersiedlung in die USA (Hollywood); Beginn der Arbeit mit einer großformatigen Plattenkamera. 1937 Rückkehr nach London, 1938 Ernennung zum Hoffotografen am englischen Königshaus. 1939–45 reiste er im Auftrag des britischen Informationsministeriums an die Kriegsschauplätze in Indien, China und Afrika; Bildberichte über das zerstörte London. Seit 1945 Modefotografien für Magazine wie »Vogue«, »Life« und »Harper's Bazaar«; außerdem Bühnenbilder und Kostümentwürfe u.a. für die Metropolitan Opera und die Comédie Française. Ab 1950 erfolgreiche Tätigkeit als Filmausstatter (u.a. »Gigi« und »My Fair Lady«), wofür ihm insgesamt drei Oscars verliehen wurden. 1972 Erhebung in den Adelsstand. Berühmt wurde er vor allem durch seine elegant-elegischen Frauenporträts und die Aufnahmen der englischen Königsfamilie.

Lit. C. B.s Camera. Ausstellungskatalog British Council »Die Brücke«. Köln 1978

* **Becher,** Bernd und Hilla (* 1931 Siegen, * 1934 Potsdam) Nach der Schulzeit begann B. B. 1947 in Siegen eine Lehre als Dekorationsmaler. 1953 Aufnahme des Studiums an der Staatlichen Kunstakademie in Stuttgart u.a. bei Karl Rössig. 1957 Übersiedlung nach Düsseldorf und Fortsetzung des Studiums (Typografie) an der Staatlichen Kunstakademie; zugleich Tätigkeit als freier Mitarbeiter einer Werbeagentur. 1961 heiratete er die Fotografin Hilla Wobeser. Seit 1976 ist er Professor für Fotografie an der Kunstakademie in Düsseldorf. – H. B. absolvierte eine Fotolehre in Potsdam; arbeitete in Hamburg als Luftbildfotografin (außerdem Aufträge für Werbeagenturen). 1959 Übersiedlung nach Düsseldorf, wo sie bis zu ihrer Heirat mit B. B. an der Kunstakademie studierte. – Gemeinsam entwickelten sie den Plan zu einer dokumentarfotografischen Bestandsaufnahme der Industriebauten des Siegerlandes und Hollands (später Ausweitung auf Fotoserien über Fachwerkhäuser, Wassertürme und Skulpturen). Viele ihrer Objekte (z.B. Fachwerkhäuser, Zechen) nehmen sie frontal von allen vier Seiten auf. Zahllose Ausstellungen im In- und Ausland bestätigen die Arbeit der B.s als einen der ernsthaftesten Beiträge zur modernen Dokumentarfotografie in Deutschland. Ihre Wirkung auf Fotografen wie Axel Hütte, Tata Ronkholz, Michael Schmidt, Ulrich Görlich und → Schürmann bleibt deutlich erkennbar.

Lit. B. und H. B., Typologie industrieller Bauten 1963–1975. Ausstellungskatalog anläßlich der XIV. Internationalen Biennale von São Paulo. Stuttgart 1977

Bedford, Francis (* 1816?/England, † 1894?/England) B. experimentierte ab 1855 mit dem Kalotypie-Verfahren (→ Talbot), fertigte eine Serie von Architektur- und Landschaftsaufnahmen und versuchte sich zeitweilig auch als »Carte-de-Visite«-Fotograf. 1857 kehrte er zur großformatigen Landschaftsfotografie zurück. Seine Bilderzyklen dienten 1859 und 1862 zur Illustrierung der Bücher »The Sunbeam« und »Ruined Abbeys and Castles of Great Britain and Ireland«. 1862 erforschte er als fotografischer Reisebegleiter des Prince of Wales den Nahen Osten. Unter den englischen Reisefotografen (→ Bourne, → Frith) der 60er/70er Jahre des 19. Jahrhunderts nimmt er wegen seiner Vorliebe für Stereo-Aufnahmen eine Sonderstellung ein.

Lit. F. B. In: Photography – the first eighty years. Texte von V. Lloyd. Ausstellungskatalog Galerie Colnaghi. London 1976

Bellmer, Hans (* 1902 Kattowitz/Polen, † 1975 Paris) Arbeitete 1920–23 in einem Kohlebergwerk. Besuchte von 1923–24 die Technische Hochschule in Berlin. Kontakte zu Otto Dix und George Grosz; Eröffnung eines Werbeateliers. 1933 stellte er aus Protest gegen das Hitler-Regime »jede nützliche Arbeit« ein; er begann zu fotografieren. Sein Sujet: eine nach seinen Angaben gefertigte Plastikpuppe. 1934 läßt B. die ersten Texte über diese Puppe zusammen mit einer Auswahl von 10 Fotografien auf eigene Kosten drukken. 1936 kann durch Vermittlung von Paul Éluard eine französische Ausgabe (»La Poupée«) erscheinen. Ähnlich dem Foto-Œuvre des Malers → Wols, stellen auch die Fotografien im Werk des vorwiegend als Zeichner tätigen B. eine »Randerscheinung« dar, die jedoch auf jüngere Primärfotografen wie z.B. Arno → Jansen nicht ohne Wirkung blieb. 1961–65 entstanden jene oft zitierten Kupferstiche zu de Sade und Georges Bataille (»Madame Edwarda«). 1967 bot die Kestner-Gesellschaft in Hannover die erste Über-

Hilla *und* Bernd Becher

sichtsausstellung seines Schaffens in Deutschland.

Lit. H. B. In: Künstlerphotographien im XX. Jahrhundert. Ausstellungskatalog Kestner-Gesellschaft. Hannover 1977

Bellocq, E. J. (1895–1938 in New Orleans aktiv) War vermutlich als Werksfotograf für eine Schiffsbaugesellschaft tätig. Fotos aus dieser Zeit sind nicht erhalten. Seine ihn vor dem

Hilla *und* Bernd Becher *»Salchendorf, Fritz-Schäfer-Straße 24, 1971«*

Vergessen bewahrenden »Storyville-Porträts« dürften um 1912 entstanden sein. Sie wurden 1958 von → Friedlander entdeckt und vergrößert. 1970 wurden diese Lichtbilder im Museum of Modern Art, New York, ausgestellt. Insgesamt handelt es sich um 89 erhaltene Fotografien (Negativplatten), die B. in den Privatquartieren der Prostituierten von New Orleans machen konnte. Bei manchen Negativen ist das Gesicht der Personen durch Schraffuren unkenntlich gemacht. Storyville, eines der ältesten Stadtquartiere von New Orleans, verdankt seinen Namen dem Stadtrat Sidney Story, der es 1896 den

Prostituierten zur Vermeidung öffentlichen Ärgernisses in anderen Stadtvierteln zugewiesen hatte.

Lit. E. J. B., Storyville-Porträts. Mit einem Vorwort von L. Friedlander. Köln 1978

Bendkowski, Kazimierz (* 1948 Warschau) Studierte bis 1970/71 an der Staatlichen Hochschule für Film und Fernsehen in Lodz. Seit 1974 Mitglied des »Ateliers für Filmgestaltung«; Dozentur für Fotografie und Animationsfilm an der Akademie der Bildenden Künste in Warschau. B. analysiert mit fotografischen Mitteln die »Wahrheit« der abbildbaren Realität und deren Veränderbarkeit durch einen als »objektiv« gesetzten Text (Kontext). In seiner Folge »Die Realität des Bildes« (1975–77) entlarvt er die als objektiv ausgegebene Information der Fotografie durch wechselnde Bildunterschriften bei einer Serie völlig gleicher Porträts, Objekte oder Situationen: Nicht durch das Foto entsteht die eindeutige Information, sondern durch den sinngebenden oder -verändernden Zusatztext.

Lit. K. B., Die Realität des Bildes. Ausstellungskatalog Badischer Kunstverein. Karlsruhe 1977

* **Berko,** Ferenc (* 1916 Nagyvarad/Rumänien) Verbrachte seine Jugend in Dresden. Von dort 1934 Emigration nach London, wo er bei → Hoppé die Fotografie erlernte. 1937 Übersiedlung nach Paris; erste Bildberichte für internationale Magazine; außerdem Arbeit als Kameramann. 1938 Übersiedlung nach Bombay; dort Eröffnung eines Film- und Fotostudios. 1947–49 in Chicago u.a. am New Bauhaus als Dozent für Fotografie und Filmgeschichte tätig. 1950 Übersiedlung nach Aspen; Aufträge als Dokumentations- und Werbefotograf. Bemerkenswert bleiben seine 1938–42 in Indien entstandenen Bildberichte. Ohne Zweifel gehört B. zu den interessantesten Bildjournalisten der 30er/40er Jahre.

Lit. F. B. In: Camera, Nr. 10. Luzern 1976

Bernoud, Alphonse (* um 1820 Paris?, † um 1875 Neapel) Dieser französische Fotograf, dessen Werke noch immer nicht angemessen gewürdigt sind, ließ sich 1849 in Neapel nieder. Berühmt wurde er durch den Gewinn einer Goldmedaille während der Weltausstellung in Paris 1855. Er arbeitete nach 1856 als Hoffotograf der Bourbonen in Neapel. Seine Porträtaufnahmen aus dieser Zeit, u.a. auch seine Gruppenporträts der Mitglieder der Kriegsmarine, gehören neben seinen Fotoberichten über die Folgen des Erdbebens in der Nähe von Basilicata zu seinen besten Leistungen. 1864 publizierte er ein Album mit Bildnissen berühmter Zeitgenossen aus Kunst und Politik (auch Militärs). Er beteiligte sich mit seinen kleinformatigen Kollodiumplatten an vielen Ausstellungen im In- und Ausland, so auch ein zweites Mal an der Pariser Weltausstellung 1867. Sein angeblich letztes Foto dokumentiert den Ausbruch des Vesuvs am 26. 4. 1872.

Lit. A. B. In: P. Becchetti, Fotografi e fotografia in Italia. Rom 1978

Berssenbrugge, Henri (* 1873 Rotterdam, † 1959 Goirle/Tilburg) Studierte bis 1895 an der Kunstakademie in Rotterdam, war bis 1900 als Maler tätig und wandte sich dann ganz der Fotografie zu. 1901 Übernahme eines Fotoateliers in Tilburg und Auseinandersetzung mit der Kunstfotografie. 1906 Eröffnung eines eigenen Porträtateliers für »Moderne Photographie«; intensivere Beschäftigung mit den von → Kühn propagierten Umdrucktechniken. 1919 Eröffnung eines Porträtstudios in Den Haag. Seine künstlerischen Porträtstudien, Genredarstellungen und Bilder aus dem Rotterda-

Ferenc Berko *»Rawalpindi – die Reklameauslagen eines Zahnkünstlers (aus Pappmaché!)«*

mer Alltagsleben machen ihn neben Bernd F. Eilers zu einem Wegbereiter der Kunstfotografie in Holland.

Lit. H. J. Scheffer, Portreet van een fotograaf: H. B. Leiden 1967

Biasi, Mario de (*1923 Belluno/Italien) Begann als Amateur zu fotografieren; beschäftigte sich ab 1950 mit dem Bildjournalismus. Ab 1953 Bildberichter bei »Epoca«, für die er 1974 den »Dr. Erich Salomon-Preis« entgegennehmen konnte. Insgesamt fotografierte er mehr als 300 Titelbilder für »Epoca«, deren Chefreporter er heute ist. Umfangreicher Bildbericht 1956 vom Ungarn-Aufstand. Publikation von insgesamt 14 Bildbänden, die ihn als einen engagierten und zugleich künstlerisch versierten Fotografen ausweisen. Bemerkenswert ist sein 1969 erschienener Bildbericht über die Finnen (»Meet the Finns«). Neben → Roiter ist er einer der populärsten Magazinfotografen Italiens.

Lit. M. d. B., L'Orto delle bambolo, Bologna 1972

Bieber, Emilie (* 1810, † 1884 Hamburg?) Als eine der ersten Fotografinnen überhaupt eröffnete B. 1852 (trotz Warnung ihrer Wahrsagerin) in Hamburg ein Atelier für Porträtfotografie. Zudem gehörte sie zu den ersten, die in Deutschland nach dem von → Talbot erfundenen Kalotypie-Verfahren arbeiteten. Ihre Spezialität waren handcolorierte Porträts. Ihr Großneffe Emil B. eröffnete später ein weiteres Atelier in Südafrika. Sie ist die Begründerin einer der bedeutendsten Fotografenfamilien des ausgehenden 19. Jahrhunderts.

Lit. F. Kempe, Daguerreotypie in Deutschland. Seebruck/Chiemsee 1979

Biermann, Aenne (* 1898 Goch, † 1933 Gera) Studierte bis 1922 Musik; heiratete Herbert B., durch den sie Kontakte u.a. zu Franz Werfel und → Roh bekam. 1923 begann sie, sich autodidaktisch mit der Fotografie zu beschäftigen. Beeindruckt vor allem von den Arbeiten → Renger-Patzschs (»Die Welt ist schön«, 1928) und den kargen Stilleben-Kompositionen → Zielkes, schuf sie ihre ersten Objekt-Arrangements und Porträts. Ab 1928 Publikationen u. a. in den Zeitschriften »Die Form« und »Das Kunstblatt«. 1930 erschien ein Werk mit insgesamt 60 Fotografien, die sie bekannt machten. Mehr als 5000, zumeist unpublizierte Fotos, wurden 1939 von den Nazis beschlagnahmt (sie sind bis heute nicht auffindbar). Obgleich sie nur wenige Kontakte zu den Fotografen der Neuen Sachlichkeit und zum Bauhaus unterhielt, gilt sie als eine der bedeutendsten Vertreterinnen des »Neuen Sehens« (→ Umbo, → Moholy-Nagy).

Lit. A. B., Sechzig Fotos. Mit einer Einleitung von F. Roh. Berlin 1930

Biewend, Hermann Carl Eduard (* 1814 Rothehütte, † 1888 Hamburg) Ließ sich nach seinem Studium in Clausthal 1843 in Hamburg nieder, wo er die Stellung eines Münz- und Bankwardeins bekleidete. Er war mit der Überprüfung und Reinigung von Edelmetallen (und anderen Metallen/Legierungen), die teilweise zur Münzprägung genutzt werden sollten, betraut. Mit Schließung der Hamburger Bank 1876 schickte man auch ihn in Pension. Die Fotografie (Daguerreotypie) betrieb er als Amateur seit 1849 (mit einer Voigtländer-Kamera). Neben einigen erstaunlich modern wirkenden »Schnappschüssen« aus seinem privaten Leben (auch Selbstporträts), sind es vor allem seine unprätentiösen Landschafts- und Architekturfotos, die ihn als bedeutenden Fotoamateur ausweisen. Mehr als 100 seiner Daguerreotypien wurden kurz nach dem Zweiten Weltkrieg vernichtet, »weil es sich nur um Landschaften handelte«.

Lit. H. C. E. B. In: F. Kempe, Daguerreotypie in Deutschland. Seebruck/Chiemsee 1979

Biow, Hermann (* 1804 Breslau?, † 1850 Dresden) Ausbildung zum Maler und Lithografen vermutlich durch seinen Vater Raphael B. 1836 Übersiedlung nach Hamburg, wo er sich u. a. als Schriftsteller und Lithograf betätigte. 1841 Eröffnung eines Fotoateliers in Hamburg-Altona; im September gemeinsam mit → Stelzner Eröffnung eines Studios in der Hamburger Innenstadt. 1842 Bildbericht von der Hamburger Brandkatastrophe (die insgesamt 46 Daguerreotypien des Brandes sind inzwischen verschollen). 1943 Trennung von Stelzner. 1846

Versuche mit der Kalotypie. 1847–49 Reisen durch Deutschland, u.a. nach Berlin, Frankfurt a.M. (wo er die Mitglieder der Deutschen Reichsversammlung porträtierte) und Dresden, um für sein geplantes Mappenwerk »Deutsche Zeitgenossen« die berühmtesten Männer der Zeit abzulichten – so z.B. Alexander von Humboldt, Christian Rauch und die Gebrüder Jacob und Wilhelm Grimm. Publiziert wurde diese Mappe 1850 als »Album mit Kupferstichen« in Leipzig. B. hatte sich wie Stelzner auf die Porträtfotografie spezialisiert. Im Gegensatz zu ihm bevorzugte er bei seinen Bildnissen aber eine Art feierliche Monumentalität (typisch für ihn sind schwere, in Falten gelegte Stoffe als Hintergrundstaffage). Die Bedeutung seines Werkes ist bis heute nicht hinreichend erkannt worden.

Lit. H. B. In: W. Baier, Geschichte der Fotografie. Leipzig/München 1977

Bischof, Werner (* 1916 Zürich, † 1954 Peru) Begann 1931 seine Ausbildung am Lehrerseminar in Schiers. Ging 1932–36 in die Fotoklasse → Finslers an der Kunstgewerbeschule in Zürich. 1939 Übersiedlung nach Paris; Aufgabe der Malerei und Entschluß, ausschließlich als Fotograf seinen Lebensunterhalt zu verdienen. 1939–40 Militärdienst in der Schweizer Armee. 1942 erste größere Fotopublikation im Magazin »DU«. 1945 Bildreportagen über die zerbombten Städte Deutschlands und Hollands; Fotoserien über das Thema »Flüchtlinge«. 1948 Reportage über die Olympischen Winterspiele in St. Moritz. Ab 1949 Verträge u.a. mit den Zeitschriften »Life«, »Picture Post«, »Observer« und »Epoca«; Eintritt in die Bildagentur »Magnum« (für die auch → Cartier-Bresson arbeitete). 1952 Kriegsberichterstattung für »Paris Match« aus Indochina. 1953 Aufträge für »Fortune«. 1954, während einer Reportage über Südamerika für »Life«, stürzte er mit seinem Wagen von einer Anden-Straße in den Abgrund. Er zählt neben Cartier-Bresson, → Smith und → Lebeck zu den Vertretern des »humanen Bildjournalismus«.

Lit. N. Flüeler, Große Photographen unserer Zeit: W. B. Luzern/Frankfurt a.M. 1973

Bisson, Auguste und Louis (* 1828, † ?; * 1814, † ?) Die Brüder Bisson unterhielten bereits 1855 ein florierendes Porträtatelier, das ähnlich dem → Nadars zu einem Treffpunkt der Künstler und der Prominenz geworden war. 1860–61 fungierten die »Bisson-Frères« als fotografische Reisebegleiter auf der Reise Napoleons III. durch die Schweiz. 1861 bestieg Auguste B. den Mont Blanc und machte die ersten Aufnahmen aus dem Hochgebirge. Er benutzte dabei das nasse Kollodium-Verfahren, ein Verfahren, bei dem vor Ort das Kollodium auf den Bildträger gegossen werden mußte. Die gestochen scharfen Hochgebirgsaufnahmen der B. (sie verwendeten häufiger eine 40×60-cm-Plattenkamera) wurden zu einer regelrechten Mode, die Fotografen in Österreich und Deutschland (z.B. Ludwig Schrank und Josef Heimhuber) zu ähnlichen Versuchen animierten.

Lit. A. B. In: W. Baier, Geschichte der Photographie. Leipzig/München 1977

Blakemore, John (* 1936 Coventry/England) Begann um 1956 sich für die Fotografie zu interessieren, nachdem er → Steichens epochale Ausstellung »The Family of Man« (1955) gesehen hatte. 1958 entschloß er sich, sein Hobby zum Beruf zu machen. Er arbeitete bis 1970 als Industrie- und Theaterfotograf, um sich in seiner freien Zeit der Landschaftsfotografie widmen zu können. Seit 1970 ist B. Dozent für Fotografie am Derby College of Art and Technology. 1974

Lázaro Blanco

erhielt er ein Stipendium des Arts Council of Great Britain, um seine Bildessays u.a. über die Landschaften Schottlands und Wales' fortsetzen zu können. Es ist sicherlich nicht verfehlt, B. als einen der ernsthaftesten, um die visuelle Qualität der Landschaft bemühtesten Fotografen der Gegenwart zu bezeichnen.

Lit. J. B. In: British Image 3. Mit einer Einleitung von G. Badger. London 1977

* **Blanco,** Lázaro (* 1938 Juárez/Mexiko) Studierte von 1958–63 Experimentalphysik an der Nationaluniversität von Mexiko, UNAM; ab 1963 Mathematik- und Physiklehrer an verschiedenen Privatschulen; 1964 Dozent für Mathematik am American College; 1967 erste Fotoausstellung an der Eastern Michigan University; 1968 Gründung der Fotografen-»Gruppe 35 – 6 × 6«; 1969 Berufung als Professor für Fotografie an die UNAM; 1973 Eröffnung einer Fotogalerie. In B.s Werk dominieren Aufnahmen von Objektkonstellationen und Detailarchitekturen, deren starke Licht/Schatten-Kombinationen ein Interesse an formalen und kompositorischen Problemen erkennen lassen. Seine dem »Visualismus« verpflichteten Lichtbilder (Beziehungen zu → Gibson sind evident) stellen innerhalb der südamerikanischen Fotografie eine Ausnahme dar. Qualitativ ist sein Schaffen mit dem → Alvarez-Bravos vergleichbar.

Lit. L. B. In: Camera, Nr. 10. Luzern 1978

Blossfeldt, Karl (*1865 Schielo/Harz, †1932 Berlin) Absolvierte 1881–84 eine Lehre in einer Kunstgießerei. 1885 Übersiedlung nach Berlin. 1886–90 Studium der Bildhauerei, Malerei und Musik an der Kunstgewerbeschule. Ab 1891 ausgedehnte Reisen nach Nordafrika, Griechenland und Italien; dokumentarfotografische Aufnahmen der Flora dieser Länder. 1896 Dozent an der Berliner Unterrichtsanstalt des Kunstgewerbemuseums. 1899 Ernennung zum Professor. Ab 1900 entstanden systematische Fotostudien von Pflanzen und Blumen, Detail- und Makroansichten als Modelliervorlagen für sich und seine Studenten. In den Bauformen der Natur sah B. die »Urformen der Kunst« offenbart. Er gilt als Wegbereiter der Neuen Sachlichkeit. Der Einfluß seiner Fotografien auf das Schaffen von → Renger-Patzsch, → Gutschow und → Finsler ist augenfällig.

Lit. K. B., Fotografien 1900–1932. Ausstellungskatalog Rheinisches Landesmuseum. Bonn 1976

Blume, Bernhard Johannes (*1937 Dortmund) Ausbildung als Dekorationsmaler, anschließend 1960–65 Kunststudent an der Akademie in Düsseldorf. 1966 erste Ausstellung mit Zeichnungen, Grafiken und Fotosequenzen. 1967–71 Studium der Philosophie und der Kunsterziehung. Seit 1972 ist B. im höheren Schuldienst in Köln tätig. Seine narrativen Fotogeschichten, die er als visuellen Ausdruck eines »Magischen Determinismus« verstanden wissen will, weisen in der Eindringlichkeit der Bildsprache auf → Krims, → Hilliard und → Michals. Kennzeichnend für seine bis 1979 entstandenen Arbeiten ist die bewußte Einbeziehung von Bewegungsunschärfe.

Lit. B. J. B. In: Arbeiten im Medium Fotografie. Ausstellungskatalog Kunsthalle Nürnberg. 1980

* **Blumenfeld,** Erwin (*1897 Berlin, †1969 New York) Begann als Lehrling in einem Blumengeschäft. Nahm 1916 als Ambulanzfahrer am Ersten Weltkrieg teil und übersiedelte 1919 nach Amsterdam, wo er mit → Citroen und den holländischen Dadaisten zusammentraf Ab 1922 Reisen nach Frankreich und der Entschluß, Berufsfotograf zu werden; Freundschaft mit George Grosz und Walter Mehring. 1936 Übersiedlung nach Paris und Beschäftigung mit der Farbfotografie, dem Surrealismus und der Kunstgeschichte. Surreale Porträts und Fotoexperimente (Collagen, Solarisationen, Mehrfachbelichtungen usw.) tauchen seit dieser Zeit in seinem Werk immer wieder auf. 1937 Konzentrierung auf die kommerzielle Mode- und Porträtfotografie. Internierung während des Zweiten Weltkrieges in Frankreich. Danach Übersiedlung nach New York, wo er u.a. für »Harper's Bazaar«, »Look« und »Vogue« arbeitet, für die er mehr als 100 Titelseiten fotografierte. Seine zentralen Themen sind »Frauen« und »Akte«. B. verhalf der Farbfotografie in den USA zum Durchbruch. Trotz seiner Nähe zur experimentellen und künstlerischen Fotografie avancierte er zum bestbezahlten Fotografen seiner Zeit.

Lit. E. B., Meine 100 besten Fotos. Mit einer Einleitung von H. Teicher. Bern 1979

Böhmer, Hauptmann A. (*um 1860?/Schlesien, †1908 Lyck?) Diente als Offizier in einem Infanterie-Bataillon in Oberschlesien. Experimentierte mit der Fotografie seit 1855. Er spezialisierte sich vor allem auf die Ablichtung der Landschaft seines Standortes Oppeln. 1893 zeigte er seine Lichtbilder auf der Hamburger Amateurfotografenausstellung und erhielt den »Bieberpreis« (eine 18 × 24-cm-Stegemann-Kamera). B.s Fotos wurden immer dem Aufnahmeformat entsprechend kopiert: relativ kleine Platindrucke, die er mit Sepia tonte; später auch erfolgreiche Versuche mit

Erwin Blumenfeld

Chromgummidrucken. Der Sammelleidenschaft seines Entdeckers und Förderers Ernst Juhl ist es zu verdanken, daß heute noch Fotografien von B. vorhanden sind. Wegen seiner stimmungsvollen Landschafts- und Figurenaufnahmen wird er von der Forschung als erster deutscher Kunstfotograf angesehen (→ Kühn, → Demachy).

Lit. H. A. B. In: Photographie zwischen Daguerreotypie und Kunstphotographie. Bearbeitet von F. Kempe. Museum für Kunst und Gewerbe. Hamburg 1977

Böttger, Georg (* 1821 Hildburghausen, † 1902 München) Erlernte in Nürnberg die Lithografie und Kupferstecherei. 1847 zusammen mit Theodor Schrader Konstruktion einer Lithografie-Schnelldruckpresse. 1850 Eröffnung eines Fotoateliers in Nürnberg. 1852 Verlegung des Ateliers nach

München; Spezialisierung auf Porträt- und Landschaftsfotografie (Stadtansichten). Anläßlich der 700-Jahr-Feier Münchens (1858) nahm B. ein Panorama der Stadt vom Kirchturm des »Alten Peter« auf. Ab 1858 fertigte er eine Bildserie der »interessantesten Bauten und Monumente« von München an, dazu weitere Panoramafotos vom Turm des St. Peter und Maximilianeum aus; außerdem Panoramen von Salzburg und vom Tegernsee. Ab 1859 zahlreiche Stereoskop-Fotografien. 1865 Herstellung von Trockenplatten, mit denen u.a. auch Carl August Steinheil bei seinen Weitwinkel-Versuchen arbeitete. Bis 1887 fotografierte B. mehr als 4000 Baudenkmale, Skulpturen und Stadtansichten (u.a. auch von Ulm, Würzburg, Nürnberg und Augsburg). Die Fotos ließ er z.T. durch seinen eigenen Kunstverlag vervielfältigen und vertreiben. B. darf zu den wichtigsten Dokumentarfotografen seiner Zeit gerechnet werden.

Lit. G. B. In: H. Gebhardt, Königlich Bayerische Photographie. München 1978

Boissonnas, Fred (*1858 Genf, †1946 Genf) Entstammte einer Genfer Fotografenfamilie; sein Vater Henri gab für die Fotografie den Beruf des Uhrschalengraveurs auf; auch sein Bruder Edmond und seine beiden Söhne Paul und Edmond-Edouard arbeiteten als Fotografen. Um 1885 unterhielt B. ein gutgehendes Porträtatelier mit mehr als 20 Assistenten. Er entwickelte eine Art Teleobjektiv, das »Téléphot«, mit dem er Aufnahmen vom Mont Blanc machte. Neben fotografischen Bewegungsstudien von Tieren (um 1890) versuchte er sich auch in der Werbefotografie (für Nestlé und Suchard). Um 1900 gründete er weitere Ateliers u.a. in Marseille, Lyon, Paris und St. Petersburg. Um 1925 unternahm er eine ausgedehnte Fotoexpedition nach Nordafrika. Die Bilder dieser Reise publizierte er 1932 im Selbstverlag. Er gilt als bedeutendste Fotografenpersönlichkeit der Jahrhundertwende in der Schweiz. Seine üppigen Porträtarrangements wirkten innerhalb der Schweiz stilbildend bis in die 30er Jahre hinein.

Lit. F. B. In: H. Loetscher u.a., Photographie in der Schweiz von 1840 bis heute. Teufen 1974

Boltanski, Christian (*1944 Paris) Malte mit 12 Jahren seine ersten Bilder. Begann ab 1963 Zeitschriften und Magazine zu sammeln, um daraus abzumalen. Machte 1968 seine ersten Fotos und Filme und stellte zugleich eine Objektesammlung her (Fotos, Texte, Zeitungsausschnitte), die Aufschluß über seine Existenz geben sollte; dabei konzentrierte er sich auf die mit seiner Kindheit zusammenhängenden Erinnerungen und versuchte, diese Kindheit (stellvertretend für viele Kindheiten) aus fingierten Teilen, Daten und Fotos wieder zusammenzufügen. 1969 Publikation dieser »Spurensicherung« unter dem Titel »Nachforschung und Darstellung von allem was bleibt von meiner Existenz seit 1944–1950«. 1970 erste Einzelausstellung in der Pariser Galerie Templon; Freundschaft mit → Le Gac und → Messager. Sein malerisch-fotografisches Œuvre umkreist das Problem einer »persönlichen Geschichte«, die häufig durch äußere Einflüsse definiert und deformiert wird. Seit 1971 Experimente mit Film und Video-Tapes.

Lit. Ch. B. und A. Messager, Modellbilder. Ausstellungskatalog Rheinisches Landesmuseum. Bonn 1976

Borchert, Christian (*1942 Dresden) Studierte von 1960–63 an der Ingenieurschule in Potsdam-Babelsberg; von 1963–64 Prüfer in der Filmfabrik Wolfen; von 1964–70 in verschiedenen Berufen tätig. Ab 1970 Bildreporter für eine Berliner Zeitung; zugleich Studium an der Hochschule für Grafik und Buchkunst in Leipzig. Reisen nach Ungarn, Rumänien, Polen. Ab 1975 freischaffender Fotograf in Berlin und Dresden. Seit 1978 Leitung der Fotoabteilung in der Galerie Berlin des Staatlichen Kunsthandels der DDR. B., der zu den wenigen freiberuflichen Lichtbildnern der DDR gehört, konzentriert sich in seinen kreativen Arbeiten auf die Darstellung des Menschen (in Gruppen- und Einzelporträts); vor allem seine Künstlerporträts, u.a. von Wilhelm Rudolph und Wolfgang Mattheur, verdienen Beachtung.

Lit. C. B., Gruppenbilder und Künstlerporträts. Ausstellungskatalog Kunstsammlung. Cottbus 1980

Borlinetto, Luigi (* 1827 Padua, † 1904 Padua) Gilt als einer der Wegbereiter der Fotografie in Italien. Er publizierte unzählige Aufsätze zur Theorie und Praxis der Fotografie. 1883 brachte er die 1867 von Ottavo Baratti gegründete Zeitschrift »La Camera Oscura« (1869 eingestellt) erneut heraus. Als Ehrenmitglied der Società Fotografica Italiana nahm er an vielen Fotoausstellungen teil, wo er mit seinen Porträts und Stadtansichten Preise und Medaillen errang (Silbermedaillen in Florenz 1861, Mailand 1881, Hamburg 1892, Paris 1900; Goldmedaillen in Wien 1876, Padua 1879).

Lit. L. B. In: P. Becchetti, Fotografi e fotografia in Italia. Rom 1978

Bosshard, Walter (* 1892 Samstagern bei Zürich) Studierte bis gegen Ende des Ersten Weltkrieges Pädagogik und Kunstgeschichte. Unternahm mehrere Reisen in den Vorderen und Hinteren Orient, u.a. nach Indien, wo er mit dem Asienforscher Emil Trinkler zusammentraf. Gemeinsame Expeditionen mit Trinkler von 1927–29 durch den asiatischen Raum. Das umfangreiche Bildmaterial wurde später in verschiedenen deutschen Zeitungen publiziert. Weitere Reisen nach China und in die Mongolei für den Berliner Ullstein-Verlag; Bildberichte u.a. über Tschiang Kai-Schek und Mao Tse-tung. 1932 nahm er als Beobachter am Arktisflug der »Graf Zeppelin« teil. Während des Zweiten Weltkrieges Reportagen aus dem Balkan und dem Nahen Osten. 1945 Fotodokumentation anläßlich der Gründung der Vereinten Nationen. 1946 Reisen nach Japan und China (Peking), wo er bis 1949 lebte. B.s gesamtes Bildmaterial und sein Archiv gingen beim Einmarsch der Kommunisten verloren. 1953 letzte Bildreportage aus Korea; Aufgabe der Fotografie wegen eines schweren Unfalls in Panmunjon.

Lit. W. B. In: T. N. Gidal, Deutschland – Beginn des modernen Bildjournalismus. Luzern/Frankfurt a. M. 1972

Boubat, Edouard (* 1923 Paris) Begann als Autodidakt zu fotografieren. Setzte sich bis 1950 mit der Farbreproduktion von Gemälden auseinander. 1951 wurde er anläßlich einer Ausstellung mit Arbeiten von → Izis, → Doisneau und → Brassaï in der Pariser Bookstore-Gallery von Albert Giloux für die Zeitschrift »Réalités« entdeckt. Bildjournalistische Arbeiten bis 1967 führten ihn u.a. in den Vorderen Orient und nach Asien. 1962 entstand sein Zyklus »Die indische Familie«, ein Bericht über die Lebensbedingungen der Inder auf dem Lande. Ab 1967 als freier Fotograf für verschiedene Verlage tätig; Bildfolgen über Schriftsteller, das ländliche Frankreich, junge Menschen im Hydepark. B. gilt in Frankreich als der Prototyp des sozial engagierten Fotografen. Eine seiner einfühlsamsten Bildserien dürfte »Der alte Bretone und das Meer« aus dem Jahre 1961 sein.

Lit. B. George, Große Photographen unserer Zeit: E. B. Luzern/Frankfurt a.M. 1972

Bourke-White, Margaret (* 1904 New York, † 1971 Connecticut) Bis 1922

Studium an der Clarence H. White School of Photography; Aufnahmen vom Campus-Leben amerikanischer Studenten. 1929 erste Fotos aus einem Stahlwerk. 1929 auf Bitten von Henry R. Luce Fotografien für »Fortune«; mehrere Reportagen u.a. aus der Sowjetunion und aus Deutschland. 1931 Gründung eines eigenen Ateliers. 1936 Fotografien für »Life« (erstes Titelbild von B.-W.). Ab 1942 Kriegsberichte für die amerikanische Luftwaffe. 1945 Fotos vom Konzentrationslager Buchenwald. 1946 Bildserie über Indien. B.-W. bevorzugte großformatige Kameras (auch Plattenkameras). Neben ihren bildjournalistischen Arbeiten verdienen ihre Luftaufnahmen und ihre von → Karsh inspirierten Porträtserien der amerikanischen Bevölkerung hervorgehoben zu werden. Von ihren zahlreichen Publikationen dürften die Bände »Eyes on Russia« (1931) und »U.S.S.R Photographs« (1934) die überzeugendsten sein.

Lit. S. Callahan (Hrsg.), M. B.-W. Boston 1972

Bourne, Samuel (* 1834 England, † 1912 Bombay?) Erlernte um 1858 die Fotografie. Beeindruckt von → Friths Reisefotografien aus dem Vorderen Orient ging er 1861 nach Indien, um dort, gemeinsam mit William Shepherd, ähnlich »exotische« Lichtbilder anzufertigen. Mehrere Expeditionen führten ihn zum Himalaja, nach Delhi, Benares und Agra. Es waren die ersten Fotografien, die man in Europa von Indien zu Gesicht bekam. B. bevorzugte sehr große Plattenformate, so daß ihm bisweilen mehr als 50 Helfer beim Transport der Ausrüstung ins Gebirge zur Hand gehen mußten. Seine Aufnahmen verschafften ihm in Indien Geld und Ansehen. Er gründete nach 1866 Fotostudios u.a. in Kalkutta, Simla und Bombay. Nach 1870 unternahm er weitere Reisen in den Süden Indiens und nach Ceylon. Insgesamt entstanden mehr als 3000 Negativplatten, nach denen er seine Albumin-Prints anfertigte.

Lit. S. B. In: Photography – the first eighty years. Texte von V. Lloyd. Ausstellungskatalog Galerie Colnaghi. London 1976

Brady, Mathew B. (* 1823 Lake George/New York, † 1896 New York) Begann mit dem Studium der Malerei bei William Page und Samuel F. B. Morse, die ihn mit dem Daguerreotypie-Verfahren vertraut machten. Mit 21 Jahren eröffnete B. in New York ein Studio, in dem er Porträts berühmter Zeitgenossen aus Politik, Kunst und Theater fertigte. 1851 wurden seine Daguerreotypien auf der Weltausstellung in London mit einer Medaille ausgezeichnet. 1858 eröffnete er ein weiteres Fotostudio in Washington, wo er neben Mitgliedern des Kongresses auch Abraham Lincoln porträtierte, der behauptet hatte, allein wegen der gelungenen Fotos von B. zum Präsidenten gewählt worden zu sein. Der Nachwelt bekannt blieb er jedoch in erster Linie wegen seiner 1861–65 entstandenen Fotodokumentationen des amerikanischen Bürgerkrieges. Als Assistenten begleiteten ihn bei diesem aufwendigen Projekt u.a. → Gardner und → O'Sullivan. Zeitweilig arbeiteten für ihn mehr als 30 Fotografen, deren Arbeiten er über eine eigene Agentur an nordamerikanische Zeitungen verkaufte. Dennoch starb er völlig verarmt. Begraben wurde er auf dem Heldenfriedhof von Arlington.

Lit. J. D. Horan, M. B. Historian with a Camera. New York 1955

Bragaglia, Anton Giulio (* 1890 Frosinone, † 1960 Rom) Arbeitete als Schriftsteller, Theater- und Filmregisseur. Als einer der wichtigsten Vertreter des italienischen Futurismus begann er um 1908 (inspiriert von → Mareys Bewegungsstudien), die Dynamik von

Bewegungen mit den Mitteln der Malerei und der Fotografie künstlerisch darzustellen (Mehrfachbelichtungen, Veränderung der Belichtungszeit, Bewegungsunschärfe). 1913 publizierte er das Manifest des »Fotodinamismo futurista«. B.s »Photodynamische Porträts« könnten → Coburn zu seinen »Vortographien« angeregt haben.

Lit. A. G. B. In: C. Bertelli und G. Bollati, Storia d'Italia – L'immagine fotografica 1845–1945. Turin 1979

Brandt, Bill (* 1904 London) Kam nach seiner Schulzeit in Deutschland und längerer Zwischenstation in der Schweiz 1929 nach Paris; dort Assistent von → Ray; Auseinandersetzung mit dem Surrealismus; Bekanntschaft mit André Breton, → Duchamp und → Brassaï, der seine frühen Bildberichte beeinflußte. 1931 Rückkehr nach England; Fotodokumentation über die Wirtschaftskrise; Aufträge für »Verve«, »Picture Post« und »Lilliput«. 1940–45 erstellte er für das Home Office in London eine Fotodokumentation über Untergrund- und Bunkerquartiere während der deutschen Bombenangriffe. Nach 1945 Beschäftigung mit alten Kameratechniken (Akt/Landschaftsfotos mit objektivloser Kamera). 1961 Publizierung der Fotoserie »Perspective of Nudes«. Seine Bedeutung für die Fotografie liegt in seinen freien Porträts von Künstlern und Schriftstellern, in seinen surrealistischen Städtebildern und in seinen skurrilen Akt/Landschaftskombinationen (zumeist s/w). Seine Wirkung auf die europäische, besonders auf die deutsche Avantgardefotografie (→ Riebesehl, → Gelpke) ist unverkennbar.

Lit. B. B., Shadow of Light. London 1977

Brassaï (eigentl. Gyula Halász; * 1899 Kronstadt/Siebenbürgen) Studierte 1919–22 Malerei an der Kunstakademie in Budapest und an der Hochschule für Bildende Künste in Berlin. 1924 Übersiedlung nach Paris, wo er zunächst als Bildhauer, Maler und Journalist arbeitete. Ab 1926 erste fotografische Versuche; Kontakte und Freundschaft mit Henry Miller und → Kertész, der ihn zur Weiterarbeit mit der Kamera animierte. Ab 1929 entstanden jene Fotos, die 1933 unter dem Titel »Paris de Nuit« publiziert wurden und die ihn als subtilen, düster-melancholischen Schilderer des Pariser Nachtlebens ausweisen. 1932–38 fotografierte B. auf Anregung Pablo Picassos die Kritzeleien an Pariser Wänden (→ Siskind), die 1956 in der »Graffiti«-Ausstellung im Museum of Modern Art, New York, vorgestellt wurden. Ab 1934 fertigte er u.a. auch zahlreiche Porträts von Künstlern wie Paul Éluard, Salvador Dali und Georges Braque. Ab 1945 konzentrierte er sich auf die kommerzielle Fotografie (u.a. für »Harper's Bazaar«). Der 1948 erschienene Bildband »Les Sculptures de Picasso« zählt neben »Paris de Nuit« zu seinen Hauptwerken.

Lit. B., Nächtliches Paris. Mit einer Einleitung von L. Durrell. München 1979

Braun, Adolphe (* 1811 Lörrach, † 1877 Dornach/Schweiz?) Begann als Stoffzeichner; benutzte die Kamera zur Erstellung von Kopiervorlagen für seine Stoffdesigns. Er arrangierte zu diesem Zweck große Blumenstilleben, die er 1855 auf der Weltausstellung in Paris vorstellte (Format 50 × 65 cm). Um 1857 eröffnete er ein Atelier in Dornach. Er machte mehrere tausend Landschaftsaufnahmen, vorwiegend im Elsaß und in den Schweizer Alpen (→ Bisson), die er vervielfältigte und in ganz Europa verkaufte. Geschätzt wurde er auch wegen seiner hervorragenden Drucke nach Gemälden alter Meister (zeitweiliger Tagesausstoß 1500 Exemplare). Er gab die Zeitschrift »Die Lichtbildkunst« heraus,

Adolphe Braun

die Forum einer Reihe bekannter Fotografen und Fototheoretiker war.

Lit. A. B. In: Die Sammlung Josef Breitenbach. Ausstellungskatalog Fotomuseum im Münchner Stadtmuseum. München 1979

Breier, Kilian (* 1931 Saarbrükken) Studierte 1948–52 Gebrauchsgrafik an der Werkkunstschule Saarbrücken; Bekanntschaft mit → Steinert. 1952–53 Fortsetzung des Studiums an der École des Beaux-Arts in Paris. Rückkehr nach Saarbrücken, Studium bis 1955; Abschluß: Diplom-Fotograf. 1961–66 Dozent im Fachbereich Fotografik und Trickfilm an der Werkkunstschule in Darmstadt. Seit 1966 Professor an der Hochschule für Bildende Künste in Hamburg. 1968 Arbeit im Institut für Visuelle Kommunikation in Hamburg. In seinen ab 1959/60 entstandenen »Farbrhythmen« und »Luminogrammen« definiert sich die Fotografie als generative Kunst, die weniger an konkreten Objekten (und deren Anmutungswerten) als an strukturellen, zeitlichen, formalen und farblichen Entwicklungen interessiert ist. B. ist berufenes Mitglied der Deutschen Gesellschaft für Photographie (DGPh) und der Gesellschaft Deutscher Lichtbildner (GDL).

Lit. K. B. In: F. M. Neusüss (Hrsg.), Fotografie als Kunst – Kunst als Fotografie. Köln 1979

Breitenbach, Josef (* 1896 München) Erlernte die Fotografie in München; 1933 Flucht vor den Nazis nach Paris; 1946/47 Übersiedlung nach New York; ab 1948/49 Dozentur für Fotografie an der New School of Social Research. 1952/53 Reisen nach Korea; Bildberichte für verschiedene Magazine und Zeitungen in Europa und den USA. Zu seinen besten Leistungen zählen Porträts, Situations- und Aktstudien. Sein Œuvre umfaßt mehr als 10000 Aufnahmen. Kurz nach 1940 begann B. mit dem Aufbau einer Fotosammlung; die Auswahl der * einzelnen Bilder erfolgte dabei nach didaktischen Gesichtspunkten, da er mit ihnen, innerhalb seines Unterrichts an der New School of Social Research in New York, Entwicklungen und typisierende Aspekte der Fotografie sichtbar und diskutierbar machen wollte. 1979 verkaufte er seine umfangreiche Fotosammlung dem Fotomuseum im Münchner Stadtmuseum, das damit über eine der wohl interessantesten Sammlungen historischer Lichtbilder der Welt verfügen dürfte.

Lit. J. B. In: Die Sammlung Josef Breitenbach. Ausstellungskatalog Fotomuseum im Münchner Stadtmuseum. München 1979

Breitner, George Hendrik (* 1857 Rotterdam, † 1923 Amsterdam) Bis 1876 Studium an der Akademie in Den Haag. 1877 Lehrerdiplom und 1. Preis der Akademie für eine Studie nach lebendem Modell. Illustrationen für die Zeitschrift »Eigen Haard«; Dozentur an der Akademie in Leiden. 1880 Eröffnung eines eigenen Ateliers in Den Haag; 1882 Freundschaft mit Vincent van Gogh. 1884 Reise nach Paris. 1886 Übersiedlung nach Amsterdam. B. beschäftigte sich mit der Fotografie »lediglich« als Amateur. Er versuchte, wie → Zille in Berlin (→ Atget), eine Art persönliches Porträt seiner Stadt Amsterdam abzubilden. 1890–1900 fotografierte er das Amsterdamer Hafenviertel, die Marktplätze, die Baustellen, das Leben auf den Straßen. Mehrere seiner Lichtbilder dienten ihm als direkte Bildvorlagen für seine Zeichnungen und Gemälde.

Lit. A. B. Osterholt, G. H. B. en zijn fotos. Amsterdam 1974

Joseph Breitenbach

Brigman, Annie W. (* 1869 Honolulu/Hawaii, † 1950 Eagle Rock) Heiratete 1894 einen Kapitän zur See. Begann um 1895 zu fotografieren. 1903 wurde erstmalig einer ihrer Gelatine-Silber-Drucke im Mary Hopkins Institute ausgestellt. Ab 1904 Freundschaft und Briefwechsel mit → Stieglitz, der 1909 ihre Gravüren in »Camera Work« (Nr. 25) publizierte. → Kühn erbat im selben Jahr Arbeiten von ihr für seine Dresdner Ausstellung. 1910 Aufnahme in den »Linked Ring«; verstärkte Auseinandersetzung mit dem Motiv »Akt und Landschaft« (Einsatz von Retuschiertechniken, negativ/positiv). 1936 Aufgabe der Fotografie, Hinwendung zur Dichtkunst. Ihre der Kunstfotografie nahestehenden Bildwerke gelten als die ersten Belege einer phantastischen Fotografie in Amerika.

Lit. A. B. In: Photosammlung Stieglitz aus dem Metropolitan Museum New York. Ausstellungskatalog Museum Ludwig. Köln 1980

Brill, Fritz (* 1904 Hannover) Absolvierte nach einer Lehre als Kaufmann ein Studium der Volkswirtschaft. Studierte anschließend Malerei und Grafik bei → Itten und gründete 1932 in Berlin ein Atelier für Werbegestaltung. Seit 1936 beschäftigte er sich mit der Fotografie, die ihn 1938 zu seinem bis heute praktizierten Arbeitsgebiet führte: der optischen Fotoanalyse. Als Pionier auf diesem Gebiet errichtete er ein eigenes Forschungslabor in Hofgeismar, das heute von seinem Sohn geleitet wird. Zahlreiche Essays und Aufsätze zur optischen Analyse, Elektronik und Mechanik belegen sein hohes theoretisches Reflexionsniveau.

Lit. F. B., Photoanalyse im Einsatz für Forschungsaufgaben des Rotationstiefdrucks. Hofgeismar 1964

Bruguière, Francis (* 1879 San Francisco, † 1945 London) Begann nach einer Studienreise durch Deutschland, England, Frankreich und Italien sich ab 1901 mit Kunst und Malerei zu beschäftigen. 1905 Übersiedlung nach New York, wo er bei → Eugene einen Fotokurs belegte. Bekanntschaft u.a. mit → Stieglitz; Mitglied der »Photo-Secession«. 1906 Rückkehr nach San Francisco; Fotoexperimente und Malerei. 1919 Gründung eines Fotostudios in New York. Wegen seiner ausgefeilten Beleuchtungstechnik wurde er bald zu einem der gesuchtesten Theater- und Porträtfotografen; Aufträge für »Harper's Bazaar« und »Vogue«. Ab 1923 Fotoexperimente mit zerschnittenem Papier (Lichtabstraktionen/Fotogramme). 1927 Übersiedlung nach London; drehte mit Oswell Blakestone den avantgardistischen Film »Light-Rhythm«; Ausstellung seiner Fotoarbeiten in der Galerie »Der Sturm« von Herwarth Walden (Berlin). 1937 Gestaltung des englischen Pavillons auf der Pariser Weltausstellung mit sensationell großen fotografischen Wandbildern.

Lit. J. Enyeart, F. B. – His Photographs and his Life. New York 1977

Bullock, Wynn (* 1902 Chicago, † 1975 Monterey) 1921–24 als Tenor in Irving Berlins »Music Box Revue« unter Vertrag. Bis 1937 als Sänger und Musiker tätig; Aufenthalte und Studien in Europa. 1938–40 studierte er Fotografie an der Los Angeles Art Center School u.a. bei Edward Kaminski, der ihn für die experimentelle Fotografie begeisterte. 1948 Treffen und Freundschaft mit Edward → Weston, der ihn zur »straight photography« und zur Aufgabe der künstlerisch-gekünstelten Fotografie bewegte. 1955 Teilnahme an der Ausstellung »The Family of Man« in New York. 1959 Direktor für Fotografie am San Francisco State College. 1960 Versuche mit farbigen »Lichtabstraktionen«. 1966 Beginn einer Serie von langzeitbelichteten Fotografien (Wandstrukturen, Felsenformationen, Interieurs). 1968 Rückkehr zur poetischen Bildsprache; Serien von

Aktfotografien (Frau und Kind) und Waldstudien. Obwohl B. zu den Klassikern der modernen amerikanischen Fotografie gezählt werden muß, ist es ihm zeitlebens nicht gelungen, eine eigene unverwechselbare Bildsprache zu entwickeln.

Lit. W. B., The Aperture History of Photography Series, Nr. 4. Millerton 1976

Burchatz, Max (* 1887 Wuppertal-Elberfeld, † 1961 Essen) Besuchte bis 1906 die Kunstgewerbeschule in Elberfeld. 1906–09 Student an der Düsseldorfer Kunstakademie. 1909–14 Reisen durch Deutschland und Frankreich. Ab 1918 Wohnung und Studio in Hannover; Freundschaft mit Kurt Schwitters. 1921 Übersiedlung nach Weimar; Gast am Bauhaus und Bekanntschaft mit Theo van Doesburg. 1924 mit Johannes Canis Gründung des Ateliers »Werbebau« in Bochum; Einsatz von Fotocollagen für Werbezwecke; Fototypografie (auch als Plakat). 1926 Ernennung zum Professor an der Essener Folkwang-Schule; weitere Beschäftigung mit der experimentellen Fotografie; Zusammenarbeit mit → Zwart und Walter Leistikow. 1933 wurden seine Arbeiten (in der Mehrzahl Fotocollagen, Fotozeichnungen, Fotografiken) als entartet deklariert. B. zog sich ins Privatleben zurück. 1949 erneute Berufung an die Folkwang-Schule in Essen (→ Steinert).

Lit. M. B., Schule des Schauens. München 1962

Burri, René (* 1933 Zürich) 1950–53 Ausbildung zum Fotografen an der Kunstgewerbeschule in Zürich bei → Finsler. Neben ersten bildjournalistischen Arbeiten entstanden auch kürzere Dokumentarfilme. 1953 Bekanntschaft mit → Bischof, durch den er Kontakt zur Gruppe »Magnum« bekam (1959 Mitglied von »Magnum«). 1954–55 Arbeit als Kamera-Assistent. Ab 1956 hauptsächlich als Bildjournalist tätig. Seine Reportagen aus aller Welt erschienen u.a. in den Magazinen »stern«, »GEO«, »Paris Match« und »Life«. B. gilt unter den Bildjournalisten von Rang als der »Menschenfotograf«, eine Qualität, die ihn u.a. mit → Frank und → Lebeck verbindet. Besonderen Erfolg hat B. seit 1960 mit seinen zahlreichen PR-, Dokumentar- und Industriefilmen für das Fernsehen.

Lit. R. B., Die Deutschen. Ausstellungskatalog Museum Folkwang. Essen 1980

Byron, Joseph (* 1846 Nottingham/England, † 1922 New York?) Erlernte um 1862 die Fotografie im Atelier seines Großvaters in Nottingham. Machte sich bald darauf als Porträt- und Gesellschaftsfotograf selbständig (auch »Carte-de-Visite«). Arbeitete ab 1870 als Bildberichterstatter für die Londoner Zeitung »Graphic« und benutzte eine als Dunkelkammer umgebaute Pferdedroschke. Ab 1880 Dokumentation über die Arbeit in englischen Kohleminen (Regierungsauftrag). 1888 Übersiedlung in die USA und Gründung eines Fotostudios. Ab 1891 Konzentrierung auf Fotoaufträge u.a. von Hochzeiten, Banketten und Paraden. Beschäftigung mit der Theaterfotografie ab 1900. Außerdem zahlreiche Fotoserien aus den New Yorker Stadtvierteln; auftragsungebundene Lichtbilder von Menschen während der Arbeit, der Freizeit, in alltäglichen Situationen. B. bevorzugte schon früh die an den »entscheidenden Augenblick« von → Cartier-Bresson erinnernde Schnappschußfotografie.

Lit. J. B. In: Photographie als Kunst 1879–1979. Ausstellungskatalog Tiroler Landesmuseum Ferdinandeum, Bd. 1. Innsbruck 1979

Callahan, Harry (* 1912 Detroit/Michigan) Interessierte sich erst nach seinem Ingenieurstudium (1936–38) an der State University in Michigan für die Fotografie. Die Konfrontation mit den Lichtbildern von Minor → White und → Stieglitz bestärkten ihn in seinem Entschluß, Fotograf zu werden. 1944 übernahm er eine Stelle als Fotolaborant bei General Motors; Freundschaft mit → Moholy-Nagy und Todd Webb; Auseinandersetzung mit der vom Bauhaus inspirierten neusachlichen Fotografie; Aktstudien (z.B. von seiner Frau Eleanor), Interieur- und Landschaftsfotos entstanden. Ab 1948 Beteiligung an zahlreichen Ausstellungen des Museums of Modern Art, New York. 1955 Mitwirkung an der von → Steichen konzipierten Fotoausstellung »The Family of Man«; zugleich Beteiligung an → Steinerts Ausstellung »Subjektive Fotografie«. 1956 Studienaufenthalt in Frankreich. 1964 Berufung zum Professor an der Rhode Island School of Design; Theoriediskussionen mit Aaron → Siskind. C. gilt als überzeugendster Vertreter einer dem Symbolismus nahestehenden metaphysischen Fotografie.

Lit. J. Szarkowksi, H. C. New York 1976

Cameron, Julia Margaret (* 1815 Kalkutta/Indien, † 1879 Dikoya/Ceylon) Begann nach ihrer Heirat und Übersiedlung nach England erst mit 48 Jahren zu fotografieren. Beschränkte sich ausschließlich auf die Porträtfotografie, in der sich ihre Vorliebe für die Malerei der Präraffaeliten bemerkbar macht. Bekanntschaft mit den berühmtesten Persönlichkeiten des öffentlichen Lebens in London. Porträts (Weichzeichnereffekt) u.a. von Charles Darwin, John Herschel, Henry Taylor und den Damen der Oberschicht. Ausstellung ihrer Arbeiten in der French Gallery (1866) und in der German Gallery (1868), beide in London. Ihre nach 1870 entstandenen Fotos thematisieren mythologische Szenen, für die sie Freunde der Familie in malerischer Verkleidung vor der Kamera posieren ließ. 1874 illustrierte sie Alfred Tennysons »Idylls of the King«. 1875 Rückkehr nach Ceylon. Der größte Teil ihrer Lichtbilder befindet sich im Victoria und Albert Museum in London.

Lit. H. Gernsheim, J. M. C. – Her Life and Photographic Work. London 1975

Caneva, Giacomo (* um 1810 Venedig, † um 1890 Rom) Kam als Maler 1838 nach Rom, wo er nach anfänglichen Versuchen als Amateurfotograf 1840 Berufsfotograf wurde. 1847 stieg er mit dem Ballon über dem Argo Romano zu einer Höhe von 4000 m auf (erstes Luftbild?; → Nadar). Er bevorzugte die Technik der Daguerreotypie, veröffentlichte 1855 eine Abhandlung über deren Verbesserung und über die praktische Anwendung der Fotografie. 1864 stellte er ein Verzeichnis des Inventars des Fotoateliers von → Cuccioni zusammen. Seine Stadtansichten, Stilleben und Porträts müssen ihm ein gutes Auskommen ermöglicht haben. Er soll der bestbezahlte Fotograf von Rom gewesen sein. Über die letzten Jahre seines Lebens ist bis heute nichts bekannt.

Lit. G. C. In: Roma Cento Anni fa nelle fotografie del tempo. Ausstellungskatalog. Rom 1971

Capa, Robert (eigentl. Anfrei Friedman; * 1913 Budapest, † 1954 Indochina) Der neben → Bischof wohl berühmteste Bildjournalist seiner Generation erlernte die Fotografie in Berlin, wo er bis 1932 als Fotoassistent arbeitete. Vor den Nazis floh er 1933 nach Paris; den Spanischen Bürgerkrieg verfolgte er 1936 als Kriegsberichterstatter; zwei Jahre später Bildberichte aus China nach der japanischen Invasion. Als Bildberichterstatter für »Life« kam er während des Zweiten Weltkrieges nach Europa zurück. 1947 Gründung von »Magnum-Fotos« in New York. 1948 aufsehenerregender Bildbericht über den Krieg in Palästina. Viele seiner Reportagen erschienen in Buchform, so u.a. »Death in the Making« (1937) und posthum »Images of War« (1964). Entscheidend beteiligt an der neuerlichen Verbreitung seines Werkes war sein Bruder Cornell C., Direktor des International Center of Photography in Rochester.

Lit. C. Capa/B. Karia, R. C., Photographs 1913–1954, New York 1974

Caponigro, Paul (* 1932 Boston) Studierte bis 1952 Musik an der Boston University; begann 1952 eine Fotografenlehre; ging 1953 als Fotograf zur Armee; kehrte 1955 nach Boston zurück, wo er als freiberuflicher Lichtbildner tätig wurde. 1960 Berater bei Polaroid; 1966 Zuerkennung eines Guggenheim-Stipendiums; Studienreise nach Europa; ab 1968 als Dozent für Fotografie u. a. an der St. Lawrence, der Wesleyan und der Yale University, wo er seit 1977 als Professor unterrichtet. 1971 erhielt er das National-Stipendium der Arts Photography Fellowship Grant. C. ist einer der vielseitigsten Primärfotografen in Amerika; sein Schaffen reicht von der subtilen Milieustudie über das »belebte Landschaftsfoto« bis zum formalen Strukturbild, das an Aaron → Siskind und → Weston denken läßt.

Lit. P. C., Sunflower. New York 1974

* **Carjat,** Etienne (* 1828 Paris, † 1906 Paris) Als Journalist, Schriftsteller und Karikaturist für mehrere Zeitungen in Paris begann er sich ab 1850 für die Fotografie, speziell die Porträtfotografie eines → Nadar, zu interessieren. 1855 eröffnete er ein Fotoatelier, in dem er bis 1875 eine Reihe hervorragender Bildnisse schuf, u.a. von Charles Baudelaire, Gustave Courbet, Victor Hugo und Gioacchino Rossini, die ihn als Meister des Charakterporträts auswiesen. Viele Personen (so z.B. Rossini) ließen sich zugleich von Nadar und C. porträtieren. Im Gegensatz zu Nadar sind die Porträts von C. weniger prätentiös, weniger inszeniert – sie bestechen durch ihre außergewöhnliche Ruhe und »Objektivität«. 1862–63 gab C. die Zeitschrift »Le Boulevard« heraus. Nach 1875 erlosch seine Begeisterung für die Fotografie. Er widmete sich bis zum Ende seines Lebens wieder dem Journalismus und der bildenden Kunst.

Lit. E. C. In: Photography – the first eighty years. Texte von V. Lloyd. Ausstellungskatalog Galerie Colnaghi. London 1976

Carroll, Lewis (eigentl. Charles Lutwidge Dodgson; * 1832 Daresbury/England, † 1898 Guildford/England) Studierte Mathematik und Logik in Oxford, wo er ab 1852 als Dozent am Christ Church College wirkte. C. wurde in erster Linie als Dichter der Nonsens-Märchen »Alice in Wonderland« (1862) und »Through the Looking-Glass« berühmt, die bis heute in mehr als 20 Sprachen übersetzt wurden. Als Fotograf phantasievoller Kinderbilder wurde er einem größeren Publikum erst nach seinem Tode bekannt. Ab 1855 entstanden Porträtserien von Jugendlichen und Kindern, die C. von diesen häufig selbst beschriften bzw. signieren ließ. Die ersten 30 Kinderbilder wurden 1898 von Stuart Dodgson in seiner C.-Biografie vorgestellt. Weitere 115 Fotos wurden erst 1949 von Helmut Gernsheim während der Recherchen zu einem Buch über → Cameron entdeckt. Insgesamt soll es etwa 700 Fotos von C. geben. Ein großer, zumeist unveröffentlichter Teil befindet sich in der Parrish Collection der Princeton University.

Lit. L. C. In: ZOOM, Nr. 3. München 1979

Etienne Carjat

Cartier-Bresson, Henri (* 1908 Chanteloup/Frankreich) Studierte 1927 bis 28 Malerei bei André Lhote. Beschäftigte sich schon früh mit den Werken von → Atget und → Ray. Unternahm ab 1931 mehrere Reisen nach Spanien, Italien und Afrika. Wurde 1936 Regie-Assistent bei Jean Renoir. 1937 nahm er als Freiwilliger am Spanischen Bürgerkrieg teil und diente während des Zweiten Weltkrieges als Korporal in einer Nachrichteneinheit. 1945 drehte er einen Dokumentarfilm über die Rückkehr französischer Kriegsgefangener. 1947 gründete er zusammen mit → Capa, → Seymour und → Rodger die Gruppe »Magnum«, die in kürzester Zeit zur renommiertesten Bildagentur der Welt wurde. Neben mehreren Dokumentarfilmen publizierte er eine Reihe von vielbeachteten Bildbänden wie z.B. »Menschen in Moskau« (1955), »Die Europäer« (1955), »Frankreich« (1970) und »The Face of Asia« (1972). C.-B. arbeitet vorzugsweise mit einer einzigen Kamera (Leica) und einem einzigen Objektiv (35 mm Weitwinkel). Er ist zweifelsfrei der bekannteste französische Bildjournalist dieses Jahrhunderts. Seine Hervorhebung des »entscheidenden Augenblicks« bei der Entstehung eines Fotos wurde zur meistzitierten Redewendung der modernen Fotografie.

Lit. H. C.-B. Ausstellungskatalog Museum für Kunst und Gewerbe. Hamburg 1970

Catany, Toni (* 1942 Llucmajor/Mallorca) Übersiedelte nach seiner Ausbildung nach Barcelona, wo er heute als freier Fotograf lebt. Seine Spezialgebiete sind Tanz- und Theaterstudien. Mehrere Arbeiten verwendete er zur Gestaltung von Schallplatten-Covers. Er gehört neben → Fontcuberta, Mariano Zuzunaga, Humberto Rivas und Ferran Freixa zu jener Gruppe junger Lichtbildner in Barcelona, denen im Ausland ein immer größeres Interesse entgegengebracht wird. Mit seinen romantisch-schönen Stilleben deutet C. auf eine Verwandtschaft zur Bildwelt → Sudeks.

Lit. T. C. In: European Photography, Nr. 2. Göttingen 1980

Chargesheimer (eigentl. Karl Hargesheimer; * 1924 Köln, † 1972 Köln) Begann als Schauspieler, Bühnenbildner und Opernregisseur. Experimentierte um 1950 mit der kameralosen Fotografie: mit Lichtmalereien auf Fotopapier (»Gelatinemalerei«), mit Fotogrammen. Ab 1952 entstanden die ersten an → Höch erinnernden surrealen Fotomontagen. Ab 1955 Konzentrierung auf die bildjournalistische Fotografie. Zu seinen überzeugendsten Leistungen gehören seine frühen Porträts (u.a. vom Clown Grock), seine Theaterstudien und seine Straßenbilder aus dem Ruhrgebiet (zumeist s/w). 1956 Freundschaft mit Heinrich Böll. 1957 Beginn der Bildserie über den Zoologischen Garten in Köln. 1966 Bekanntschaft mit Martin Walser, der ihm Texte für seine Bücher »Theater-Theater« (1967) und »Köln 5 Uhr 30« (1970) lieferte. Bekannt wurde Ch. durch seinen äußerst avantgardistisch anmutenden Bericht über die Zechenarbeiter »Im Ruhrgebiet« (1957), mit dem er durch ungewöhnliche Detail- und Nahaufnahmen ein gelungenes Stimmungsbild der Untertagearbeit präsentierte.

Lit. Ch., Unter Krahnenbäumen. Mit einem Text von H. Böll. Köln 1958

Citroën, Paul (* 1896 Berlin) Absolvierte eine Buchhändlerlehre in Berlin. 1914 Freundschaft mit Georg Muche, der ihn mit Herwarth Walden bekannt machte (Galerie »Der Sturm«). 1917 Übersiedlung nach Holland. 1919 Zusammentreffen mit den Künstlern der Dada-Bewegung in Berlin, u.a. mit Walter Mehring, George Grosz und → Heartfield, der ihn für die Fotografie und die Fotomontage interessierte: Es entstanden die Collagen »Weltstadt« und »Metropolis«. 1922–24 Studium am Bauhaus bei → Itten; Bekanntschaft mit → Umbo. 1930–33 Arbeit als Porträtfotograf und Maler in Holland. Dort u.a. mit Charles Roelofsz Gründung der »Nieuwe Kunstschool« in Amsterdam. 1935 Dozent an der Akademie für Bildende Künste in Den Haag; weitere Fotoporträts. Ab 1946 vorwiegend als Bühnenbildner und Porträtmaler tätig. Er gilt neben → Zwart als Wegbereiter der Fotografie des »Neuen Sehens« in Holland.

Lit. P. C. Biographie. Mit einer Einleitung von M. Pauseback. Bielefeld/Düsseldorf 1978

Claudet, Antoine François Jean (* 1798 Lyon, † 1867 London?) Eröffnete als Direktor einer französischen Glasfabrik 1829 in London ein Glaswarengeschäft. 1837 assoziierte er sich mit George Houghton, mit dessen Hilfe er das Daguerreotypie-Verfahren in England einführte. 1841 begann er, selbst Daguerreotypie-Porträts herzustellen. Um neben → Beard, seinem zunächst härtesten Konkurrenten, bestehen zu können, bot C. Porträtaufnahmen mit aufwendiger Kulisse (gemalte Hintergründe) an und stellte für die Kolorierung der kleinen Bildtafeln den französischen Maler L. Mansion an. Um 1844 traf er mit → Talbot ein Abkommen, wodurch er auch nach dem Kalotypie-Verfahren Porträts herstellen konnte. Nach 1850 beauftragte ihn »The Illustrated London News«, Panoramafotos von London anzufertigen. 1851 stellte er mehrere dieser Arbeiten sowie eine Reihe von Stereobildern im Kristall-Palast aus. Neben seiner Tätigkeit als Fotograf war er auch als Erfinder erfolgreich: Er entwickelte eine empfindlichkeitsteigernde Emulsion, berechnete Objektive, konstruierte einen Belichtungsmesser, den Focimeter, und führte das »Rotlicht« als Dunkelkammerbeleuchtung ein. 1861 ernannte ihn der französische Kaiser zum Ritter der Ehrenlegion.

Lit. A. T. Gill, A. F. J. C. 1798–1867. In: Historical Group Newsletter of the Royal Photographic Society. London 1973

Clausen, Rosemarie (* 1907 Berlin) Absolvierte von 1925–28 eine Lehre als Porträtfotografin in Berlin (Prüfung an der Lette-Schule). Ab 1928 Assistentin der Theaterfotografin Elly Marcus. C. arbeitete hauptsächlich mit der 13 × 18-Stativkamera; 1933 machte sie sich als Theaterfotografin selbständig. Ihr erster Bildband (»Menschen ohne Maske«, 1938) machte sie über Berlin hinaus bekannt. Neben den Aufnahmen mit der Plattenkamera, die hauptsächlich nur gestellte Porträts oder Charakterposen zuließen, entstanden die ersten Szenenfotos mit der Rollfilm- und Kleinbildkamera (zumeist s/w). Nach dem Zweiten Weltkrieg publizierte C. zwölf weitere Bildbände, die ihren Ruf, eine der besten Theaterfotografinnen zu sein, erneut bestätigten. Wegweisend neben den Reportagen in Hamburg dürften ihre Lichtbildfolgen über Gustaf Gründgens und seine Arbeit am Theater sein.

Lit. R. C., Theater, Gustav Gründgens inszeniert. Braunschweig 1960

Clergue, Lucien (* 1934 Arles/Frankreich) Kam als Autodidakt zur Fotografie, 1950 erste Aufnahmen von Kriegsruinen, Kadavern und Friedhöfen. Musikstudium und Bilddokumentationen von Zigeunern und Gauklern. 1956 Bekanntschaft u. a. mit Paul Éluard, Jean Cocteau und Pablo Picasso. Beginn der Aktfotoserie »Nus de la mer«, die teilweise auch zur Illustrierung einiger Gedichte von Éluard genutzt wurde. 1958 erste größere Ausstellung seiner Lichtbilder in Zürich. Ab 1960 Aufträge für Magazine und Buchverlage. Erste Studien zu seiner epochalen Stierkampfserie, die in insgesamt vier Bänden publiziert wurde: »Le Taureau du Corps«, »Toros Muertos«, »Plaza de Toros« und »El Cordobes«. International bekannt wurde er besonders durch die auf seine Initiative zurückgehenden Fotofestivals in Arles, die in den letzten Jahren wiederholt zum Treffpunkt der künstlerischen Fotoavantgarde wurden. Er zählt neben → Plossu, Bruno und Ives Aubry zu den bedeutendsten zeitgenössischen kreativen Fotografen Frankreichs.

Lit. L. C. 100 Fotos. Ausstellungskatalog Kunsthalle Bielefeld. 1971

Clifford, Charles (* um 1800 England, † 1863 Madrid) Lebte seit Anfang der 40er Jahre in Madrid; begann 1851/52 zu fotografieren (Kalotypie- und Kollodium-Verfahren). Bekannt

Alvin L. Coburn

wurde er durch seine schönen Lichtbilder spanischer Bauwerke und Landschaften. 1854 zeigte er auf der Ausstellung der Photographic Society of London mehrere Landschaftsstudien. 1856 stellte er in Brüssel zwölf seiner 1854 entstandenen Lichtbilder (Albumin-Prints) des Escorial-Palastes aus, die große Beachtung fanden. 1862 publizierte er sein letztes Album mit Fotos aus »Andalusien« (Titel des Albums). Als Hoffotograf der spanischen Königin Isabella II. reiste er nach England, um Porträts von Mitgliedern des englischen Königshauses anzufertigen.

Lit. Ch. C. In: The First Century of Photography. From the Collection of André Jammes. Ausstellungskatalog Art Institute of Chicago. 1978

Coburn, Alvin Langdon (* 1882 Boston, † 1966 Wales) Wurde durch die Bekanntschaft mit → Day auf die Fo- *

tografie aufmerksam. Reiste 1899 nach London zur Fotoausstellung »New School of American Photography, wo er u.a. mit → Steichen, → Puyo und → Demachy zusammentraf. 1902 Eröffnung eines Fotostudios, Treffen mit → Stieglitz und 1903 Aufnahme in den »Linked Ring«; zugleich erste Versuche mit der von Demachy propagierten Gummidruck-Technik. Zusammenarbeit mit → Käsebier, die ihn nachhaltig beeinflußte. 1904 erhielt er den Auftrag, in London eine Porträtserie der bekanntesten englischen Künstler und Schriftsteller anzufertigen. Besuch des Studios von James C. → Annan. 1906–07 Reisen nach Spanien, Venedig und Paris. Angeregt durch Steichens Colorversuche experimentierte C. mit Farbe (Retusche und Druck). 1912 Übersiedlung nach England, Zusammentreffen mit G. B. Shaw und Ezra Pound (1916), der ihn zur Weiterentwicklung seiner »Vortographien« (abstrakte, kaleidoskopartige Spiegelbilder) anregte. 1930 Übergabe seines Fotoarchivs an die Royal Photographic Society. 1931 Aufgabe der Fotografie. Qualitativ ist sein Werk, in dem es deutliche experimentelle und kunstfotografische Momente gibt, mit dem Œuvre von → Kühn vergleichbar.

Lit. N. Newhall, A Portfolio of Sixteen Photographs by A. L. C. Rochester 1962.

Collins, James (* 1939 Northampton) Studierte 1959–63 an der St. Martin's School of Art in London, 1963–64 an der Hornsey School of Art (Diplom als Kunsterzieher). 1964–70 Dozentur in den Fächern Design, Fototheorie und moderne Kunstgeschichte am London College of Printing und an der EPSOM School of Arts. Seit 1970 Dozent an der New York University; zugleich Gastdozentur an anderen Universitäten in Amerika und Kanada. Bezeichnend für sein Œuvre ist die Verknüpfung von theoretischen Konzepten und praktischen Darstellungen. In seinen neueren, großflächigen Foto- und Filminstallationen (häufig als Tryptichon, wie in »Whose afraid of Red, Yellow and Blue«, 1977) setzt er sich mit dem Problem der »verschiedenen Betrachtungsebenen« auseinander: Im unteren Bild/Filmdrittel betrachtet ein weibliches Gesicht den außenstehenden Betrachter, im oberen Drittel betrachtet ein männliches Gesicht das untere, und im mittleren Drittel wird der außenstehende Betrachter mit der Ebene (Bettlaken-, Wiesen-, Teppichausschnitt) konfrontiert, auf der Betrachten und Betrachtetwerden stattfinden.

Lit. J. C. Ausstellungskatalog John Gibson Gallery. New York 1975

Cordier, Pierre (* 1933 Brüssel) Begann um 1955 mit ersten fotografischen Experimenten (Solarisationen, Manipulation fotochemischer Prozesse). 1956 erste Chemigramme (Fotografien, bei der die Grauvaleurs zu weißen bzw. schwarzen Lineaturen reduziert werden; ähnliche Reduktionen auch in Farbe). 1958 Kurzstudium in der Fotoklasse → Steinerts in Saarbrücken. Mitglied der belgischen Grafikerkammer; Korrespondierendes Mitglied der Deutschen Gesellschaft für Photographie (DGPh); Dozent an der Brüsseler Académie des Beaux-Arts. Bei C.s schwarzweißen und farbigen Fotografiken wird das realistisch gegebene Bild des Negativs als Ausgangspunkt chemigrafischer Manipulationen genommen bzw. als Bild installiert, »das durch direkte Einwirkung chemischer Substanzen auf lichtempfindliche Materialien entstanden ist« (aleatorische Bilder).

Lit. P. C. In: Photographie. Ausstellungskatalog Belgisches Kulturministerium. Brüssel 1976

Cornelius, Peter (* 1913 Kiel, † 1970 Kiel) Erlernte die Fotografie als Autodidakt. Absolvierte ein Volontariat bei einer Zeitung. Begann zunächst mit

Stadtlandschaften und Industriefotografien und wurde 1936 durch → Wolff zur Live-Fotografie angeregt. Nach 1949 war C. vorwiegend in der Werbefotografie tätig, nach 1960 hauptsächlich als Bildjournalist. Er gehörte zu den ersten Bildberichterstattern in Europa, die ihre Reportagen in Farbe machten. 1963 Berufung als Dozent für Farbreportage an die Ulmer Hochschule für Gestaltung. Zusammenarbeit u.a. mit Horst Baumann und → Chargesheimer, mit denen er 1965 einen farbigen Bildbericht über Köln verfaßte.

Lit. P. C. In: GDL 1919–1969. Eine Dokumentation. Essen/Werden 1969

Correvont, Antonia (* 1818 Wallerstein, † um 1875 München?) Erlernte die Fotografie vermutlich bei ihrem Bruder Franz Joseph C. Sie eröffnete 1843 ein Porträtatelier in München. Es ist das erste bis heute bekannte Fotoatelier, das von einer Frau gegründet wurde (→ Bieber, → Möllinger). Ihre Spezialität waren kolorierte Porträts, die sie »Lichtporträts in Farbe« nannte. 1844 heiratete sie den Geometer Joseph Braun, den sie in die fotografischen Techniken einwies und dem sie um 1847 die Leitung ihres Geschäftes anvertraute. Sie selbst scheint die Fotografie kurz darauf aufgegeben zu haben.

Lit. A. C. In: H. Gebhardt, Königlich Bayerische Photographie. München 1978

Cuccioni, Tommaso (* ? Rom, † 1864 Rom) Obgleich er als Kupferstecher und Grafikhändler sein Auskommen hatte, entschied er sich um 1852 für die Fotografie (Landschaften, Stadtansichten und Porträts). 1862 stellte er auf der Weltausstellung in London 14 großformatige Lichtbilder aus, die einem Thema der Fresken von Carracci im Palazzo Farnese nachgestellt waren (→ Cameron). Er war mit → Caneva befreundet, der nach C.s plötzlichem Tod die Katalogisierung der Ausstattung seines Ateliers und Fotoarchives besorgte. Seine Frau Isabella C. führte mit seinen nachgelassenen Werken (außerdem kaufte sie Arbeiten anderer Fotografen an) die von C. begründete Grafikhandlung weiter. Die Galerie C. gilt als eine der ersten Fotogalerien der Welt.

Lit. T. C. In: Roma Cento Anni fa nelle fotografie del tempo. Ausstellungskatalog. Rom 1971

Cunningham, Imogen (* 1883 Portland/Oregon, † 1976 San Francisco) Unter dem Eindruck der Lichtbilder von → Käsebier beschloß C. schon mit 18 Jahren, Fotografin zu werden. 1902–06 studierte sie Chemie und Fotochemie. 1907–08 Zusammenarbeit mit → Curtis in Seattle. 1909 Fortsetzung des Studiums der Fotochemie an der Technischen Hochschule in Dresden. 1910 Rückkehr nach Seattle, Eröffnung eines Porträtateliers. 1921 entstanden ihre ersten Pflanzen- und Stillebenzyklen, vereinzelt auch Akt- und Landschaftsstudien, die die Kenntnis der Werke von → Kühn verraten. 1923 Bekanntschaft mit Edward → Weston, der sie auf die neusachliche Fotografie aufmerksam machte. 1932 neben → Adams, E. Weston und Willard van Dycke Gründungsmitglied der Gruppe »f/64«. Den Mitgliedern dieser Gruppe ging es um die »völlig realistische und extrem scharfe Abbildung« des gewählten Objektes. Nach 1935 entstanden fast nur noch Porträts. Neben ihren frühen Pflanzenstudien dürften die Porträts zu ihren bemerkenswertesten Leistungen gehören. Ab 1947 Dozentur an verschiedenen kalifornischen Schulen und Hochschulen. Ab 1970 Konzentrierung auf ihre letzte Porträtserie »After Ninety«, die 1978 als Buch erschien und in dem nur Personen abgebildet wurden, die älter als 90 Jahre alt waren.

Lit. M. Mann (Hrsg.), I. C. Photographs 1910 bis 1973. Seattle/London 1974

Curtis, Edward Sheriff (* 1868 Wisconsin, † 1952 Los Angeles) Eröffnete bereits mit 20 Jahren ein eigenes Fotostudio in Seattle. Von dort mehrere Reisen in das Indianerreservat Puget Sound, wo er ab 1890 systematisch die Sioux-Indianer fotografierte. 1899 Teilnahme an der von Edward Harriman organisierten und finanzierten Alaska-Expedition; Fotos von Eskimo-Indianern. Ab 1900 Beginn der Dokumentation über nordamerikanische Indianerstämme u.a. in Arizona, Neumexiko und Kolorado. 1905 erste Ausstellung mit den Fotos dieser breitangelegten Dokumentation, die große Beachtung fand und ihm die durch Präsident Theodore Roosevelt vermittelte finanzielle Unterstützung von J. Piermont Morgan sicherte. 1906 Konzipierung eines großen Mappenwerkes mit Bilddokumenten der vom Aussterben bedrohten Indianer. Zu diesem Zweck 1906–24 weitere Reisen in die Indianerreservate; insgesamt werden etwa 40000 Glasnegative belichtet. Um 1930 gibt C. die Fertigstellung des 20bändigen Mappenwerkes mit 2200 Photogravüren bekannt. C.s Arbeit zählt zu den umfangreichsten Fotodokumentationen, die je ein einzelner Fotograf erstellt hat.

Lit. E. S. C., Visions of a Vanishing Race. New York 1976

Daguerre, Louis Jacques Mandé (* 1787 Cormeilles-en-Parisis/Frankreich, † 1851 Bry-sur-Marne) Nach einer Lehre als Bühnenbildner 1807–15 Assistent bei Pierre Prévost, einem Panoramamaler in Paris. 1816–20 arbeitete D. als Maler am Theater Ambigu-Comique und an der Pariser Oper. 1820 erfand er das Diorama (eine Art gemaltes, über eine Beleuchtungsmechanik veränderbares Panoramabild), das er 1822 dem Pariser Publikum vorstellte. Ab 1825 benutzte er die Camera obscura, um die Vorskizzen zu seinen großformatigen Gemälden schneller und maßstabsgetreuer abbilden zu können. 1826 hörte er von den Versuchen → Niépces und nahm Kontakt zu ihm auf. 1829 setzten er und Niépce einen Vertrag zur Verbreitung und Verbesserung des »Heliografie«-Verfahrens auf. Ab 1831 experimentierte D. mit Jodsilber. 1835 entdeckte er das »latente Bild« und die Möglichkeit der »Entwicklung« dieses Bildes in Quecksilberdämpfen. 1837 entdeckte er das geeignete Fixiermittel für sein neues Verfahren (eine einfache Kochsalzlösung). 1838 berichtete D. dem Physiker François Arago von dieser Erfindung und bat ihn zugleich, die Akademie der Wissenschaften in Paris davon zu unterrichten (Bericht vor der Akademie am 7. 1. 1839). Bereits fünf Monate später entschloß sich die französische Regierung, diese Erfindung anzukaufen (Vertrag vom 14. 6. 1839) und D. sowie seinem Vertragspartner Isidore Niépce eine jährliche Rente von 4000 Francs auf Lebenszeit auszuzahlen. Die als »Daguerreotypien« bezeichneten Lichtbilder waren kaum ein Jahr später als erste fotografische »Massenprodukte« über die ganze Welt verbreitet. Die dadurch hervorgerufene Veränderung unseres Weltbildes (unserer Zivilisation insgesamt) ist nur noch mit der Entdeckung und Verbreitung des Buchdrucks durch Johannes Gutenberg vergleichbar (→ Bayard, → Talbot).

Lit. L. J. M. D. In: W. Baier, Geschichte der Fotografie. München/Leipzig 1977

Danesi, Michele (* 1809 Neapel, † 1887 Neapel) D. war wie viele Fotografen der ersten Stunde Maler und Lithograf. Kurz nach Bekanntwerden der »fotografischen Techniken« übersiedelte er im Winter 1839 nach Rom und eröffnete dort ein Fotoatelier. Er zählt zu den ersten Fotografen Italiens. Über ein von ihm entwickeltes fotomechanisches Verfahren aus dem Jahre 1865 (?) schrieb der »Osservatore Romano« 1869, daß es »eine unbestreitbare Überlegenheit gegenüber anderen Erfindungen dieser Art« besitze. Seit 1871 nahm er an mehreren Fotoausstellungen in Paris, Mailand und Antwerpen teil. Eines der wenigen erhaltenen Fotos von D., eine Aufnahme von Pius IX. in seinem Privatzug (1863), weist ihn als einen der frühesten Bildjournalisten aus.

Lit. A. Munoz, Roma cento anni fa – nel Centenario della Casa D. Rom 1939

Dater, Judy (* 1941 Los Angeles) Studierte 1959–62 an der Art School der University of California in Los Angeles; 1963 Bachelor of Arts am San Francisco State College; dort ab 1966 Dozentur für Fotografie. Ab 1967 gemeinsam mit Jack Welpott Beschäftigung mit der klassischen Porträtfotografie des 19. Jh. (u.a. → Nadar, → Carroll, → Cameron). Gleichzeitig Beginn einer Porträtserie von bekannten Persönlichkeiten und Fotografen wie Minor → White und → Adams, daneben auch Porträtserien von Künstlern der Underground-Szene. In ihren zumeist mit Welpott aufgenommenen Akt- und Figurenarrangements (die Menschen ihrer Bilder werden zumeist als Halb- bzw. Ganzporträts gezeigt) benutzt sie häufig jene künstlich-kostbare Beleuchtung, wie man sie aus der Werbung kennt.

Lit. J. D. und J. Welpott, Women and other visions. Dobbs Ferry 1976

Davidson, Bruce (* 1933 Oak Park/Illinois) 1953–56 Studium der Fotografie am Rochester Institute of Technology in New York; bis 1957 Studium der Philosophie und Kunst an der Yale University in Connecticut. 1957–58 freie Bildberichte aus New York (Jugendbanden in Brooklyn). Beschäftigung mit dem Thema »Der Mensch in seiner Umwelt«. 1959 Mitglied der Bildagentur »Magnum« und Bildreportagen u.a. für »Esquire«, »Queen«, »Look«, »DU« und »Life«. 1962 Zuerkennung eines Guggenheim-Stipendiums für Fotografie; erste Landschaftsstudien. 1965 Einzelausstellung im Art Institute of Chicago, 1966 im Museum of Modern Art, New York. Ab 1970 verschiedene Filme (auch für das Fernsehen) u.a. über Isaac Bashevis Singer (1972). Wegen des sozialkritischen Aspekts seiner Arbeit wird er häufig mit → Parks und → Rothstein verglichen.

Lit. B. D., East 100th Street. Cambridge/Massachusetts 1970

Day, Fred Holland (* 1864 Nordwood/Massachusetts, † 1933 Nordwood) Arbeitete zunächst als Verleger u.a. auch fotografischer Bücher. Begann 1890, sich die Grundkenntnisse der Fotografie autodidaktisch beizubringen. Trat 1891 dem »Camera Club« von Boston bei und gründete 1893 einen neuen Verlag, um seine eigenen Fotos publizieren zu können. 1895 Treffen mit → Stieglitz, der 1896 seine Aufnahme in den »Linked Ring« bewirkte. 1898 fertigte D. seine ihn bekannt machenden »Fotoallegorien« zumeist christlichen Inhalts. 1899 bis 1905 trat er als Organisator zahlreicher Fotoausstellungen hervor. Er unterhielt Kontakte zu den bedeutendsten Fotografen seiner Zeit. Er organisierte u.a. die Londoner Ausstellung »New School of American Photography« (1900). Aufgabe der Fotografie um 1917. Seine »gesofteten« Männerakte wie z.B. »Ebenholz und Elfenbein« (Platindruck 1897) lassen einen Hinweis auf → Gloeden zu (→ Coburn).

Lit. E. F. Clattenburg, The Photographic Work of F. H. D. Ausstellungskatalog College Museum. Wellesley 1975

De Keyser, Gilbert (* 1925 Forest-Bruxelles/Belgien) Besuchte drei Jahre lang die Abendschule für Fotografie und Film in Brüssel. War 20 Jahre als Fotograf und Laborant beim Erkennungsdienst des Justizministeriums und bei der Fluggesellschaft Sabena tätig. Seine freien Architekturdokumentationen von Brüssel wurden mehrfach im »Journal des Beaux-Arts« publiziert (u.a. mit Texten von Jean Berlier); daneben auch Publikationen in »Camera«, »Foto's« und »Fotografia«; Zusammenstellung einer Sammlung mit Brüsseler Stadtansichten von 1954, die u.a. mit Texten von Philippe Mertens veröffentlicht wurden. Seit 1971 selbständiger Berufsfotograf. Seine Bildzyklen aus der Brüsseler Altstadt, von den Volksfesten und vom belgischen Landleben stehen in der Tradition von → Misonne und → Berssenbrugge.

Lit. G. D. K. In: Photographie. Ausstellungskatalog des Belgischen Kulturministeriums. Brüssel 1976

Dekkers, Ger (* 1929 Borne/Niederlande) Studierte 1950–54 an der Kunstakademie in Enschede. Fotografiert seit 1955. Ab 1972, dem Jahr seiner ersten Einzelausstellung (im Rijksmuseum Kröller-Müller, Otterlo), spezialisierte er sich auf die serienmäßige Darstellung von Landschaften (auch in konkreter Chronologie: Monat, Tag, Stunde), Zeit- und Bewegungsabläufen. Seine zu Tableaus zusammengefügten Fotos (häufig Diapositive, farbig) erinnern an die frühen Arbeiten von → Roehr und Wolf H. Krauss. D.s Hauptaugenmerk gilt der »holländischen Landschaft«, die er in langen, in Einzelbilder aufgelösten »Kameraschwenks und -fahrten« (Panoramaeffekt) als von Menschenhand geformt darstellen will. »Geplante Landschaften: 25 Horizonte« dürfte zu seinen besonders typischen Werken zählen.

Lit. G. D. Ausstellungskatalog Rijksmuseum Kröller-Müller. Otterlo 1977

Delamotte, Philip Henry (* 1820 London, † 1889 London) Von Beruf Zeichenlehrer am King's College der Universität von London. Ab 1844 Versuche mit fotografischen Techniken, ab 1845 Beschäftigung mit dem Kalotypie-Verfahren von → Talbot. 1850 Entscheidung für das nasse Kollodium-Verfahren. 1851 Beginn der umfangreichen Fotodokumentation über den Bau des Kristall-Palastes in Sydenham. D. fotografierte bis 1854 alle fünf/sechs Tage die einzelnen Bauphasen der großen Ausstellungshalle. Zugleich fertigte er eine Reihe von Gemälden und Grafiken und zeigte sie zusammen mit seinen Lichtbildern 1857 in einer Londoner Ausstellung. 1854 erste »Moment«-Aufnahmen; Publikation einiger Stereofotos über den Kristall-Palast. D. gilt als einer der Pioniere des englischen Bildjournalismus.

Lit. P. H. D. In: Ausstellungskatalog der documenta 6. Kassel 1977

Delano, Jack (* 1914 Kiew/Ukraine) Kam 1923 nach Amerika. Studierte ab 1934 an der Pennsylvania Academy of Arts; 1936 Studienreise nach Europa (erste freie Fotografien). Nach seiner Rückkehr konnte ihn Roy E. Stryker 1940 für die Mitarbeit bei der Farm Security Administration gewinnen (→ Lee, → Lange, → Shan, → Parks), in deren Auftrag insgesamt mehr als 30 Fotografen tätig waren. D. konzentrierte sich besonders auf die Dokumentation der Lebensbedingungen der Schwarzen im Süden der USA. Ab 1950 arbeitete er auch als Regisseur, Komponist und Designer. 1955 nahm er mit mehreren Bildern an der Ausstellung »The Family of Man« teil. Ende der 60er Jahre bildete er eine Reihe heute bekannter Fotografen aus, wie z.B. Michael Russ, dessen Modefotografien jedoch mehr an → Newton als an D. denken lassen. Anfang der 70er Jahre unternahm D. mehrere Reisen nach Puerto Rico, bevor er sich ganz dort niederließ.

Lit. J. D. In: E. Billeter, 1920 Amerika Fotografie 1940. Ausstellungskatalog Kunsthaus Zürich. 1979

Delluc, Michel (* 1936 Saigon) Studierte an der Académie des Beaux-Arts in Paris. Arbeitete bis 1968 vorwiegend als Bildhauer; Teilnahme mit plastischen Arbeiten an der Biennale von Paris. 1969 Teilnahme am »Intellektuellen-Kongreß« in Havanna. Ab 1969 als Fotograf tätig. Seit 1973 Zusammenarbeit mit der Agentur »Viva« (Paris). Reportagen aus Asien, Italien, Spanien und Afrika. In seinen freien lichtbildnerischen Arbeiten beschäftigt sich D. mit der Notierung kennzeichnender und entlarvender Momente aus dem »öffentlichen Leben« der Menschen. Zu seinen faszinierendsten Leistungen zählt in diesem Sinne der an → Brassaï und → Frank zugleich erinnernde Bildzyklus »Erkaltete Sekunden«.

Lit. M. D. In: Glasherz, Nr. 6. München 1979

Demachy, Robert (* 1859 St. Germain-en-Laye/Frankreich, † 1938 Hennequeville) Besuchte die Jesuitenschule in Paris, wo er bald Zugang zu den Künstler- und Aristokratenkreisen fand. Nach mehrjährigen Versuchen mit der Porträtfotografie entdeckte er um 1894 die fotografische Technik des Gummidrucks. Seine der Kunstfotografie → Kühns nahestehenden Arbeiten bezeichnete er als »Pictorialismus«. Er verfaßte mehrere Bücher über Gummi- und Bromöldrucktechniken. 1895 Freundschaft mit Commandeur → Puyo; Briefwechsel mit → Stieglitz; neben seiner Tätigkeit als Bankier Redakteur der Zeitschrift »La Revue de Photographie«; 1904 erstmalige Veröffentlichung seiner Fotografien in »Camera Work«; 1905 Ernennung zum Ehrenmitglied der Royal Photographic Society in London. Seine hauptsächlich um 1900 entstandenen Lichtbilder sind in ihrer klaren modernen Formensprache gut mit den Arbeiten → Coburns oder → Berssenbrugges vergleichbar.

Lit. B. Jay, R. D. – Photographs and Essays. London 1974

Descamps, Bernard (* 1947 Paris) Studierte bis 1969 Biologie in Paris. Seine ersten Lichtbilder entstanden bereits 1960. Nach seiner Schulausbildung fotografierte er drei Jahre für ein Pariser Theater. Seine auftragsungebundenen Fotoserien erschienen u.a. in »Camera«, »ZOOM«, »Fotografie« und »Photo Cinéma«. Seit 1972 beschäftigt er sich vor allem mit der Aufzeichnung »metarealistischer Objekt- und Schattenkonstellationen« (s/w). Seine grundsätzlich dem Visualismus zuzuordnenden Arbeiten lassen Einflüsse von → Kertész und → Plossu erkennen.

Lit. B. D. Fotografien. Ausstellungskatalog. Leverkusen 1977

Diez-Dührkoop, Minya (* 1873 Hamburg, † 1929 Hamburg) Sie erhielt ihre fotografische Ausbildung im Atelier ihres Vaters Rudolf → Dührkoop. 1894 heiratete sie den aus Malaga stammenden Fotografen Luis Dièz, von dem sie sich 1901 wieder scheiden ließ. 1918 Übernahme des Hamburger Ateliers. Vor allem in ihren subtilen Frauenbildnissen wird der Einfluß der Kunstfotografie → Kühns und der Jugendstilmalerei erkennbar. 1919 wurde sie als eine der ersten Fotografinnen in die Gesellschaft Deutscher Lichtbildner berufen.

Lit. M. D.-D. In: Photographie zwischen Daguerreotypie und Kunstphotographie. Bearbeitet von F. Kempe. Museum für Kunst und Gewerbe. Hamburg 1977

Disdéri, Adolphe-Eugène (* 1819 Paris, † 1890 Nizza) Begann als Porträtmaler sich für fotografische Techniken zu interessieren. Entwickelte 1853 eine Kamera mit sechs bzw. acht symmetrisch angeordneten Objektiven (Multipleoptik-Kamera), die ihm bei einer Plattenbelichtung sechs bis acht Miniaturporträts lieferte (»Carte-de-Visite«). Die Erfindung meldete D. 1854 zum Patent an. Sie verschaffte ihm in kürzester Zeit einen derartigen Reichtum, daß er ab 1860 mehrere Zweigateliers in Paris, Toulon, Madrid und London gründen konnte. Ab 1861 begann er mit der Publikation einer Porträtserie bekannter Persönlichkeiten, die er »Galerie der Zeitgenossen« nannte (→ Hanfstaengl, dessen Werk »Album der Zeitgenossen« zur selben Zeit erschien). Durch D. wurde die »Carte-de-Visite«-Fotografie zu einer regelrechten Mode (und blieb es bis zur Jahrhundertwende). Sie diente u.a. auch der Polizei als Katalogisierungs- und Identifikationsmittel. Spekulationen brachten D. um sein gesamtes Vermögen. Völlig verarmt starb er in einem Obdachlosenasyl.

Lit. A.-E. D. In: C. Nori, French Photography. New York 1979

Dixon, Henry (* 1820 London, † 1893 Kentish Town) Erlernte das Buchdruckerhandwerk 1836–43 in der Werkstatt seines Bruders Thomas, mit dem er zusammen 1846 eine Investment-Gesellschaft gründete. Um 1859 erste Versuche mit der Fotografie und Fotochemie. 1860 erste Interieur- und Porträtfotografien. 1861 Anmeldung des Patentes eines »trockenen Kollodium-Verfahrens«. 1863 erste Architekturfotos und Stadtansichten aus London, die ihm 1874 den Auftrag der »Society of Photographing Relics of Old London« eintrugen, die vom Abbruch bedrohten Häuser der Londoner Altstadt zu fotografieren. Bis 1886 war er mit diesem Projekt, bei dem ihm die Brüder Alfred und John Boole zur Hand gingen, beschäftigt. 1886 publizierte er insgesamt 124 dieser Aufnahmen (Kohledrucke) mit einem erläuternden Text. D.s fotografische Rettungsversuche des alten London lassen sich gut mit den Fotodokumentationen des alten Paris von Charles Marville, der Bestandsaufnahme von → Atget und den Bildserien aus New York von → Abbott vergleichen. D.s Geschäft wurde später von seinem Sohn James übernommen und weitergeführt.

Lit. H. D. In: H. und A. Gernsheim, The History of Photography: 1685–1914. Millerton 1973

Doisneau, Robert (* 1912 Gentilly/Frankreich) Nach einer Lehre als Lithograf wurde er 1931 Kameramann von André Vigneau. Erste bildjournalistische Arbeiten entstanden 1932 (u.a. für den »Excelsior«). 1934 Anstellung als Industriefotograf bei Renault. 1940 freier Magazinfotograf. 1945 Eintritt in die Bildagentur »Agence Alliance Photo«, Beschäftigung mit den Bauhaus-Fotografen → Moholy-Nagy und → Bayer. 1946 Eintritt in die Agentur »Rapho« und Freundschaft mit Jacques Prévert und Blaise Cendrars, mit dem er das Fotoprojekt »Die Vororte von Paris« verwirklichte. 1950 wurde D. Fotograf bei »Vogue«, versuchte sich in der Modefotografie. Seit 1955 Werbefotografien (auch in Farbe). Besonders seine humorvoll-hintergründigen Menschendarstellungen haben ihn bekannt gemacht. Er gilt neben → Cartier-Bresson und → Boubat als einer der führenden Fotografen der 40er/50er Jahre in Frankreich.

Lit. Drei Sekunden Ewigkeit – Photographien von R. D. München 1980

Dressler, Fritz (* 1937 Potsdam) Studierte 1956/57 Fotografie bei → Steinert in Saarbrücken; anschließend Studium der Kunstgeschichte und Ethnologie in Berlin; Auseinandersetzung mit der Architektur (Bauhaus); langjährige Zusammenarbeit mit dem Architekten Frei Otto in Stuttgart. D., der zu den bekanntesten Fotodesignern in Deutschland zählt, spezialisierte sich schon früh auf die Architektur- und Landschaftsfotografie (Farbe). Neben seinen zahlreichen Veröffentlichungen in Magazinen und Jahrbüchern widmete er sich wiederholt auch der fotografischen Ausarbeitung eines spezifischen Einzelthemas (Stadt, Landschaft, Insel usw.); beispielhaft hierfür ist sein 1978 vorgelegter Großformatband »Bornholmer Bilder«, der zu den Meisterleistungen auf diesem Felde gerechnet werden kann. D. ist berufenes Mitglied der Deutschen Gesellschaft für Photographie (DGPh). 1975 wurde er als Dozent an die Hochschule für Gestaltung in Bremen berufen.

Lit. F. D., Bornholmer Bilder. Mit Texten von M. Sack. Bremen 1978

Drtikol, František (* 1883 Příbram/Westböhmen, † 1961 Prag) Kam nach einer Lehrzeit als Porträtfotograf in Příbram 1901 an die Staatliche Lehranstalt für Photographie nach München. 1903 Rückkehr in die Tschechoslowakei. Eröffnung eines eigenen Studios in Prag; dort 1917–25 Zusammenarbeit mit → Rössler; Versuche mit verschiedenen Kopier- und Umdrucktechniken; Auseinandersetzung mit den Werken → Kühns und den Arbeiten der Jugendstilmaler. Seine bevorzugten Themen wurden der »Frauenakt« und das Porträt (allegorische Arrangements; → Newman). Ausgefallene Körper-Raum-Kompositionen und der Einsatz diffiziler Retuschiertechniken lassen seine Fotografien häufig wie Jugendstilgemälde erscheinen. Sie wirken oft sehr flächig, bisweilen formal-abstrakt. Nach 1935 allmähliche Abkehr von der Fotografie. Er zählt bis heute neben → Funke und → Sudek zu den überragenden Fotografenpersönlichkeiten des Ostblocks.

Lit. A. Fárová, F. D. Fotografien. Ausstellungskatalog Kunstgewerbemuseum. Prag 1972

Dubreuil, Pierre (* 1872 Lille/Frankreich, † 1946 Brüssel?) War als Kaufmann und Amateurfotograf in Lille tätig. Seine Vorliebe galt der pictorialistischen Landschaftsfotografie (→ Job, → Keighley). 1896 Teilnahme an der Hamburger Fotoausstellung. Ab 1904 werden Einflüsse der amerikanischen Fotografie (z.B. → Steichen) erkennbar. Nach dem Ersten Weltkrieg Übersiedlung nach Brüssel; Auseinandersetzung mit der »Neuen Fotografie« und dem Surrealismus. 1935 große Einzelausstellung seiner Lichtbilder (avantgardistisch gesehene Szenen des Alltags) in London. Einige seiner um 1933 entstandenen »Reflexionsbilder« lassen sich durchaus mit den »Vortographien« von → Coburn vergleichen. D. war wie → Alexandre Mitglied der »Association Belge de Photographie«.

Lit. P. D. In: C. Magelhaes und L. Roosens, De fotogkunst in België 1839–1940. Deurne/Antwerpen 1970

Duchamp, Marcel (* 1887 Blainville-Crevon/Frankreich, † 1968 Neuilly-sur-Seine) 1904–05 studierte D. an der Académie Julian in Paris. 1910 erste Kontakte zu den Kubisten (z.B. Francis Picabia), die seine Malerei beeinflußten. D. war daneben noch als Bildhauer, Schriftsteller, Filmemacher und Schachmeister aktiv. 1911 Freundschaft mit Apollinaire; Reise nach München, erste »Dada«-Ideen. 1914 entstand »Velo-Rad«, sein erstes Ready-made. 1915–18 Aufenthalt in New York, dort Fotografie als Experiment, dann Dokumentationsmittel des eigenen Schaffens, schließlich durch seine Versuche mit »Glas-Schraffuren« auch als eigenständiges Kunstobjekt. 1918 Reise nach Buenos Aires. 1919 Rückkehr nach Paris; Kontakte zu André Breton, Paul Éluard und Tristan Tzara. 1920 erneuter Aufenthalt in New York, wo er 1921 gemeinsam mit → Ray »New York Dada« publizierte. In seinen Arbeiten wird die Fotografie eher als »Prozeßkunst« bzw. als »Abbild von Bildern und Environments« eingesetzt. Seine Zweifel an der Fotografie als Kunst formulierte er 1922 in »Manuscripts« unter dem Titel »Can a Photograph Have the Significance of Art?«

Lit. A. Schwarz, The Complete Works of M. D. New York 1969

Dührkoop, Rudolf (* 1848 Hamburg, † 1918 Hamburg) War zunächst Angestellter einer Eisenbahngesellschaft. Kam um 1880 als Amateur mit der Fotografie in Berührung und gründete zwei Jahre später ein Atelier für Porträtfotografie (er bediente sich des nassen Kollodium-Verfahrens). Obgleich Anfangserfolge ausblieben, setzte er sich für die Porträtfotografie in »natürlicher Umgebung« ein. 1899 erste große Ausstellung in Hamburg, im gleichen Jahr Kurzstudium an der Technischen Hochschule Berlin zur Erlernung des Photogravüre-Verfahrens. 1901 reiste er nach London, um die Werke der »Pictorialisten« kennenzulernen (→ Keighley, → Muir). 1904 Reise in die USA, Besuch der Studios führender amerikanischer Fotografen, u.a. das von → Käsebier. 1905 Veröffentlichung des an → Sander erinnernden Mappenwerkes »Hamburger Männer und Frauen am Anfang des 20. Jahrhunderts«. 1909 Eröffnung eines zweiten Studios in Berlin. Das Hamburger Atelier wurde nach seinem Tode von der Tochter → Diez-Dührkoop weitergeführt. Neben den Porträts beschäftigte sich D. jahrelang auch mit der Theaterfotografie und der Ablichtung von Ballettinszenierungen (Tanzstudien z.B. von Mary Wigman). D. zählte neben → Kühn und → Perscheid zu den wichtigsten Bildnisfotografen seiner Zeit.

Lit. K. W. Wolf-Czapek, R. D. und die Neugestaltung der Bildnisfotografie. Berlin/Holten 1908

Duncan, David Douglas (* 1916 Kansas City) Begann 1933 mit dem Studium der Archäologie und Meeresfauna. Fotografische Versuche als Amateur. 1928 Expeditionen nach Chile und Peru. Kunsthistorische Fotoberichte bis 1943. Ab 1944 Kriegsberichterstatter im Süd-Pazifik. 1945–56 im Auftrag von »Life« Berichte u.a. über Palästina, Korea und Indochina. 1952 Fotoberichte über das geteilte Deutschland. 1953 Fotodokumentation archäologischer Funde in Ägypten. Ab 1956 Reisen in die UdSSR (Bildbericht über Moskau). 1957 Freundschaft mit Pablo Picasso, Fotoserien aus dessen Privatleben. Im selben Jahr Versuchsreihen mit prismatischen Gläsern (z.T. anstelle von Objektiven). Er wurde durch seine Tätigkeit als Kriegsberichterstatter zum passionierten Kriegsgegner. In seinen Publikationen »This is War« (1951), »I Protest« (1968) und »War without Heroes« (1971) führte er den methodischen Irrsinn des Krieges vor Augen.

Lit. D. D. D., The silent studio. London 1976

Dupain, Max (* 1911 Sydney/Australien) Studierte Malerei und Kunstgeschichte am East Sydney Technical College und an der Julian Ashton School u.a. bei Cecil Bostock. D. fotografiert seit 1928. Bekannt wurde er durch seine an → List erinnernde 1937 entstandene Serie von »Strandbildern« und seine um 1939 beendete »Pflanzenserie«, in der er, wie schon → Ray, den Sabattier-Effekt (Pseudosolarisation) zur Steigerung der Bildaussage einsetzte. Um 1940 entstanden zahlreiche »Rayographs«, eine Mischform aus Fotogramm und Doppelbelichtung. Hervorzuheben sind seine auf → Renger-Patzsch und die Neue Sachlichkeit weisenden »Industrielandschaften« und Detailstudien (1965–70). D.s Werk, dessen überragende Qualität innerhalb der Fotografie Australiens eine Ausnahmeerscheinung darstellt, ist bis heute noch nicht angemessen rezipiert worden.

Lit. M. D. In: Australian Photographers. Katalog Philip Morris Collection. Melbourne 1979

Durheim, Carl (* 1810 Bern?, † 1890 Bern) 1827–28 Ausbildung als Lithograf in Paris. Reisen nach Italien, England und Frankreich; Ausbildung zum Fotografen bei Louis Lamouche. 1845 erste Daguerreotypien (Porträts; ab 1848 auch Landschaften). 1849 Reise nach Frankreich, um dort die »Photographie auf Papier« zu erlernen. Später stellte er auch Ambrotypien und Pannotypien her. D. war neben → Isenring einer der ersten Fotografen in der Schweiz. Sein Kollege und Konkurrent Andreas Friedrich Gerber wurde von Helmut Gernsheim als »unabhängiger Erfinder der Fotografie« bezeichnet. D. gehörte zu den wenigen Fotografen, die sich schon in den 60er Jahren gegen manipulierende Eingriffe wie Retusche und Kolorierung aussprachen und die »reine Fotografie« favorisierten. Sein »Glaspavillon-Atelier« war über die Grenzen des Landes hinaus bekannt.

Lit. C. D. In: F. Kempe, Daguerreotypie in Deutschland. Seebruck/Chiemsee 1979

Eakins, Thomas (* 1844 Philadelphia, † 1916 Dakota) Studierte an der Pennsylvania Academy of Fine Arts; Fortsetzung des Studiums an der École des Beaux-Arts in Paris bei Jean-Léon Gérôme 1866–69. Dozent für Malerei an der Pennsylvania Academy ab 1876. Um 1880 machte E. seine ersten »Schnappschuß«-Versuche; Freundschaft mit → Muybridge, der ihm 1883 mehrere seiner Fotoserien für didaktische Zwecke überließ. Ab 1883 unternahm E. selber Versuche, mit extrem kurzen Belichtungszeiten schnelle Bewegungen festzuhalten. 1885 entstanden seine »Motion Pictures« von springenden und laufenden Menschen. E. brachte dabei, wie schon → Marey, die verschiedenen Bewegungsphasen über Mehrfachbelichtungen auf ein einzelnes Negativ. Daneben entstanden sehr persönliche Fotostudien von Personen seines Bekanntenkreises (u.a. von Walt Whitman) und Landschaftsaufnahmen (→ Anschütz).

Lit. G. Hendricks, The Photographs of T. E. New York 1972

Edgerton, Harold E. (* 1903 Fremont/Nebraska) Studierte bis 1925 an der Nebraska University; Fortsetzung des Studiums und Promotion 1931 am Massachusetts Institute of Technology; dort Berufung zum Professor für Elektrotechnik. 1931 Entwicklung eines Elektronenblitzverfahrens zur fotografischen Aufzeichnung extrem schneller Bewegungsabläufe (→ Anschütz, → Marey). 1939 erstmalige Anwendung dieses Verfahrens für die Luftaufklärung bei Nacht. 1953 entwickelte er eine Unterwasserkamera (nebst Blitzanlage), die einem Druck von ca. neun Tonnen pro square inch standhielt. Bekannt wurde er vor allem durch seine »shoot-pictures« (Apfel, Spielkarte, Kerzenflamme, Glasscherbe, die von einem Projektil getroffen wurden), deren hoher ästhetischer Reiz die dahinterstehende Pionierleistung oft vergessen ließ.

Lit. G. W. Holt und J. R. Myers, Seeing the unseen – the high speed photography of H. E. London 1976

Eggleston, William (* 1939 Memphis/Tennessee) Studierte bis 1961 an der Vanderbilt University in Tennessee, am Delta State College in Cleveland und an der University of Mississippi in Columbia. Auseinandersetzung mit der Fotografie seit 1962, hauptsächlich in s/w, seit 1970 zunehmend auch in Farbe. Seit 1974 unterrichtet er am Carpenter Center der Harvard

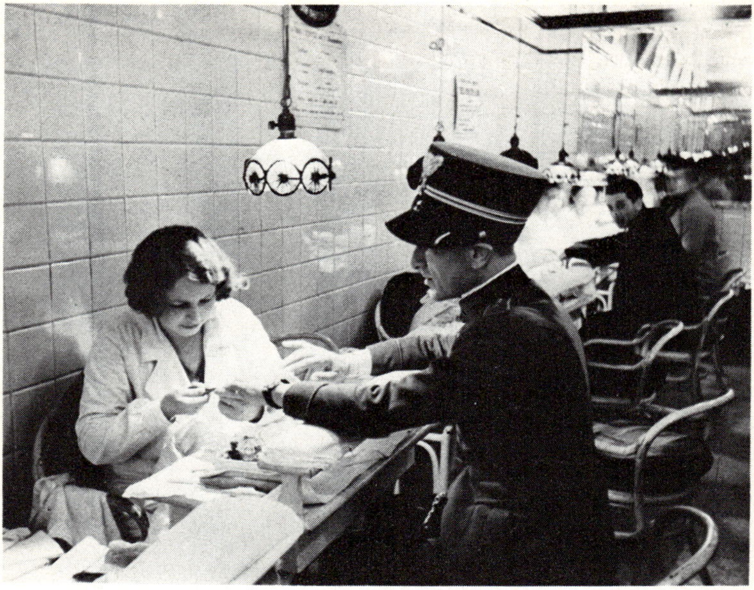

Alfred Eisenstaedt

University in Cambridge im Fach »Visual and Environmental Studies«. In seinen nach 1970 entstandenen Lichtbildern setzt er sich in erster Linie mit der Ablichtung alltäglicher Gegenstände (z.B. Kinderspielzeug) und Situationen, Teilarchitekturen, Schrift- und Formenrudimenten auseinander. Kompositionsprinzipien werden dabei bewußt umgangen, angestrebt ist die Hervorhebung des Spontanen, des Zufälligkeitscharakters der Fotografie.

Lit. W. E. Ausstellungskatalog Museum of Modern Art. New York 1978

* **Eisenstaedt,** Alfred (* 1898 Dierschau) Erlernte als Autodidakt die Fotografie. Erster Abdruck seiner Fotos 1927 im »Weltspiegel«. 1929 Vertrag als Bildjournalist bei »Pacific and Atlantic Photo«. 1935 Bildberichte (mit einer Leica) über die Verleihung des Nobelpreises an Thomas Mann. Dokumentation (3500 Fotos) über den Abessinien-Feldzug Mussolinis. 1936 nahm ihn Stefan Lorant u.a. neben → Munkacsi als einen der ersten Bildjournalisten in das Photography Department der neugegründeten Zeitschrift »Life« auf. Für »Life« machte E. mehr als 80 Titelfotos. Zahlreiche Porträts und Situationsstudien aus der amerikanischen Oberschicht weisen ihn als »treffsicheren« und zugleich sehr zurückhaltenden Fotografen aus. Die Stimmung vieler seiner Fotografien erinnert vehement an → Cartier-Bresson und → Duncan. 1961 ehrten ihn die Leitz-Werke mit der 1000001sten Leica. Er zählt zu den meistgeehrten und meistpublizierten Bildjournalisten der Welt.

Lit. A. E. Zeuge seiner Zeit. Ausstellungskatalog der Amerikanischen Botschaft. Bonn 1962

Elk, Ger van (* 1941 Amsterdam) Studierte 1959–61 an der Kunstgewerbeschule in Amsterdam, wo er 1961 mit Wim T. Schippers die »Adynamische Gruppe« gründete. 1961–62 Studium der Kunst und Kunstgeschichte am Immaculate Heart College in Los Angeles. Reisen nach Mexiko und Südamerika; Rückkehr nach Holland und Fortsetzung des Studiums an der Reichsuniversität in Groningen. Verstärkte fotografische Tätigkeit seit 1970 (Porträts, Gruppen, surreale Situationen); weitere Reisen innerhalb Europas und nach Japan. 1972–73 Unterricht in den »Ateliers 63« in Haarlem. Kennzeichnend für E.s Fotoarbeiten sind die Retusche, die Kolorierung und die an → Magritte erinnernden »unwirklichen Situationen«. E.s malerisch wirkende Aufnahmen verharren wegen ihrer »inszenierten Künstlichkeit« auf einer Stufe zwischen Fotografie und Malerei.

Lit. G. v. E., Ausstellungskatalog Kunstverein Braunschweig. 1977

Emerson, Peter Henry (* 1856 La Palma, † 1936 Falmouth) Übersiedelte 1869 nach dem Tod des Vaters nach England. Studierte in London und Cambridge bis 1881 Medizin. Legte bereits 1882 seine ersten Landschaftsfotots vor und wurde 1883 Mitglied der Royal Photographic Society. 1885 Gründungsmitglied des »Camera Club of London«. 1886 gemeinsam mit Thomas F. Goodall Publikation von Lichtbildern über die Landschaft und das Leben in Norfolk. 1889 Publikation seiner Schrift »Naturalistic Photography«. 1895 Verleihung der Progress-Medaille. 1900 Ausstellung seines hauptsächlich aus Außenaufnahmen (Landschaften, bäuerliche Szenen) bestehenden Werkes. Ab 1924 Notizen zu einer »Geschichte der künstlerischen Fotografie«. Als erklärter Gegner der »Salonfotografie« wurde er zum Wegbereiter der naturalistischen und dokumentaristischen Fotografie in England.

Lit. N. Newhall, P. H. E. The fight for photography as a fine art. New York 1975

Erfurth, Hugo (* 1874 Halle, † 1948 Gaienhofen am Bodensee) Ging 1892–96 beim Dresdner Hoffotografen Höfert in die Lehre; besuchte gleichzeitig Malkurse an der Dresdner Kunstakademie und übernahm Ende 1896 das Atelier des Hoffotografen Schröder. 1906 Verlegung des Ateliers in das »Lüttichau-Palais«, das zum Treffpunkt von Künstlern und Persönlichkeiten des Dresdner Kulturlebens wurde. Erfolg hatte E. in erster Linie als Porträtfotograf, u.a. porträtierte er Käthe Kollwitz, Otto Dix, Gerhart Hauptmann und Oskar Kokoschka. Daneben Beschäftigung mit Fotogrammen und neuartigen Kopiertechniken (Gummidruck und später Ölpigmentdruck). 1919/20 war er neben Kurt Schallenberg, → Grainer, → Schensky und → Schafganz einer der Gründer der Gesellschaft Deutscher Lichtbildner (GDL), die mittlerweile eine der ältesten fotografischen Standesorganisationen in Europa ist. 1934 Übersiedlung nach Köln; erneute Gründung eines Ateliers, das 1945 (mitsamt Archiv und Gerätschaften) ausgebombt wird. E.s Porträts und Interieurs gehören mit zu den bedeutendsten Leistungen, die die Fotografie nach 1900 hervorgebracht hat.

Lit. B. Lohse (Hrsg.), H. E. 1874–1948. Der Fotograf der Goldenen Zwanziger Jahre. Seebruck/Chiemsee 1977

Erwitt, Elliott (*1928 Paris) Studierte ab 1948 an der Hollywood Highschool und am Los Angeles City College. Seine ersten Fotografien entstanden 1944. Bekanntschaft mit → Steichen, Roy E. Stryker und → Capa, der ihn 1953 als Bildberichterstatter zu »Magnum« holte. Berühmt wurde E. vor allem durch seine Reportage des Treffens zwischen Chruschtschow und Nixon (1959; das sogenannte »Küchengespräch« in Moskau). Nach 1953 war er wiederholt auch als Werbefotograf und Dokumentarfilmer tätig. Erwähnenswert bleiben jedoch vor allem seine Situationsporträts, u.a. von Pablo Casals, Jacqueline Kennedy und Buckminster Fuller, sowie seine Hundestudie »Son of bitch«, die 1975 erschien. Der oft verhaltene Humor seiner bildjournalistischen Arbeiten läßt an→ Doisneau denken.

Lit. E. E., The Private Experience. London 1974

Eugene, Frank (eigentl. Frank-Eugene Smith; * 1865 New York, † 1936 Leipzig?) Studierte 1884–86 Malerei in New York, ab 1886 an der Akademie der Bildenden Künste in München, wo seine ersten Fotografien entstanden. 1899 werden seine Fotos im New Yorker »Camera Club« und ein Jahr später in der von → Day organisierten Ausstellung »New School of American Photography« in London gezeigt. 1900 Aufnahme in den »Linked Ring«. 1903 Mitbegründer der »Photo-Secession«. Ab 1906 regelmäßige Reisen zwischen New York und München; Bekanntschaft mit → Kühn und → Roh. 1907 Dozentur für »malerische Fotografie« an der Münchner Lehr- und Versuchsanstalt für Photographie. Auseinandersetzung mit dem von den Brüdern Lumière entwickelten Autochrome-Verfahren. 1913 Berufung an den ersten Lehrstuhl für künstlerische Fotografie an der Königlichen Akademie in Leipzig. E.s hauptsächlich aus Platindrucken bestehendes Werk (Positiv/Negativ-Retusche) weist Einflüsse des Jugendstils und der amerikanischen Fotosymbolisten um → Steichen und → Käsebier auf.

Lit. F. E. In: Photosammlung Stieglitz aus dem Metropolitan Museum New York. Ausstellungskatalog Museum Ludwig. Köln 1980

Evans, Frederick Henry (* 1852 London, † 1943 London) Begann als Autodidakt um 1880 zu fotografieren. Besaß einen Buchladen in London und pflegte gute Kontakte zu G. B. Shaw, Aubrey Beardsley und William Morris, die er mehrfach porträtierte. Seine Vorliebe galt der Architekturfotografie. Sein ab 1898 entstandenen Lichtbilder englischer Kathedralen und französischer Schlösser gehören mit zu den interessantesten Fotodokumentationen der Jahrhundertwende. 1899 bis 1900 zahlreiche Ausstellungen in den USA und Aufnahme in den kunstfotografisch orientierten »Linked Ring«, dem u.a. auch James Craig → Annan, → Brigman, → Coburn, → Demachy, → Eugene und → Käsebier angehörten. Ab 1905 Fotoaufträge für »Country Life«; regelmäßig Publikationen in »Camera Work«. E. stellte bevorzugt Platindrucke her. 1921 gab er William Blakes Illustrationen zu Vergil heraus. 1928 wurde er zum Ehrenmitglied der Photographic Society in London ernannt.

Lit. B. Newhall, F. H. E. Biography. Millerton 1973

Evans, Walker (* 1903 St. Louis/Missouri, † 1975 New Haven/Connecticut) Studierte 1922–23 Literatur und Linguistik an der Philipps Academy in Andover. Übersiedelte 1925 nach New York; von dort 1926 Studienreise nach Paris; Besuch von Seminaren über Flaubert und Baudelaire. Rückkehr nach New York und Entscheidung für die Fotografie als Beruf. Fotoserien über die Südstaaten; Auseinandersetzung mit der künstlerischen Fotografie eines → Stieglitz und → Steichen. Bekenntnis zur »straight photography« und zum fotografischen Realismus. 1933 erste Ausstellung im Museum of Modern Art, wo ausschließlich seine fotografischen Architekturstudien aus Mexiko gezeigt wurden. Ab 1935 Zusammenarbeit u.a. mit → Rothstein, → Delano, → Shahn und → Lee für die von Roy E. Stryker geleitete Farm Security Administration (Dokumentation über die Lebensbedingungen der amerikanischen Landbevölkerung). 1939 entstand eine aufsehenerregende Reportage über die Baumwollarbeiter in den Südstaaten. Entdeckung der Serie und Sequenz als fotografische Ausdrucksformen (U-Bahn-Passagiere), die auch auf → Riebesehl nicht ohne Einfluß blieb. Ab 1943 Journalist bei »Time«. Ab 1945 Bildjournalist bei »Fortune«. 1965 Professor an der Yale University New Haven. Er zählt zu den vielseitigsten und vor allem theoretisch versiertesten amerikanischen Fotografen, dessen Werke (wie die von → Frank und → Gibson) sich gerade in Deutschland einer großen Wertschätzung erfreuen.

Lit. W. E. American Photographs. New York 1975

Faruffini, Federico (* 1831 Sesto San Giovanni/Italien, † 1869 Perugia/Italien) Als erfolgloser Künstler kam F. 1867 nach Rom. Er stellte »Ganzporträts« her, die mittellose Maler als Vorlage für ihre Gemälde benutzen und so die kostspieligen lebenden Modelle einsparen konnten. Obwohl er für seine Aufnahmen (häufig als Aktstudie) neben Ehefrau und Schwiegermutter die »besten Modelle« verwendete, blieb der erwartete Erfolg aus. Am besten sind seine oft genrehaft wirkenden Fotos (Kalotypien) mit denen von → Gloeden vergleichbar. Ohnedies depressiv veranlagt, nahm sich F. angesichts des auch weiterhin andauernden finanziellen Mißerfolges das Leben. Nach seinem Tode fanden die »Modell-Bilder« reißenden Absatz, wurden mehrfach kopiert und verteuerten sich schließlich so sehr, daß es für die Maler wieder billiger war, sich ein lebendes Modell zu mieten.

Lit. L. Vitali, F. F. fotografo. In: Emporium, Juni 1935

Feininger, Andreas (* 1906 Paris) Obgleich stark an Malerei und Literatur interessiert, studierte F. (Sohn des Malers Lyonel F.) nach seinem Schulabschluß von 1925–26 am Bauhaus in Weimar und Dessau Architektur bei Walter Gropius. Erste Bekanntschaft mit → Moholy-Nagy, dessen experimentelle Fotografien auf ihn nicht ohne Eindruck blieben. Fortführung der Ausbildung an der Staatlichen Bauschule in Zerbst; Gesellenprüfung als Möbeltischler. Nach der Rückkehr nach Paris Zusammenarbeit u.a. mit Le Corbusier. 1932 erste eigene Fotoexperimente; schließlich ab 1933 bevorzugt als Bildjournalist tätig. Von 1940–43 arbeitete er als Bildberichterstatter für die »Black Star Photo Agency« in New York, von der er 1943 zum Magazin »Life« überwechselte. Seine hervorragende Bedeutung für die Fotografie liegt auf dem Gebiet von Fototheorie und -lehre. Er ist Verfasser der mit Abstand auflagenstärksten Fotolehrbücher (z.B. »Aufnahme-Technik«, Harzburg 1936; »Der Schlüssel zur Fotografie von heute«, Düsseldorf 1958) und in dieser Eigenschaft auch der international bekannteste. F. lebt heute in New York.

Lit. A. F., Die hohe Schule der Fotografie. München 1977

Feininger, T. Lux (* 1910 Berlin) Wuchs in Berlin als Sohn des Malers Lyonel F. auf, der bereits 1919 als einer der ersten Meister an das Bauhaus berufen worden war (T. Lux' Bruder war Andreas F., der später als Fotopublizist zu Ehren kam). 1926–29 Studium am Bauhaus; Freundschaft mit Oskar Schlemmer und → Umbo, mit dem er bis 1931 bei der Berliner Bildagentur »Dephot« (Deutscher Photodienst) arbeitete. Er bevorzugte neben dem Bildjournalismus die experimentelle Fotografie, das »riskante Sehen«: krasse Perspektiven, Auf- und Untersichten, starke Schlagschatten. 1929–35 reiste F. mehrfach nach Paris, wo er u.a. → Ray und → Outerbridge kennenlernte. 1936 Übersiedlung nach New York und Kriegsteilnahme als amerikanischer Soldat. Aufgabe der Fotografie nach Kriegsende. 1952 Lehrauftrag für Malerei. Seit 1962 Dozent am Painting Department der Museum School in Boston.

Lit. T. L. F. In: H. M. Wingler, Das Bauhaus. Bramsche/Köln 1975

* **Fenton,** Roger (* 1819 Heywood/Lancashire, † 1869 London) Besuchte 1841 zusammen mit → Le Gray das Atelier von Paul Delaroche in Paris. Studierte ab 1842 Jura in London. Ließ sich dort als Rechtsanwalt nieder und begann 1846, sich mit dem von → Talbot entwickelten Kalotypie-Verfahren zu beschäftigen. 1846 entstanden mehrere Stillebenfotos. 1852 unternahm er eine Fotoexpedition (die erste der Geschichte) nach Rußland. 1853 initiierte er die Gründung der »Photographic Society«. 1854 machte er Aufnahmen im Auftrag des British Museum (u. a. Architekturen und Reproduktionen von Ausstellungsstücken). 1855 Fotoreportage über den Krimkrieg (insgesamt 360 Großformatfotografien). 1858 Versuch mit der Stereofotografie; zugleich Bilddokumentation über die Architektur in England. 1862 Aufgabe der Fotografie und erneute Niederlassung als Anwalt. F., der mehrere Ausstellungen organisierte, Fotoclubs und Zeitschriften gründete, gilt als erster Kriegsberichterstatter. Erst sechs Jahre später riskierte → Brady mit seinen Fotoserien über die amerikanischen Sezessionskriege eine vergleichbare Unternehmung.

Lit. J. Hannavy, R. F. of Crimble Hall. London 1975

Roger Fenton

Fiedler, Franz (* 1885 Proßnitz, † 1956 Dresden) Kam als Sohn eines Fotografen schon früh mit der Fotografie in Berührung. Bezeichnete sich ab 1904 als »Kunstfotograf«; wurde von Friedrich Matthies-Masuren entdeckt, der ihm 1905 eine Stellung als Porträtfotograf bei → Dührkoop in Hamburg vermittelte. 1908–12 Arbeit im Dresdner Atelier von → Erfurth, mit dem er fototechnische Experimente durchführte. Er selbst favorisierte die »traditionellen« Edeldrucktechniken (Öldruck und Bromöldruck). Er wirkte ab 1930 besonders als Lehrer für Porträt- und Aktfotografie; beschäftigte sich eingehend mit dem Sabattier-Effekt (Pseudosolarisation, auch von → Ray erprobt). 1945 wurden Atelier, Archiv und ein Großteil seiner Bildwerke Opfer der Bombardierung Dresdens.

Lit. H. Grunwald, F. F. und seine Zeit. Eine Studie zur Geschichte der Fotografie. Halle 1960

Fink, Larry (* 1941 Brooklyn/New York) Besuchte 1958–59 das Coe College in Cedar Rapids und 1960–61 die New School of Social Research in New York. Ab 1962 mehrere Fotokurse u.a. bei Alexey Brodovitch und → Model. Situationsstudien von Menschen (auf der Straße, in der Bahn, im Lokal) entstehen. Ab 1967 Dozent an der Parson School of Design, ab 1969 zugleich auch am Kingsborough Community College. 1973 erhielt er eine Gastprofessur an der Yale Summer School for the Fine Arts. 1976/77 Guggenheim-Stipendium. F., der immer betont, am Menschen selbst interessiert zu sein (»sich mit den Modellen identifizieren zu können«), zeigt diese jedoch zumeist nur als in unmittelbarer Nähe der Kamera agierende Rudimente. Die abgebildeten Konstellationen ihrer Körper, der Gliedmaßen, der Dinge, die sie in den Händen halten (Gläser, Handtaschen usw.), der Strukturen des Hintergrundes, der fotogenen Stoffe lassen erkennen, daß er viel mehr um die Darstellung formaler Aspekte bemüht ist.

Lit. L. F. In: Camera, Nr. 11. Luzern 1977

Finsler, Hans (* 1891 Zürich, † 1972 Zürich) Studierte Architektur und Malerei u. a. bei Fritz Burger in München, Kunstgeschichte bei Heinrich Wölfflin. 1921 Bibliothekar und Lehrer für Kunstgeschichte an der Kunstgewerbeschule in Halle; erste Sachfotografien. 1927 Teilnahme an der Ausstellung des Deutschen Werkbundes; erste »Autoporträts«. 1932–58 Leiter der Fotoklasse an der Kunstgewerbeschule in Zürich; Vorsitz des Schweizerischen Werkbundes; Auseinandersetzung mit Problemen des Fotodesigns und der Produktgestaltung. Er stand mit seinen fotografischen Arbeiten der Neuen Sachlichkeit nahe. Der Industrie- und Sachaufnahme (Küchengeräte, Gebrauchsgegenstände, Geschirr usw.) galt sein Hauptinteresse. Zu seinen später bekannt gewordenen Schülern zählten u.a. → Bischof und → Groebli.

Lit. H. F., Mein Weg zur Fotografie. Zürich 1971

Fontana, Franco (* 1933 Modena/Italien) Begann 1961 als Autodidakt zu fotografieren. Konzentrierte sich nach anfänglichen Versuchen mit Stilleben, Porträts und Stadtansichten ab 1964 auf farbgeometrische Landschaftsdetails, die ihre Qualität nicht aus dem gegebenen Anmutungswert bezogen, sondern aus der Präsentierung eines durch den konzeptuellen Ausschnitt bestimmten grafischen Ornaments. F. sieht die Landschaft als »geordnetes Konglomerat« von Farb-, Struktur-, Licht- und Schattenelementen. 1968 wurden seine Arbeiten erstmalig in seiner Heimatstadt ausgestellt. Inzwischen befinden sich seine Fotografien in allen größeren Fotosammlungen der Welt. Als einer der wenigen »völlig freien« Fotografen kann er Publikationen u.a. in »art«, »ZOOM« und »Ca-

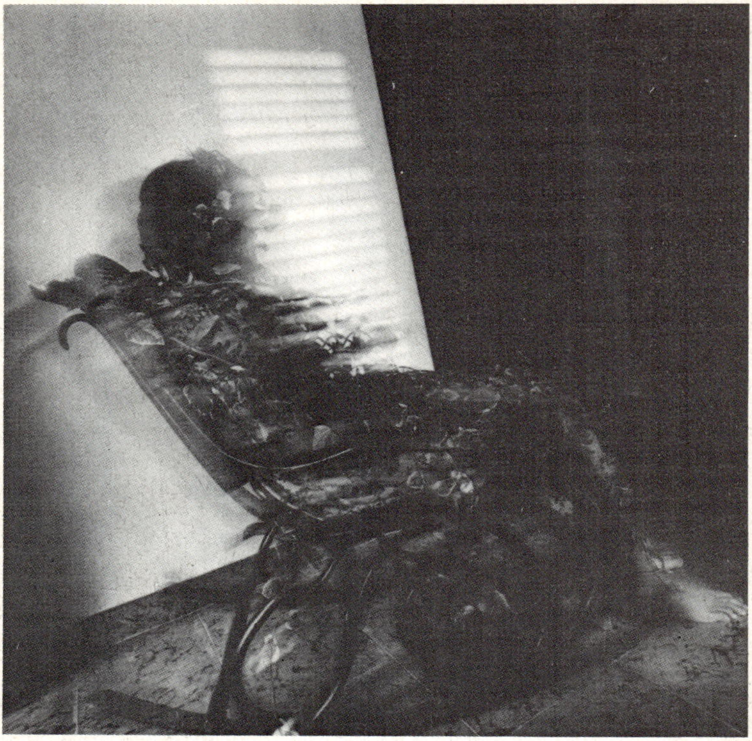

Joan Fontcuberta »*Spanien 1977*«

mera« vorweisen. Neben den formalen Landschaftsstudien sind es auch seine neusachlichen Städtebilder (z.B. Prag, Venedig), die ihn als bedeutendsten, zumindest aber international bekanntesten italienischen Avantgarde-Fotografen bestätigen.

Lit. F. F., Skyline. Mit einer Einleitung von H. Gernsheim, Modena 1978

* **Fontcuberta,** Joan (* 1955 Barcelona) Studierte bis 1975 Kommunikationswissenschaften an der Universität Barcelona. War bis Anfang 1977 in einer Werbeagentur tätig und lebt seitdem als freier Fotograf in Barcelona. Seit 1978 ist er Dozent für Fotografie am Center for Image Studies der Universität Barcelona. Neben einer an → Winogrand erinnernden Serie über »Tiere im Zoo« (1977/78) sind es vor allem die phantastischen Lichtbilder (Körperdeformationen, Doppelbelichtungen, Retuschen), die seinem um die Themen »Vergänglichkeit und Zeit« kreisenden Schaffen innerhalb der südeuropäischen Fotografie eine Sonderstellung einräumen. In Spanien wurde F. auch als Wegbereiter der jungen deutschen Fotografie bekannt. Publikationen u.a. in »Fotografie«, »art«, »ZOOM«, »European Photography« und »Nueva Lente« ließen ihn zum populärsten spanischen Fotografen der jüngeren Generation werden.

Lit. J. F. In: ZOOM, Nr. 3. München 1980

Frank, Robert (* 1924 Zürich) Übersiedelte nach einer Fotografenlehre und mehrjähriger Tätigkeit als Standfotograf bei der »Gloria«-Filmgesellschaft 1947 in die USA. Dort durch Vermittlung Alexey Brodovitchs Fotoaufträge für »Harper's Bazaar«. 1948–55 u.a. als Modefotograf und Bildjournalist für »Life«, »Fortune«, »New York Times« und »Look« tätig; außerdem längere Reise nach Peru. Die Fotos dieser Reise wurden zusammen mit denen von → Bischof und Pierre Verger 1956 in dem Buch »Indios« publiziert. 1953 Kontakt zu → Steichen und Reisen nach Europa. 1955 Teilnahme an Steichens Exposition »The Family of Man«. Im selben Jahr erhielt er als erster europäischer Fotograf ein Guggenheim-Stipendium, das ihm eine zweijährige Reise durch die Staaten ermöglichte. Das fotografische Ergebnis dieser Reise wurde 1959 unter dem Titel »The Americans« publiziert: Es ist eine schonungslose Darstellung des amerikanischen Lebens. F. entwickelte für dieses Projekt eine neue fotografische Bildsprache, die »riskante Perspektiven« (→ Feininger, T. Lux), »klassische Kompositionsprinzipien« und Momente der »Schnappschußfotografie« zu einer neuen Einheit verschmolz. Seit 1961 richtet sich sein Interesse verstärkt auf die Möglichkeiten des Films (»Cocksucker Blues«, 1972; »Keep Busy«, 1975) als individuelles Ausdrucksmittel.

Lit. R. F., The Americans. Mit einer Einleitung von J. Kerouac. Millerton/New York 1978

Freed, Leonard (* 1929 New York) Studierte, obgleich er eigentlich Maler werden wolle, Fotografie bis 1959 bei Alexey Brodovitch. Nach 1960 mehrere Studienreisen nach Europa und Nordafrika. 1963 Fertigstellung eines Filmes über die hassidischen Juden in New York und Jerusalem. 1964–65 Studienreise durch Amerika; Bildbericht über die Lebensbedingungen der Neger in den USA. Ab 1967 u.a. für »Sunday Times Magazine« tätig. Zu seinen eindrucksvollsten bildjournalistischen Leistungen zählen seine Bücher über die »Juden von Amsterdam« (1959), »Deutsche Juden heute« (1965) und seine Studie »Freed's Germany« (1971).

Lit. L. F., Made in Germany. New York 1970

Freund, Gisèle (* 1912 Berlin) Begann schon mit 14 Jahren zu fotografieren. Ab 1931 Studium der Soziologie und Kunstgeschichte in Freiburg; Fortsetzung des Studiums bis 1933 in Frankfurt a.M. bei Theodor W. Adorno; im selben Jahr Flucht vor den Nazis nach Paris. 1936 erste Publikation in »Life«; zugleich Promotion mit der von Norbert Elias angeregten Arbeit »La photographie en France en dixneuvième siècle. Étude de sociologie et d'esthétique«. 1938 Beginn der Farbporträtserie von berühmten Künstlern und Schriftstellern (u.a. von James Joyce). Ab 1940 erste mehrseitige Reportage für »Life«. 1942 Reisen nach Südamerika (u.a. aufsehenerregende Bildberichte über das Leben der Evita Peron). 1946 Rückkehr nach Paris. 1947 Mitglied der Gruppe »Magnum« (→ Cartier-Bresson). Seit 1963 wird ihr Werk, nach einer Reihe von Ausstellungen in Frankreich und Südamerika, auch in Deutschland wieder zur Kenntnis genommen.

Lit. G. F. Fotografien 1932–1977. Text von K. Honnef. Ausstellungskatalog Rheinisches Landesmuseum. Bonn 1977 – G. F., Memoiren des Auges, Frankfurt/M. 1977

Fridljand, Semen Osipowitsch (* 1905 Kiew/Ukraine) Arbeitete 1930–33 als Fotoreporter und Journalist bei »Unifoto«; Bekanntschaft mit → Rodtschenko, der wie er für die Zeitschrift »UdSSR im Bau« als Bildjournalist u.a. über den Bau des Weißmeerkanals berichtete. Ab 1933 machte Fridljand mehrere Bild/Textreportagen, für die

»Prawda«, bevor er 1935 als Leiter der Assoziation der Fotoreporter nach Moskau ging. Bekannt wurde er u.a. wegen seiner avantgardistischen, dem »Visualismus« Rodtschenkos durchaus verwandten Architektur- und Industriefotografien.

Lit. R. Sartori und H. Rogge, Sowjetische Fotografie 1928–1932. München 1975

Friedlander, Lee (* 1934 Aberdeen/Washington) Begann mit 16 Jahren zu fotografieren. Publizierte ab 1952 u.a. in »Sports Illustrated«, »Esquire«, »McCalls«, »Seventeen« und »Art in America«. 1960 und 1962 erhielt er ein Guggenheim-Stipendium; Beginn der freien Arbeiten: Schaufenster, Reflexionen, Objektkonstellationen, Intérieurs, Menschen auf der Straße. Gemeinsam mit Jim Dine Planung einer Publikation, in der Fotos und Zeichnungen gleichberechtigt nebeneinander stehen: »Work From the Same House« (1969). Ab 1968 Lichtbilder aus amerikanischen Städten: Straßenkreuzungen, Häuserreihen, Siedlungen, Profanbauten, die durch Masten, Stäbe, Bäume und durch eine im Bildvordergrund liegende Ebene formal zerteilt werden. 1972 erhielt er ein weiteres Stipendium des National Endowment for the Arts; zugleich erste Ausstellung im Museum of Modern Art, New York. 1973 hatte F. seine erste europäische Ausstellung in der Kölner Galerie Wilde, die auch → Michals und → Gibson in Deutschland vorstellte.

Lit. L. F., The American Monuments. New York 1976

Frith, Francis (* 1822 Chesterfield, † 1898 London?) Begann als Kolo- *

Francis Frith

nialwarenhändler in Liverpool. 1850 eröffnete er eine Druckerei und begann zu fotografieren. Er spezialisierte sich von Anfang an auf Landschaften, die er z.T. auf sehr großen Platten (50 × 80 cm) ablichtete. 1856 unternahm er seine erste Reise nach Ägypten, der 1857 eine zweite und 1859 eine dritte folgte. Mehrere der dort aufgenommenen Lichtbilder publizierte er unter dem Titel »Die Heilige Schrift – 1862«, da sie an einigen in der Bibel genannten Orten gemacht worden waren. Bildberichte aus dem Vorderen und Hinteren Orient wurden nach F. zu einer Art »Mode«, der sich auch Fotografen wie → Bourne und → Bedford nicht verschließen mochten.

Lit. J. Bill, F. F. – Victorian Cameraman. F. F.'s Views of Rural England 1850–1898. Newton Abbto 1973

Fuchs, Charles (eigentl. Carl Friedrich Fuchs, * 1803 Prag, † 1877 Hamburg) Erlernte die Lithografie in Straßburg; 1832 Rückkehr nach Hamburg; Eröffnung einer Steindruckerei; 1844 chromolithografische Versuche; 1848 Experimente mit dem Kalotypie-Verfahren. Um 1850 erste Architekturfotos. 1860 bevorzugt als Fotograf tätig; Zusammenarbeit mit dem Maler und Lithografen Johannes Theobald Riefesell, der viele seiner Kalotypien kolorierte. Fuchs wurde vor allem durch seine zahlreichen »Hamburgensien« genannten Stadtansichten bekannt, die wegen ihrer ausgefeilten Retuschier- und Koloriertechnik zu den Raritäten auf diesem Gebiet zählen.

Lit. Ch. F. In: Photographie zwischen Daguerreotypie und Kunstphotographie. Bearbeitet von F. Kempe. Museum für Kunst und Gewerbe. Hamburg 1977

Fuhrmann, Ernst (* 1886 Hamburg, † 1956 New York) Begann nach der Schulzeit eine kaufmännische Lehre im väterlichen Geschäft. Bis 1914 war er in einem Hamburger Überseehaus tätig. Seine frühen Gedichte und Prosaarbeiten brachten ihn mit Richard Dehmel zusammen. Bald danach bemühte sich F. um eine Art philosophischer Durchdringung der Phänomene von Natur und Kosmos, widmete seine Aufmerksamkeit dem »Leben der Bienen, Ameisen und Termiten«, deren Lebensformen bedeutsam für sein »biosophisches Weltbild« wurden. 1920 berief ihn Karl Ernst Osthaus an das Folkwang-Museum in Hagen, dessen völkerkundliche Abteilung F. übernahm. 1921/22 Gründung des Folkwang-Auriga-Verlages und Reisen u.a. nach Darmstadt, Berlin, Bad Harzburg und Überlingen am Bodensee (wechselnde Wohnorte), in deren Verlauf er zahlreiche Fotografien von Pflanzen erstellte (Makrofotografie), die ihm als visuelle Stützung seiner These, daß der »eigentlich Werte schaffende Organismus dieser Welt die Pflanze ist«, dienten. Von 1929–31 Publikation einer zehnbändigen Ausgabe seiner Schriften. 1930 Edierung des 200 Aufnahmen umfassenden Fotobuches »Die Pflanze als Lebewesen«. 1938 Emigration in die USA. Die Bedeutung seiner Pflanzenfotografien (→ Blossfeldt) ist unmittelbar abhängig von seinem spezifischen Bekenntnis zu einem biologischen Materialismus, dessen Wesensmerkmale nach F.s Meinung in jedem Pflanzendetail nachweisbar sind.

Lit. E. F., Pflanzenfotografien. Ausstellungskatalog Bahnhof Rolandseck. Bonn 1979

Fujii, Hideki (* 1934 Tokio) F. erhielt seine Ausbildung als Fotograf an einer Universität. Er arbeitete danach bis 1963 als Assistent des Porträtfotografen Shotaro Akiyama und als Modefotograf im »Nippon Design Center«. 1965 eröffnete er in Tokio ein eigenes Fotostudio. Auf dem 20. Advertising Film-Festival in Cannes erhielt F. den »Leondol Silver«-Preis. Seine Modefotografien, in denen er eine Symbiose zwischen japanischer Tradition (Gestik, Maske, Farbe) und westlicher Modernität herzustellen versucht, wurden in fast allen großen japanischen und internationalen Magazinen publiziert. Eine erste europäische Ausstellung seiner an → Blumenfeld, Noriaki Yokosuka und → Shinoyama erinnernden Modeporträts fand 1974 in der von → Riebesehl mitbegründeten Galerie Spectrum in Hannover statt.

Lit. H. F. Farbfotografien. Mit einem Text von H. F. Ausstellungskatalog Galerie Spectrum. Hannover 1974

Fukase, Masahisa (* 1934 Hokkaido/Japan) Studierte wie → Takanashi Fotografie an der Nihon-Universität. Promovierte dort 1956 und arbeitete als Fotodesigner bis 1968 hauptsächlich für Werbeagenturen und Verlagshäuser. Ab 1969 freischaffender Fotograf. 1974 nahm er mit seinem Beitrag »Moma« an der Ausstellung über neue japanische Fotografie des Museum of Modern Art, New York, teil (subjektive Mythologien). Er konzentriert sich seit 1970 auf die konsequente Ablichtung und Dokumentation seines Privatlebens, zumeist mit seiner Frau als »Hauptdarstellerin«. Akt- und Körperdetails und Doppelporträts entstehen dabei häufig unter Zuhilfenahme des Selbstauslösers.

Lit. M. F., Homo Ludens. Tokio 1971

Fulton, Hamish (* 1946 London) Beschäftigte sich als Maler seit 1969 mit der Fotografie als Möglichkeit der Notierung und Sichtbarmachung von »Raum-Zeit-Erfahrungen«. Seit 1970 fotografiert er in erster Linie Landschaften. Dabei geht es ihm nicht um die naturalistische Wiedergabe von »Naturerlebnissen«, sondern um die lichtbildnerische Erfassung von »Stationen einer Wanderung«. F. dokumentiert seine Wanderungen mit einer Serie chronologisch geordneter Bilder, die häufig mit Zeit- und Ortsangaben oder auch literarisierenden Texten versehen sind. Seit 1971 Versuche, diese Projekte auch mit filmischen Mitteln dazustellen.

Lit. H. F., Wege und Pfade. München 1978

Funke, Jaromír (* 1896 Skutec, † 1945 Prag) Erhielt nach seinem abgebrochenen Jurastudium eine Ausbildung als Fotograf. 1927–29 experimentierte F. mit Licht- und Schattenkompositionen (abstrakte Objekte), die in deutlichem Kontrast zu seiner vorher betriebenen »sachlichen« Fotografie stehen: Nicht mehr der Gegenstand ist interessant, sondern die Art seiner Beleuchtung. 1931–34 arbeitete er als Lehrer für Fotografie an der Lehrlingsschule in Preßburg. Ende 1934 erhielt er einen Ruf als Professor an die dortige Kunstgewerbeschule. 1935 Übersiedlung nach Prag und Professor an der Staatlichen Grafischen Schule. Neben seinen frühen Lichtkompositionen und Porträts sind die Fotoberichte aus Nikola Suhaj, die Zyklen »Mein Köln« (1932) und »Ungesättigte Erde« (Bilder von tschechischen Friedhöfen, 1940–44) hervorzuheben. F. gilt im Westen Europas (neben → Sudek) als einer der bedeutendsten Lichtbildner der CSSR.

Lit. J. F. Fotografien. Ausstellungskatalog Kunstsammlung Museum Bochum. 1977

Gagern, Verena von (* 1946 Bonn) * Studierte 1966–72 in Aachen, München und den USA Architektur. Ab 1972 ausschließliche Beschäftigung mit der Fotografie, weitgehend als Autodidaktin. Die meist schwarzweißen Arbeiten werden von ihr selbst als »seelische Zustandsberichte« verstanden. Situationen und Szenen aus dem persönlichen Leben werden häufig zu Bildthemen (→ Fukase). Der gedank-

Verena von Gagern

lich-konzeptuelle Aspekt ihres Werkes ist trotz des Interesses für die Erfassung von Zeitabläufen (»Thema Zeit«) sekundär. Ihre dem Romantizismus und Symbolismus im weitesten Sinne zuzurechnenden Arbeiten trugen ihr

1975 den »Preis für junge Fotografen« in Arles ein. Im selben Jahr bekam sie einen Lehrauftrag am Salzburg-College. Bis 1980 weitere Workshops unter ihrer Leitung, u.a. in München, Bonn und Zürich.

Lit. V. v. G. In: R. Wedewer (Hrsg.), Vorstellung und Wirklichkeit – 7 Aspekte subjektiver Fotografie. Köln 1980

Gardner, Alexander (* 1821 Paisly/ Schottland, † 1882 Washington) Studierte Physik und Chemie; beschäftigte sich seit 1841 mit der Fotografie; wanderte 1856 nach Iowa/USA aus, wo er → Brady kennenlernte, der ihn später zum Leiter seines 1858 in Washington gegründeten Fotoateliers machte. 1861–62 arbeitete er gemeinsam mit Brady an den Bildberichten über den amerikanischen Bürgerkrieg. 1862–63 wirkte er (nach der Trennung von Brady) als Fotograf für die Potomac-Army; 1866 publizierte er seine aufsehenerregenden Lichtbilder unter dem Titel »Gardner's Photographic Sketch Book of the War«. Ab 1867 war er mit der Fotodokumentation über den Ausbau des Eisenbahnnetzes der »Union Pacific Railroad« befaßt. Seine kompositorisch z.T. sehr gelungenen Aufnahmen aus den Lagern der Eisenbahnarbeiter und der nach Westen ziehenden Siedler gehören mit zu den besten Beispielen aus der Frühzeit der amerikanischen Fotografie.

Lit. A. G., Photographic Sketch Book of the Civil War. New York 1959

Gelpke, André (* 1947 Beienrode) * Unternahm nach einer Lehre als Maurer und der Erlangung der Fachhochschulreife mehrere Reisen nach Ägypten, dem Sudan und dem Vorderen Orient; anschließend Praktikum als Werbefotograf in Mönchengladbach. Beginn des Fotografiestudiums bei → Steinert (1969) an der Essener Folkwang-Schule. Weitere Reisen in die USA, nach Indien und Nepal. Beschäftigung mit dem von → Frank und → Bischof propagierten humanen

André Gelpke *»Leuchtturm«, 1979*

André Gelpke *»Mann mit Brille«*

Bildjournalismus und den Bauhaus-Fotografen → Moholy-Nagy und → Bayer; es entstanden Bildzyklen über Mönche, Rocker und Hamburger Sextheater sowie Vorstudien zu seinem »Seestücke« betitelten Portfolio. 1974

Examen; 1975 gemeinsam mit Rudi Meisel und Gerd Ludwig Gründung der Bildagentur »VISUM«, die heute neben »Magnum« und »Gamma« zu den bedeutendsten Bildagenturen der Welt zählt. 1978 Austritt aus der Bildagentur und Konzentrierung auf freie, primärfotografische Arbeiten (ausschließlich s/w). Weitere Beschäftigung mit den Werken von → List und → Kertész. Seine immer ein wenig dramatisch wirkenden Lichtbilder, ob Porträt oder Schaufensterbild, haben ihm den Ruf eingetragen, eine Art »Orson Welles der Fotografie« zu sein. Der Einfluß seines Schaffens auf die junge europäische Fotografengeneration, von Bernard Descamps, → Fontcuberta bis hin zu → Harting und Regina Schmeken ist unübersehbar.

Lit. A. G. In: Fotografie, Heft 5. Göttingen 1978

Genthe, Arnold (* 1869 Berlin, † 1942 New Milford) Bevor er 1895 als Privatlehrer nach San Francisco übersiedelte, studierte G. 1888–94 klassische Philologie in Jena und Berlin; 1894–95 Aufenthalt in Paris und Studium an der Sorbonne. 1896 in San Francisco Fotodokumentation über das dortige Chinesenviertel (Gelatine-Silber-Drukke). Er zählte somit zu den ersten Bildjournalisten der Geschichte. 1897 Eröffnung eines Porträtstudios. 1902 Gewinn mehrerer Preise; Umzug nach Carmel und Bekanntschaft mit Jack London. 1903 Mitglied der Jury des 3. Photographic Salon of San Francisco. In der Folgezeit entstanden Porträts berühmter Künstler, Sänger und Politiker. 1906 Fotodokumentation des großen Erdbebens von San Francisco, bei dem sein Atelier und seine Bibliothek zerstört werden (das einzige, was er retten konnte, waren seine Kamera und eine Tasche voller Negativplatten). Weltreisen, u.a. nach Japan und Mexiko (Reisefotografien). 1911 Übersiedlung nach New York; Eröffnung eines neuen Porträtstudios und ab 1920 Bildserien (auch als Bewegungsstudien) berühmter Theaterschauspieler.

Lit. A. G. 1869–1942. Ausstellungskatalog Staten Island Museum. New York 1975

Gerster, Georg (* 1928 Winterthur) Studierte bis 1950 deutsche Literatur und Philologie an der Universität Zürich. Von 1950–56 arbeitete er als Redakteur (Text) für die »Weltwoche«. 1956 machte er sich als Journalist (Text und Bild) selbständig. Seine erste größere Bildreportage, über die Sahara, legte er 1959 vor; 1961 folgten Bildbände über Sinai und Alaska; ab 1964 über Nubien, Äthiopien. Zugleich beschäftigte sich G. mit der Technik des Films, drehte u.a. »Wunder der Wüste« und »Elefanten für Buddha«. Zu seinen wohl bekanntesten Bildreportagen dürften die Fotofolgen über die Rettung der alten Tempel von Abu Simbel (1965) und die Stauung des Nils (1968) durch den Assuan-Damm gelten.

Lit. G. G., Der Mensch auf seiner Erde. Zürich/Freiburg 1975

Gerz, Jochen (* 1940 Berlin) 1959 Studium der Germanistik, Anglistik und Sinologie in Köln. 1960 Aufenthalt in London. 1961 Fortsetzung des Studiums. 1962 Aufenthalt in Basel; Studium der Archäologie und Urgeschichte. Ab 1963 als Taxifahrer, Werbetexter und Teppichhändler tätig. Seit 1958 entstehen Gedichte und Prosatexte. 1966/67 Übersiedlung nach Paris. 1970 Tätigkeit als Sportkorrespondent; zugleich erste Video-Tapes, Performances, Raumplastiken. Ab 1969 Foto/Texte. 1976 Teilnahme an der Biennale in Venedig; Propagierung des Zweifels an Kommunikation und zwischenmenschlichem Verstehen (Kunst und Rezipient). In seinen Foto/Text-Kombinationen stellt G. einer bestimmten Anzahl symmetrisch geordneter Bilder realer Situationen beschreibend-transzendierende Texte gegenüber, die quasi als poetische Überschreitung die Interpretierbarkeit visueller Informationen aufdecken. Erst durch die Texte erfahren die Bilder ihren Sinn und ihre Glaubwürdigkeit (→ Bendkowski, → Nannucci).

Lit. J. G., Foto/Texte 1975–1978. Ausstellungskatalog Kestner-Gesellschaft. Hannover 1978

Ghémar, Louis (* 1819, † 1873 Brüssel?) Betätigte sich nach seiner Ausbildung als Lithograf seit 1845 auch als Fotograf. 1856 ließ er sich als Fotograf in Brüssel nieder (Porträt- und Reproduktionsfotografie). 1862 erweiterte er sein Studio, assoziierte sich mit seinem Bruder und nannte das Atelier »Ghémar-Frères«. Bekannt wurde er als Fotograf des Belgischen Königshauses und wegen seiner ab 1867 entstandenen Brüsseler Stadtansichten.

Lit. L. G. In: C. Magelhaes und L. Roosens, De fotokunst in België 1839–1940. Deurne/Antwerpen 1970

Gibson, Ralph (* 1939 New York) Wurde 1956–60 in der US-Navy zum Fotografen ausgebildet; Studium der Fotografie 1960–61 am San Francisco Art Institute; Assistent bei → Lange (1962); Beginn der eigenen freien fotografischen Tätigkeit 1963. G. gründete 1969 die »Lustrum Press«, die sich zum publizistischen Wegbereiter der amerikanischen Avantgarde-Fotografie entwickelte. 1970 veröffentlichte G. das Fotobuch »The Somnambulist«, 1973 »Déjà-vu« und 1975 »Days at Sea«; in diesen drei Publikationen wurde erstmalig dem Einzelfoto (als Teil eines Buchganzen, eines Konzeptes, einer fotografischen Geschichte) eine »untergeordnete« Rolle zugewiesen. Erst in seiner Serie »Quadrants« gewann das Einzelbild seine Bedeutung zurück. G.s Fotoarbeiten stehen der Phantastik eines → Magritte ebenso nahe wie den Fotoexperimenten eines → Hausmann. Seit 1976 mehrere Reisen und Workshops in Europa, vor allem in Österreich und Deutschland. Die klare, fast klassisch-strenge Bildsprache, die z.T. deutlich auf Bildfindungen von → Kertész, → List und → Brandt zurückgreift, hat in den USA zu einer Besinnung auf die visualistischen Qualitäten (im Gegensatz zu den bis dahin propagierten »dokumentaristischen«) in der Fotografie geführt.

Lit. R. G. In: Camera, Nr. 4. Luzern 1979

Gidal, Tim N. (* 1909 München) Studierte bis 1928 Geschichte, Kunstgeschichte und Ökonomie in München und Berlin. 1929 brachte die »Münchner Illustrierte Presse« seine erste Reportage; ab 1930 Veröffentlichungen in allen größeren deutschen Illustrierten und Zeitungen. Nach mehreren Reisen in die CSSR, nach Österreich, Italien und Palästina erschien bereits 1938 seine erste Farbreportage in der Zeitschrift »Marie Claire«, Paris. Im selben Jahr nahm ihn Stefan Lorant, der Chefredakteur der »Picture Post«, neben → Man und → Hutton als verantwortlichen Bildjournalisten in London unter Vertrag. Während des Zweiten Weltkrieges arbeitete er für »Parade«, eine englische Armee-Illustrierte. 1948 Übersiedlung nach New York; Aufträge u.a. für »Life«; 1955 Dozentur an der New School of Social Research. 1970 Übersiedlung nach Jerusalem. Er zählt zu den Pionieren des modernen deutschen Fotojournalismus.

Lit. T. N. G., Deutschland, Beginn des modernen Photojournalismus. Luzern/Frankfurt a.M. 1972

Gloeden, Baron Wilhelm von (* 1856 Mecklenburg, † 1931 Taormina) Übersiedelte nach einem Kunststudium in Weimar 1880 nach Sizilien, wo ihn Giovanni Crupi mit der Technik der Fotografie vertraut machte. Erste genrehafte Bilder entstanden 1882; bereits ein Jahr später erhielt er in London für seine »arkadischen Szenen« eine erste

Medaille. Ab 1896 benutzte er für seine Freilichtaufnahmen eine Großformatkamera (30×40 cm). 1899 reiste er nach Berlin, um auf Einladung der Fotografischen Gesellschaft einen Vortrag über seine »Freilichtfotografie« zu halten. Kurz darauf Rückreise nach Taormina. 1939 wurde der größte Teil seiner Negativplatten und Prints (oft Sepia getont) von den Faschisten als obszön verurteilt und vernichtet. In seinen Lichtbildern (zumeist männliche Aktdarstellungen) sind antike Szenerien und manieristische Körperfigurationen zu neuen, ihre homoerotische Komponente nicht verleugnenden Aktstudien kombiniert.

Lit. I. Mussa (Hrsg.), W. v. G. Photograph. Ausstellungskatalog Galleria del Levante. München 1979

Götlin, Curt (* 1900 Karlshamn/Schweden) Studierte an der technischen Hochschule in Västeras. Mit 17 Jahren begann er zu fotografieren. 1925 übersiedelte er nach Berlin, wo er bei → Perscheid Unterricht in Porträtfotografie nahm. G. war lange Jahre Direktor der Swedish Photographers Association. 1967 beendete er seine freien fotografischen Aktivitäten und eröffnete ein Porträtstudio in Nora, wo er seit 1965 lebt. Er betrieb längere Zeit, wie → Stieglitz, eine Kunstgalerie, in der er neben Werken der Malerei auch Fotografien ausstellte. In seinen schwarzweißen und farbigen Lichtbildern beschäftigt er sich u.a. mit vorgefundenen Strukturen und abstrakten Ding-Kombinationen. Er zählt zu den bedeutendsten Porträtfotografen Schwedens.

Lit. Fotografer C. G. u.a., Ausstellungskatalog des Moderna Museet. Stockholm 1977

* **Gorny,** Hein (* 1904 Witten, † 1967 Hannover) Arbeitete nach seiner Lehre ab 1922 als Tischler in Hannover; reiste nach Italien, später nach Ägypten, wo im Kairoer Zoo seine ersten Tierbilder entstanden. 1927 Bekanntschaft mit → Renger-Patzsch; 1929 Eröffnung eines Ateliers u.a. für Porträtfotografie; 1930 Reisen mit Erich Kästner durch die UdSSR; 1935 Übersiedlung nach Berlin und Übernahme des Porträtstudios von → Jacobi. Ab 1938 zeitweilig als Werbefotograf in den USA tätig. 1945 Fotoserien über das zerstörte Berlin (→ McBride). 1954 Einweisung in eine Klinik, aber weiterhin als Fotograf tätig. G.s besonderes Augenmerk galt der Tierfotografie, die er in einer für damalige Zeiten bemerkenswert lebendigen und unkitschigen Weise betrieb. In seinen an → Umbo erinnernden Stilleben und Detailstudien (auch Sachaufnahmen) macht sich der Einfluß der Neuen Sachlichkeit bemerkbar (→ Henri, → Peterhans).

Lit. H. G. Ausstellungskatalog Photogalerie Spectrum. Hannover 1972

Graff, Philipp (* 1814 Berlin?, † 1851 Berlin) Beschäftigte sich als Mechaniker und Optiker schon früh mit dem Bau fotografischer Apparate. Erste Aufnahmen entstanden bereits 1840. Gründung eines Ateliers 1843. Zusammenarbeit mit Carl Gustav Oehme, der wie er Mechaniker und Optiker war und das Daguerreotypie-Verfahren bei → Daguerre in Paris erlernt hatte (1840–42). Ein typisches Kennzeichen seiner Porträts war die Verwendung von gemalten Stadtansichten, die er oft als Hintergrundstaffage einsetzte (auch → Stelzner benutzte zuweilen gemalte Hintergründe). G. war neben Oehme und Carl Conrad Schall einer der ersten Fotografen in Berlin. Bekannt wurde er nicht nur als Lehrmeister (u.a. lernten bei ihm Richard Scholz und J. Völlmer), sondern auch als Erfinder der »Graffschen Mischung«, einer empfindlichkeitssteigernden Emulsion (kurze Belichtungszeiten), die guten Absatz fand (→ Natterer).

Lit. Ph. G. In: W. Baier, Geschichte der Fotografie. Leipzig/München 1977

Hein Gorny

* **Grainer,** Franz (* 1871 Bad Reichenhall, † 1948 München) Erlernte die Fotografie im Atelier seines Vaters. Bekannte sich als einer der ersten zur neuen »Kunstfotografie«. Gründete 1900 ein Atelier in München; wurde bald wegen seiner repräsentativen Porträts mit Aufträgen überhäuft. Daneben entstanden aber auch subtile Akt- und Interieuraufnahmen. G. war 1919/20 neben → Erfurth, → Schensky und Kurt Schallenberg einer der Mitbegründer der GDL (Gesellschaft Deutscher Lichtbildner), die es sich zur Aufgabe gemacht hatte, dem unsensiblen »Carte-de-Visite«-Porträt handwerklich hervorragend gemachte Fotobildnisse gegenüberzustellen. Verdienste erwarb er sich auch als Mitbegründer der Bayerischen Staatslehranstalt für Photographie in München, deren Direktor er nach 1946 wurde. 1944 wurden sein Münchner Atelier und das GDL-Archiv durch einen Bombenangriff vernichtet.

Lit. F. G. In: GDL 1919–1969. Eine Dokumentation. Essen/Werden 1969

Grames, Eberhard (* 1953 Essen) Beschäftigt sich seit 1971 mit der Landschaftsfotografie; studierte 1972–76 Kunstgeschichte, Germanistik und Völkerkunde in Köln; unternahm ausgedehnte Reisen nach Island, Griechenland und Tunesien; erste farbige Bildessays entstanden. 1977 Aufenthalte in Skandinavien, in den USA und in Japan. Sein umfänglicher, 1979 publizierter Bildbericht über Japan weist ihn neben → Haas und → Ruetz als einen der subtilsten Landschaftsfotografen des deutschen Sprachraumes aus. 1978 erneute Reisen nach Japan; erste Stilleben entstanden; 1979 Bildberichte über Hokkaido und die Indianer Nordamerikas; Reisen nach

Franz Grainer »*Franz von Lenbach*«

Island; 1980 Zusammenstellung einer Bilddokumentation über Island. G.' zumeist farbige Landschafts-, Architektur- und Situationsstudien stehen der Neuen Sachlichkeit und dem modernen »Visualismus« gleichermaßen nahe.

Lit. E. G. und S./P. Krebs, Japan. Luzern/Frankfurt a.M. 1979

Groebli, René (*1927 Zürich) Erhielt 1944 eine Ausbildung als Fotograf. 1945–46 Besuch der Kunstgewerbeschule in Zürich. 1946–48 Lehre als Kameramann. Seit 1950 Reportage-Aufträge u.a. für »Life-Magazine«, »Black Star« und »Picture Post«. Ab 1953 Industriefotografien. Ab 1954 freie Arbeiten als Fotodesigner (experimentelle Fotografie, Umdrucktechniken, Farbe). 1955 Gründung eines Ateliers für Industriefotografie und Werbung. 1965 Publikation seines Bildbandes »Variation I«, in dem er eine Vielzahl experimenteller Techniken des Gestaltens mit der Fotografie präsentierte. 1971 Publikation von »Variation II«. Äußeres Merkmal seiner Lichtbilder (auch nach dem Dye-Transfer-Verfahren) ist eine künstlich und besonders plakativ wirkende Farbigkeit. G. gilt als einer der bekanntesten Fotodesigner der Schweiz.

Lit. R. G., Fantasies. London/München 1979

Güler, Ara (* 1928 Istanbul) Studierte bis 1950 Wirtschaftswissenschaften. Vervollständigte seine Kenntnisse über Fotografie 1950–55 als Mitarbeiter eines Film- und Fotostudios. Ab 1956 erste freiberufliche Arbeiten für Magazine wie »Paris Match«, »Life« und »stern«. 1961 wählte ihn »Photography Annual« zu einem der »7 besten Fotografen der Welt«. G. arbeitet in Farbe und s/w. Zu seinen wohl bemerkenswertesten Leistungen zählen die Bildserien über das Leben und die Lebensbedingungen der Arbeiter in der Türkei. G. ist einer der wenigen Fotografen seines Landes, die internationale Reputation erlangten.

Lit. A. G. In: H. Schöttle (Hrsg.), dumont foto 2. Köln 1980

Gutman, John (* 1905 Breslau) Besuchte 1923–26 die Kunstgewerbeschule in Breslau. 1927–32 Tätigkeit als Lehrer und Grafiker. 1932 erste Fotoserien. 1933 im Auftrag der Berliner »Photo-Press« Reise nach San Francisco. 1936 Übersiedlung nach New York und Entschluß, in Amerika zu bleiben; Aufträge für »Pix«. 1937 Rückkehr nach San Francisco; dort 1938 Dozentur am San Francisco State College. 1940–50 wieder als Fotograf tätig u.a. für »Life«, »Time«, »National Geographic« und das »Office of War Information«. 1946 Lehrprogramm für kreative Fotografie am San Francisco State College, das ihn 1955 zum Professor ernannte. Kennzeichnend für G.s dicht und kompakt gefüllte Fotos ist die Hervorhebung eines in den Bildvordergrund gesetzten Motivs und die Auflösung des Hintergrunds in Unschärfe. Sein deutlich von → Umbo und der neusachlichen Fotografie inspiriertes Werk dürfte auf → Frank, → Gibson und → Harbutt nicht ohne Eindruck geblieben sein.

Lit. J. G. In: E. Billeter, 1920 Amerika Fotografie 1940. Ausstellungskatalog Kunsthaus Zürich. 1979

Gutschow, Arvid (* 1900 Hamburg) Der in mehreren Büchern mit Fotos neben → Wolff und → Renger-Patzsch vertretene G. begann bereits 1912 als Schüler zu fotografieren. Sein Jurastudium finanzierte er angeblich durch Fotoaufträge. Seine deutlich der sachlichen Fotografie (»Neues Sehen«, → Rodtschenko, → Bayer, → Hausmann, → Henri) zuzuordnenden Arbeiten wurden bereits 1930 in dem Band »See, Sand, Sonne« veröffentlicht. Ihre gestalterische, formale Strenge (vor allem bei seinen späteren Industrie- und Agrarlandschaften) weist interessante Parallelen zu den Werken von → Sheeler und → Finsler auf. Nach Abschluß des Studiums und Promotion wurde G. Verwaltungsangestellter und später Senatsdirektor in Hamburg.

Lit. A. G. In: K. Steinorth, Photographen der 20er Jahre. München 1979

Haas, Ernst (* 1921 Wien) Studierte bis 1942 Medizin; anschließend Ausbildung zum Fotografen an der Graphischen Lehr- und Versuchsanstalt in Wien. 1947 organisierte er seine erste Ausstellung mit Fotos von österreichischen Kriegsheimkehrern. 1948 Übersiedlung nach Paris; Freundschaft mit → Capa; Mitglied der Gruppe »Magnum«. 1950 Übersiedlung in die USA; dort u.a. für »Esquire«, »Paris Match« und »Look« tätig; mehrere Aufträge als Standfotograf für Filme wie »The Bible«, »Little Big Man« und »Hello Dolly«. 1971 erschien sein Buch »Die Schöpfung«, in dem er versucht, die biblische Schöpfungsgeschichte fotografisch (expressionistisch) nachzuempfinden: dreigeteilt in »Elemente«, »Jahreszeiten« und »Geschöpfe«. Seine vorzugsweise in Farbe publizierten Fotoserien und Bildreportagen weisen ihn als äußerst feinnervigen, formal auf Hans Saebens und → Lendvai-Dircksen zurückgreifenden Lichtbildner aus.

Lit. E. H., In Deutschland. Mit einem Interview von T. Koch. Düsseldorf/Wien 1976

Robert Häusser »Straßenmusikant«, 1955

Robert Häusser *»Bank im Regen«, 1942*

* **Häusser,** Robert (* 1924 Stuttgart) Wurde als Bildjournalist und Fotograf ausgebildet. Kriegsgefangenschaft bis Ende 1945. Rückzug auf einen Bauernhof in der Nähe von Berlin (1946–52); daneben Besuch der Schule für angewandte Kunst in Weimar (Fotoklasse). Bilder aus dem Leben der Landbevölkerung. 1952 Übersiedlung nach Mannheim; Mitglied in der Gesellschaft Deutscher Lichtbildner (GDL) und in der Deutschen Gesellschaft für Photographie (DGPh). Ab 1961 Chef-Fotograf der Zeitschrift »Welt am Oberrhein«. Ab 1964 reist er als Bildjournalist um die ganze Welt. Seine der subjektiven Fotografie → Steinerts nahestehenden Arbeiten

(zumeist s/w, auch als Serie und Sequenz) wirkten stilbildend auf viele jüngere deutsche Primärfotografen. Er ist einer der ersten Fotografen in Deutschland, dessen Lichtbilder von den Museen bereits Ende der 60er Jahre als »ausstellungswürdige Kunst« einem größeren Publikum präsentiert wurden.

Lit. R. H. Ausstellungskatalog Kunsthalle Köln. 1972

Hajek-Halke, Heinz (* 1898 Berlin) Verbrachte seine Kindheit in Argentinien. 1910 Rückkehr nach Deutschland. 1915–16 Studium an der Königlichen Kunstschule in Berlin; erste fotografische Versuche 1924; erste »Lichtmontagen« 1925; Zusammenarbeit mit Willi Ruge und Bruno Schlur (Herausgeber des »Deutschen Lichtbilds«); 1927 erste Schnittmontagen (Fotocollagen). 1933 Übersiedlung an den Bodensee, wo seine ersten wissenschaftlichen Fotoserien entstehen (Kleintierbiologie/Makroaufnahmen, → Vishniac). 1937 Bildreportage über eine Schlangenfarm. 1939 Flugfotograf bei den Dornier-Werken in Friedrichshafen. 1945 Einrichtung einer Kreuzotterfarm; Drahtplastiken als Objekte für »Lichtgrafiken» (ähnlich dem »Licht-Raum-Modulator« von → Moholy-Nagy). 1949 Bekanntschaft u.a. mit → Steinert, der ihn mit → Schneiders, → Keetmann, Siegfried Lauterwasser, Wolfgang Reisewitz und → Windstoßer zur Mitarbeit bei »fotoform« einlud. 1955 Dozentur für Foto-Grafik an der Hochschule für Bildende Künste in Berlin. 1978 David Octavius Hill-Medaille und Ehrenmitglied der Gesellschaft Deutscher Lichtbildner (GDL).

Lit. H. H.-H. Monographie. GDL-Edition. Mit einer Einleitung von E. Roters. Göttingen 1978

Hallensleben, Ruth (* 1898 Köln, † 1977 Köln) Ausbildung als Sozialpflegerin in Kassel. Absolvierte um 1930 eine Fotografenlehre bei Elsbeth Gropp; eröffnete 1934 ein eigenes Fotostudio und spezialisierte sich nach kurzer Zeit auf Industrieaufnahmen (Schwerindustrie, Hoch- und Tiefbau) und Reportagen. Als erste Frau berichtete sie von der Arbeit der Bergleute unter Tage. 1936 Berufung in die Gesellschaft Deutscher Lichtbildner (GDL); 1943 Übersiedlung nach Wiehl; weitere Reportagen, noch während der letzten beiden Kriegsjahre, über Brückenbau und Bergwerke. 1961 Übersiedlung nach Wuppertal (später nach Köln); Bildbände über das Ruhrgebiet und den Niederrhein. H. gilt in Deutschland als eine der ersten Bildjournalistinnen von Rang.

Lit. R. H. In: Bergisches Land. Bilder aus der Landschaft zwischen Rhein und Ruhr. Iserlohn 1960

Halsman, Philippe (* 1906 Riga/Lettland, † 1979 New York) Studierte bis 1924 Elektrotechnik an der Technischen Hochschule in Dresden; war zugleich als freier Fotograf für den Berliner Ullstein-Verlag tätig (bis 1927). Übersiedlung nach Paris 1928 und dort Eröffnung eines Porträtstudios 1931; Studium an der Sorbonne; Bekanntschaft mit Fotografen und Künstlern wie → Ray und → Tabard. 1941 wanderte er mit einem von Albert Einstein beschafften Visum nach Amerika aus, wo er schon ein Jahr später eine Anstellung bei »Life« bekam, für die er insgesamt 103 Titelbilder fertigte. 1945 Ernennung zum Präsidenten der »American Society of Magazine Photographers«; Bildreportagen und erste Modeaufnahmen; Beginn der Bildserie mit Politikern und prominenten Persönlichkeiten für sein 1959 publiziertes »Jump Book«; für dieses Projekt ließ er die jeweilige Person (u. a. Präsident Richard Nixon) senkrecht in die Luft springen, um sie so abzulichten. 1960 längerer Aufenthalt in der UdSSR, wo er für »Life« eine Porträtserie der »russischen Elite« fotografierte. 1963 Ernennung zum Mitglied der »Famous Photographers School«. Er starb 1979 während der Vorbereitungsarbeiten für einen Workshop anläßlich der Venezia '79.

Lit. P. H., Sight and Insight. Words and Photographs. Garden City 1975

Hamaya, Hiroshi (* 1915 Tokio) Begann mit 16 Jahren zu fotografieren; kaufte sich mit 20 Jahren eine Leica und stellte eine Bildreportage über die Slums von Tokio zusammen, die er 1936 publizierte. Ab 1937 als freier Bildjournalist tätig; Spezialisierung auf »Winter-Themen«. 1940 Bildbericht über die Mandschurei; Material- und Fotosammlung für sein Buch »Snow Land«, das 1956 erschien. 1954 Fotodokumentation über Japans »Back Coast«. 1956 Bildberichte über China und Korea, 1960 über Thailand; Mitglied bei »Magnum«. 1963 auf Einladung des ZDF Besuch Deutschlands und Auftrag für einen Bildbericht über den »deutschen Arbeiter«. 1967 Informationsreisen durch die USA, Mexiko und Kanada; 1972 Herausgabe seines bisher letzten Buches »American America«. Seine sehr ruhigen, klar komponierten Bildberichte erinnern zuweilen an → Smith und → Cartier-Bresson. In Japan zählt H. zu den Pionieren des modernen Bildjournalismus.

Lit. H. H. In: C. Capa (Hrsg.), The Concerned Photographer 2. New York 1972

* **Hanfstaengl,** Franz (* 1804 Baiernrain, † 1877 München) Besuchte 1819 bis 25 die Kunstakademie in München. 1825–35 stellte er eine lithografische Porträtsammlung (»Corpus Imaginum«) bedeutender bayerischer Persönlichkeiten zusammen. 1835 Übersiedlung nach Dresden, wo er bis 1845 mehr als 130 Gemälde der Dresdner Galerie auf Lithografien übertrug. 1845 Rückkehr nach München. Bekanntschaft u.a. mit → Löcherer (bei dem er vermutlich die Fotografie erlernte); Forschung auf dem Gebiet der Galvanografie. 1852 Eröffnung eines »Artistisch-photographischen Ateliers«. 1853 erste Ausstellung seiner Porträts im Münchner Kunstverein. 1854–65 arbeitete er an einem »Album der Zeitgenossen«, in dem er die »Elite der Zeit« versammeln wollte (Porträts u.a. von Christian Andersen, Richard Wagner, Franz Liszt; → Biow). 1868 Übergabe des Ateliers an seinen Sohn Edgar. H.s Porträts, seine brillanten Münchner Stadtansichten, seine einfühlsamen »Kinderstudien« und seine zahlreichen, wegen ihrer »konkurrenzlosen Qualität« gerühmten Reproduktionen von Gemälden der Alten Pinakothek machten ihn über die Grenzen Deutschlands hinaus bekannt.

Lit. F. H. In: H. Gebhardt, Königlich Bayerische Photographie. München 1978

Hara, Cristobal (* 1946 Madrid) Verbrachte seine Jugend auf den Philippinen. Übersiedelte 1966 nach Hamburg; dort Ausbildung zum Fotografen bis 1967/68. Ab 1968 als freischaffender Bildjournalist tätig. Bekannt wurde er durch seinen Bildbericht über die »Grubenarbeiter von Apulien«. 1973 nahm er an der Ausstellung »Three Contemporary Photographers« im Londoner Victoria und Albert Museum teil. Er ist einer der wenigen jungen spanischen Bildjournalisten, die auch im Ausland bekannt sind.

Lit. C. H. In: Three Contemporary Photographers. Ausstellungskatalog Victoria und Albert Museum. London 1973

Harbutt, Charles (* 1935 Teaneck/New Jersey) Arbeitete 1956–59 als Journalist und Fotograf für das »Jubilee Magazine«; 1959 Bildbericht über Fidel Castro in Kuba; 1960–63 Dokumentationen über die spanische Minderheit in New York, Randgruppen-Probleme, das Friedenscorps in Asien; 1963 Mitglied der Gruppe »Magnum«; u.a. für Magazine wie »Life«, »Look«, »Paris Match«, »Epoca« und »stern«

Franz Hanfsteangl *»Richard Wagner«*

tätig. 1967 Bericht über den arabisch-israelischen Krieg. 1970 Dozentur am Pratt Institute; Freundschaft mit → Kertész. 1974 erschien »Travelog«, das als bestes Fotobuch des Jahres ausgezeichnet wurde. 1976–78 Präsident von »Magnum«. In seinen freien, auftragsungebundenen Arbeiten (zumeist s/w) werden neben surrealistischen Aspekten auch Einflüsse → Friedlanders und → Gibsons erkennbar.

Lit. Ch. H. In: Kertész & Harbutt, Sympathetic Explorations. Ausstellungskatalog Plains Art Museum. Moorhead 1978

* **Hartig,** Dagmar (* 1952 Kaiserslautern) Absolvierte die Schule bis zur Mittleren Reife 1969; Übersiedlung nach Bonn und Besuch der Glasfachschule; 1972 Beginn des Studiums der Visuellen Kommunikation an der Essener Folkwang-Schule. Durch Anregung aus dem Studentenkreis um → Steinert erste Versuche mit der Fotografie; Bekanntschaft u.a. mit → Gelpke und Milan Horacek. Nach ersten Bildserien mit der Kleinbildkamera beschloß sie 1975, ihre Schnappschüsse nur noch mit der Pocketkamera (Instamatic) zu machen. Ihre Fotos, für die starke Licht-Schatten-Kombinationen und häufige Bewegungsunschärfe typisch sind (besonders deutlich bei ihrem 1979 entstandenen Amerika-Zyklus), werden dem »Visualismus« zugerechnet (→ Rodtschenko, → Müller-Pohle, → Moholy-Nagy).

Lit. D. H. In: ZOOM, Nr. 3. München 1980

Haskins, Sam (* 1926 Johannesburg) 1947–50 Ausbildung zum Fotografen an einer Fotoschule in London. 1951 Rückkehr nach Johannesburg und Eröffnung eines Fotoateliers: Mode, Akt, Porträt; zugleich freie Bildessays aus dem südlichen Afrika. Besonders erfolgreich wurde er mit einer neuen Art

Dagmar Hartig

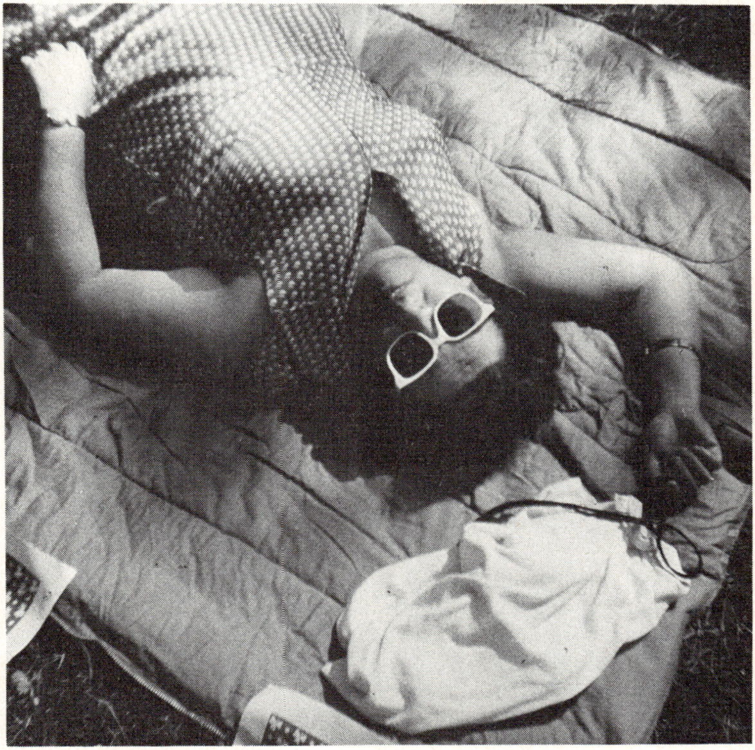

Dagmar Hartig

der subtil-erotischen Aktfotografie, die er, als Serie oder Geschichten zusammengefaßt, in Buchform publizierte, z.B. »Cowboy Kate and Other Stories« (1965). Ab 1966 Auseinandersetzung mit Fotoexperimenten (Sandwich, Fotocollage, Doppelbelichtung). 1968 Übersiedlung nach London; Eröffnung eines Werbestudios. Seit 1971 entstehen großformatige »Posters«, auf denen Türen, Fenster, Räume, Objektarrangements oder fotogene Strukturen mit auf einer zweiten Ebene durchscheinenden Frauenakten oder -gesichtern abgebildet sind. H. dürfte einer der ersten Werbefotografen sein, die direkt auf die fotografischen Erneuerungen des Bauhauses zurückgegriffen haben.

Lit. S. H., African Image. London 1967

Hausmann, Raoul (*1886 Wien, †1971 Limoges/Frankreich) Übersiedelte 1900 nach Berlin; 1912 Teilnahme am ersten deutschen Herbstsalon des »Sturm«; Mitarbeit an den Zeitschriften »Sturm«, »Die freie Straße« und »Die Aktion«. 1918 Gründungsmitglied des »Club Dada« in Berlin und Erfindung der Fotomontage, die später von → Heartfield als politisches Kampfmittel entdeckt wird. 1919 Herausgabe der Zeitschrift »Dada«. 1920 Zusammenarbeit mit George Grosz und Heartfield; 1921 Bekanntschaft mit Kurt Schwitters; gemeinsame Reise nach Prag: »Anti-Dada-Abende«. Ab 1923 Publikation zahlreicher kunsttheoretischer Artikel (u.a. auch Fototheorie). Ab 1930 verstärkte fotografische Tätigkeit (u.a. mit der

Ermanox und der Plaubel-Makina). 1933 Flucht nach Ibiza, wo er den Roman »Hyle – ein Traumsein in Spanien« schreibt. Fotodokumentation über die ländliche Baukunst von Ibiza. 1938 Übersiedlung nach Paris. Ab 1944 hauptsächlich als Maler und Dichter tätig. Ab 1945 entstehen Fotogramme und Pictogramme. 1953 Bekanntschaft mit → Steinert; neue Collagen und Spiegelbilder. 1967 erste Gesamtausstellung seines Werkes in Stockholm. Neben → Rodtschenko und → Moholy-Nagy zählt H. zu den Begründern des »Neuen Sehens« in der Fotografie (reinstalliert als »Visualismus« um 1976).

Lit. A. Haus, R. H. – Kamerafotografien 1927 bis 1957. München 1979

Hawarden, Lady Clementine (* 1822 Camberweald House/Glasgow, † 1865 London) Begann um 1860 als Amateurfotografin genrehafte Aufnahmen mit Kindern und jungen Mädchen in ihrem Haus zu inszenieren. Ihre von der Malerei der Präraffaeliten inspirierten Fotos entstanden zur gleichen Zeit wie die von → Cameron. Ihre ungezwungenen, natürlich wirkenden Lichtbilder (Doppelporträts, auch Stereofotos) könnten → Carroll bekannt gewesen sein. 1863 wurde sie Mitglied der Royal Photographic Society.

Lit. L. C. H. In: K. Honnef, 150 Jahre Fotografie. Mainz 1977

Heartfield, John (eigentl. Helmut Herzfelde; * 1891 Berlin, † 1968 Berlin) Einjährige Lehrzeit als Buchhändler in Wiesbaden (bis 1905). Besuch der Kunstgewerbeschule in München und Berlin (1907–14). Umbenennung in John Heartfield aus Protest gegen die Anti-England-Kampagnen (1916). Gründung der Zeitschrift »Neue Jugend«; Beschäftigung mit der Fotografie. 1917 Gründung des Malik-Verlages; Zusammenarbeit mit George Grosz (Trickfilm) und Richard Huelsenbeck. 1918 Eintritt in die KPD; Beteiligung an den Berliner Dada-Aktionen; Fotocollagen und -montagen für die Bücher des Malik-Verlages; politische Fotomontagen; Arbeit als Bühnenbildner bei Max Reinhardt und Erwin Piscator. 1933 Emigration nach Prag; dort Fotomontagen gegen das Dritte Reich. 1938 Emigration nach London. 1950 Rückkehr nach Leipzig, wo seine neueren Fotomontagen als zu »formalistisch« abgetan wurden. Übersiedlung nach Berlin. H. gilt als Begründer der modernen Fotocollage (→ Hausmann) und der politischen Fotomontage. Sein Einfluß auf Künstler wie z.B. Lajos Kassák, → Höch, → Citroën, Leo Malet und Kurt Schwitters ist evident.

Lit. J. H. Dokumente. Ausstellungskatalog Neue Gesellschaft für bildende Kunst. Berlin 1969

Hege, Walter (* 1893 Naumburg, † 1955 Weimar) Erlernte bei → Erfurth die Porträtfotografie; studierte bis 1921 Malerei an der Kunstschule in Weimar. 1924 Fotobildband über den Naumburger Dom; 1926 über den Bamberger Dom. 1928 im Auftrag des New Yorker Metropolitan Museums Fotodokumentation der Akropolis und ihrer Tempel. 1930 Ernennung zum Professor für Fotografie in Weimar. Beschäftigung mit dem Film. 1935 Aufgabe der Professur; Projektierung und Fertigstellung einer Reihe wegweisender Kulturfilme, so u.a. über Tilman Riemenschneider, die deutsche Hanse und Künstler bei der Arbeit. Außerdem Versuche mit der Farbfotografie. H., dem kurz vor seinem Tod die David Octavius Hill-Medaille verliehen wurde, darf zu den bedeutendsten Architekturfotografen seiner Zeit gerechnet werden.

Lit. W. H., Der Meister der Lichtbildkunst. Zum 60. Geburtstag. München/Berlin 1953

Heilborn, Emil (* 1900 Leningrad) Besuchte nach der Übersiedlung bis

1919 die Hochschule in Stockholm. 1923–27 Studienaufenthalt in den USA (Ausbildung zum Ingenieur); Rückkehr nach Stockholm und Anstellung bei General Motors in Stockholm. 1928 erste Porträts und Landschaften als Autodidakt, das Hobby wurde um 1931 zum Beruf. H. spezialisierte sich auf Architektur- und Industriefotografie. Ab 1932 auch als Fotoillustrator und Werbefotograf tätig. 1937 erste Versuche mit dem Film und der Reportagefotografie; zugleich umfangreiche Aufträge der schwedischen Industrie. Bildberichte aus Bergwerken (1937), über Stahlverarbeitung (1939), über den Brückenbau (1940) und über die Autoindustrie ließen ihn in kurzer Zeit zum meistbeschäftigten Industriefotografen in Schweden werden. Seine häufige Verwendung der Sandwich-Technik erinnert an → Roh und → Hajek-Halke.

Lit. E. H. In: Fotografer E. H. u.a. Ausstellungskatalog Moderna Museet/Fotografiska Museet. Stockholm 1977

Henneberg, Hugo (* 1863 Wien, † 1918 Wien) Neben → Watzek und → Kühn einer der ersten sogenannten »Kunstfotografen«. Er studierte 1882–87 Physik/Chemie, Astronomie und Mathematik in Jena und Wien. Ab 1888 Reisen nach Ägypten, Griechenland und Amerika; Beschäftigung mit der Fotografie; Bekanntschaft mit → Stieglitz. 1894 Aufnahme in den »Linked Ring«. Freundschaft mit Watzek und Kühn; lernte 1895 auf einer Londoner Ausstellung die mit Farbe und Pinsel retuschierten Gummidrucke von → Demachy kennen, setzte unter diesem Eindruck seine weiteren Tätigkeiten fort: experimentiert mit Umdrucktechniken. Mit Watzek und Kühn Gründung der Gruppe »Kleeblatt«, Konzentrierung auf Landschaften und Stilleben als Sujets. 1902 wurden seine Lichtbilder (Gummibichromatdrucke) als erste Fotografien auf der Wiener Sezession ausgestellt. Ab 1904 auch Verwendung von Kupferstich- und Holzschnittechniken zur Steigerung des »impressionistischen Eindrucks« seiner Fotografien.

Lit. H. Speer, Die Wiener Schule: H. H. – H. Kühn – H. Watzek. Ausstellungskatalog Museum Folkwang. Essen 1964

Henri, Florence (* 1895 New York) Studium der Musik und Malerei in Berlin, München und Paris. 1927 Fotoschulung innerhalb eines Vorkurses am Bauhaus bei → Moholy-Nagy; 1929 Übersiedlung nach Paris und Bekenntnis zur »Neuen Fotografie«; Bekanntschaft u.a. mit → Krull, → Ray, → Kertész und → Tabard. 1930 Eröffnung eines Ateliers für Werbefotogafie in Paris; freie Fotoexperimente mit Spiegeln, Prismen und Mehrfachbelichtungen, Selbstporträts. Ihre neusachlichen »Werbestilleben«, die eigenwilligen Porträts und die formal gelungenen »Kompositionen« erinnern in ihrer Mischung aus Dadaismus und Symbolismus an die Lichtbildkunst eines → List. 1963 übersiedelte sie von Paris nach Bellival, gab die Fotografie auf und widmete sich wieder ganz der abstrakten Malerei, die sie seit 1929 nur noch sporadisch betrieben hatte.

Lit. F. H. Ausstellungskatalog. Text von H. Moldenrings. Münster/Baden-Baden 1976

Hielscher, Kurt (* 1881 Striegau, † 1948) Unternahm nach seiner Ausbildung zum Studienrat mehrere Reisen durch Europa (1909–1912). 1914 Beginn eines fünfjährigen Aufenthaltes in Spanien, wo er zunächst als Hauslehrer und dann als Fotograf (Landschaften, Architektur, Porträts) tätig war. Mit mehreren tausend Aufnahmen (9 × 12-Juwelkamera) kehrte er bei Kriegsende nach Deutschland zurück. 1922 Publikation des im Kupfertiefdruck hergestellten Bildbandes »Das unbekannte Spanien«. Der Erfolg dieses Buches ermunterte ihn, ähn-

David Octavius Hill »*Selbstportrait*«

lich umfangreiche Fotodokumentationen über Italien, Jugoslawien, Österreich, Dänemark, Schweden, Norwegen und Rumänien vorzulegen. Bezeichnend für seine Lichtbildkunst ist der fast ausschließliche Einsatz von Objektiven mit langer Brennweite.

Lit. K. H. In: W. Schöppe (Hrsg.), Meister der Kamera erzählen. Halle 1935

* **Hill,** David Octavius (* 1802 Perth/Schottland, † 1870 Newington Lodge) Beschäftigte sich während des Kunststudiums u.a. auch mit der Technik der Lithografie. Studierte ab 1822 bei Andrew Wilson an der School of Design in Edinburgh. 1925 Mitbegründer der Scottish Academy of Painting, Sculpture and Architecture. 1837–40 entstanden die Illustrationen für das Buch »The Land of Burns« (61 Stahlstiche über Leben und Werk von Robert Burns). 1843 erhielt H. den Auftrag, ein Ölbild des Gründungskonvents der Free Church of Scotland zu erstellen. Sir David Brewster erläuterte ihm zu diesem Zweck die Möglichkeiten der Fotografie als Bildvorlage (Talbotsches Kalotypie-Verfahren) und machte ihn mit → Adamson bekannt. In Zusammenarbeit mit Adamson entstanden 1500 Kalotypien, zunächst die Porträts der Kirchenmitglieder als Vorlagen für das o.g. Ölgemälde, danach frei gestellte Szenen, Doppel- und Gruppenporträts und Landschaftsstudien. 1844–48 beschickte H. mehrere Ausstellungen mit seinen Kalotypien. Kurz nach dem Tode von Adamson, gab H. die Fotografie wieder auf und kehrte zur Malerei zurück. Er gehört zu den wichtigsten Pionieren der Fotografie in England.

Lit. D. O. H. and R. Adamson, The Hill/Adamson Albums. Mit Texten von C. Ford u.a. London 1973

Hill, Paul (* 1941 Ludlow/England) Arbeitete mehrere Jahre als Bildjournalist und Kolumnist bei einer englischen Abendzeitung. Begann nach 1970 hauptsächlich als freier, künstlerisch orientierter Fotograf tätig zu werden, u.a. für die Fotomagazine und Buchverlage. Seit 1977 ist er Lektor für kreative Fotografie am Trent Polytechnicum in Nottingham. In Europa wurde er nicht nur durch seine an → Fontcuberta und → Vink erinnernden Fotos bekannt, sondern auch durch seine eigene Fotoschule in Derbyshire (»Photographer's Place«) und die Interviewserie mit bekannten Fotografen für die Schweizer Fotozeitschrift »Camera« (in Zusammenarbeit mit Tom Cooper). Darüber hinaus ist er seit 1972 als engagierter Fototheoretiker (zeitgenössische Fotografie) mit Artikeln und Essays in Zeitschriften wie »Nueva Lente«, »Creative Camera«, »Fotografie« und »Camera« vertreten.

Lit. P. H. In: Fotografie, Heft 7. Riesweiler 1978

Hilliard, John (* 1945 Lancaster) Der wie → Blume und → Michals hauptsächlich in fotografischen Sequenzen arbeitende H. studierte 1962–64 Kunst und Fotografie am Lancaster College of Art; sein Studium setzte er bis 1967 an der Londoner St. Martin's School of Art fort. Seit 1969 beschäftigt er sich vorwiegend mit der Fotografie (s/w und Farbe), weil er durch sie die Möglichkeit gegeben sieht, »Raum und Zeit als wirklichkeitsfremde Stabilität« sichtbar zu machen. Kennzeichnend für seine zumeist aus drei/vier Bildern bestehenden Sequenzen ist die Veränderung der visuellen Information durch die Verlagerung der Schärfenebene von Bild zu Bild. Er fügt, wie Michals, seinen Sequenzen häufig sinngebende Textzeilen bei.

Lit. J. H. Ausstellungskatalog Badischer Kunstverein. Karlsruhe 1977

Hine, Lewis Wickes (* 1874 Oshkosh/Wisconsin, † 1940 Hastings-on-Hudson/New York) Studierte 1898 bis 1900 Soziologie und Pädagogik an der University of Chicago. 1901 Übersiedlung nach New York; Dozentur an der Ethical Culture School. Ab 1903 erste fotografische Versuche. 1905 Bekanntschaft mit → Riis. Bildreportagen aus den Negervierteln in Washington, den Slums von New York, dem Bergbaugebiet von Pittsburgh. 1908 Aufgabe des Lehrerberufes; Weiterführung der von Riis begonnenen Dokumentation über die Kinderarbeit in den USA, die später die Verabschiedung eines Kinderarbeitsschutzgesetzes bewirkt. 1918–19 Kriegsberichterstattung aus dem Balkan im Auftrag des Roten Kreuzes; Rückkehr nach New York und Bildberichte über Fabrikarbeiter und den Bau des Empire State Building. 1933–36 Anstellung als Fotograf beim Roten Kreuz; Mitarbeit an der Fotodokumentation für die von Roy E. Stryker geleitete Farm Security Administration, an der u.a. auch → Shahn und → Lange mitwirkten.

Lit. L. W. H., Kinderarbeit, USA um 1910. Ausstellungskatalog Bahnhof Rolandseck. Bonn 1978

Hinst, Antonin (* 1929 Bucovice/CSSR) Studierte Mathematik an der Universität in Brno. Mitglied der Fotogruppe »Vox«; Dozent für Fotografie an der Kunstgewerbeschule in Brno. Seit 1966 als Fotograf und Fotopublizist tätig. Buchpublikationen zum Thema Landschaft seit 1973. Seine von natürlichen Strukturen formal beherrschten Landschaftsstudien (oft von einem erhöhten Standpunkt aus aufgenommen) lassen eine Verwandtschaft mit den Arbeiten von → Fontana, Giorgio Lotti und Wulf Ligges erkennen.

Lit. A. H. und K. O. Hruby, Die Landschaftsfotografie. Prag 1974

Hockney, David (* 1937 Bradford/Yorkshire) Besuchte 1953–57 das Bradford College of Art; 1959–62 studierte er am Royal College of Art in London, das ihm 1926 eine Goldmedaille verlieh. 1963 Reisen nach Ägypten und in die USA, wo er bis 1964 als Dozent an der Universität von Iowa wirkte. 1965 Dozentur für Grafik an der Universität von Colorado. Grafikpreis der Biennale in Paris; Grafikpreis von Ljubljana; Preis der Druckgrafik-Biennale in Krakau. 1968–70 Dozent an der Hochschule für Bildende Künste in Hamburg. Er ist in erster Linie als Zeichner und Maler bekannt. H. fotografiert seit 1965, benutzt seine Fotos häufig auch als Bildvorlage für Zeichnungen, Grafiken und Gemälde. Angeblich fotografiert er »ohne Konzept, nur das, was ihn gerade im Vorbeigehen interessiert«. Man bezeichnet seine sehr unterkühlt wirkenden Lichtbilder, wie auch die von → Magritte, → Zola, Constantin Brancusi, → Bellmer, → Zille und → Duchamp, als »Künstlerfotografien«, um auszudrükken, daß es sich nicht um Bilder eines Fotografen, sondern um die eines in erster Linie als Künstler tätigen Menschen handelt.

Lit. N. Stangos (Hrsg.), Bilder von D. H., Zürich 1980

Höch, Hannah (* 1889 Gotha, † 1978 Berlin) Übersiedelte 1912 nach Berlin; besuchte dort zunächst die Kunstgewerbeschule und ab 1915 die Staatliche Lehranstalt des Kunstgewerbemuseums. 1918 Bekanntschaft mit → Hausmann und Gründung der Dada-Gruppe Berlin. In der Folgezeit entstanden die für ihr Werk so typischen Fotocollagen, die auf die Kenntnis der Arbeiten des gleichzeitig in Berlin wirkenden → Heartfield schließen lassen. 1920 Teilnahme an der Internationalen Dada-Messe; zugleich Fußwanderung nach Rom. 1926–29 Aufenthalte in Holland und Kontakte zu den Künstlern der de Stijl-Gruppe, u.a. zu Theo van Doesburg und Werner Graeff. Nach dem Zweiten Weltkrieg widmete sie sich verstärkt ihrer Malerei, die häufig wie eine Umsetzung ihrer Fotocollagen anmutet.

Lit. G. Adriani (Hrsg.), H. H. Fotomontagen, Gemälde, Aquarelle. Köln 1980

Hoepffner, Marta (* 1912 Pirmasens) 1929–33 Studium an der Kunstschule in Frankfurt, u.a. bei Willi Baumeister, der sie mit der Fotografie vertraut machte. 1934 Gründung eines eigenen Ateliers für Werbefotografie in Frankfurt; Beschäftigung mit Fotoexperimenten und Fotomontagen im Sinne eines → Hausmann und → Heartfield; 1937 Meisterprüfung. Ab 1940 »grafische Landschaftsaufnahmen«; »Interferenzbilder«; neue experimentelle Techniken (Solarisation, Sabattier-Effekt, Mehrfachbelichtungen) lassen Einflüsse → Moholy-Nagys erkennen. 1949 Gründung einer privaten Fotoschule in Hofheim; ab 1954 Fotoexperimente in Farbe; ab 1958 »kameralose« Fotografie; ihre Lichtbilder entstehen nur noch in der Dunkelkammer (mit Fotopapier, Abdeckmasken, Folien, Prismen, Raster, Objekten). Ihre abstrakt-symbolistischen Arbeiten (Fotogramme) weisen eine deutliche Verwandtschaft mit den Werken → Hajek-Halkes und → Schads auf. *

Lit. M. H. Ausstellungskatalog. Einleitung von J. H. Müller. Hagen 1979

Höpker, Thomas (* 1936 München) Entschloß sich nach mehreren Semestern Kunstgeschichte und Archäologie, Fotograf zu werden. Arbeitete zunächst für die Zeitschrift »Kristall«, dann für den »stern«. Schwerpunkte seiner Arbeiten waren Bildberichte aus der Dritten Welt (Hungerkatastrophen in Schwarzafrika). Seit 1975 auch an serieller dokumentarischer Fotografie interessiert; gemeinsam mit Günter Kunert stellte er 1976 eine Fotoserie über »Berliner Wände« zusammen. Seine künstlerischen Ambitionen werden auch in der Zusammenarbeit mit dem Plastiker Heinz Mack deutlich, mit dem er in der Sahara und Antarktis »Lichtskulpturen« fotografierte. 1976 Übersiedlung nach New York; Aufbau der amerikanischen Redaktion von

Marta Hoepffner *»Räumliche Strukturen«, 1979*

»GEO«. Seit 1978 nomineller Art-Direktor (praktisch aber Chefredakteur) von »GEO«/New York. 1979 überraschte er durch eine mit der Plattenkamera entstandene Serie (in Farbe) über New Yorker »Hochhaus-Giebel«.

Lit. T. H. In: H. Nannen (Hrsg.), Expedition in künstliche Gärten. Hamburg 1977

Hofmeister, Theodor und Oskar (* 1868 Hamburg, † 1943 Hamburg; * 1871 Hamburg, † 1937 Hamburg) Th. H., Kaufmann eines Speditionsgeschäftes, begann sich um 1890 für die Fotografie zu interessieren: zuerst für gestellte Porträt- und Figurenstudien, später für Städte- und Landschaftsbilder. Bekannt wurde er 1895 u.a. durch die Produktion von Fotopostkarten. O. H. war zunächst Angestellter beim Amtsgericht und ab 1929 Justizinspektor beim Landgericht; die bedeutsame Zusammenarbeit mit seinem Bruder begann um 1896 und führte zu einer gemeinsamen Konzipierung und Durchführung von (betont malerisch anmutenden) Landschaftsfotografien, die in z.T. sehr großen Formaten kopiert wurden (Gummidruck). Berühmt waren sie in Hamburg wegen ihrer »Diapositiv-Abende«, über die sogar in den Zeitungen berichtet wurde. Besondere Wertschätzung erfuhren sie durch Alfred Lichtwark, den Leiter der Hamburger Kunsthalle, der in der Fotografie das »Medium der Zukunft«

erkannte. Die H.s blieben zeitlebens reine Amateure; die Qualität ihrer stimmungsvollen, oft melancholischen Heide- und Waldlandschaften forderte bis weit in die 30er Jahre zur Nachahmung heraus. Ihr Archiv wurde 1943 durch Kriegseinwirkung zerstört.

Lit. Th. H., Das Figurenbild in der Kunstfotografie. Halle 1898

Hollyer, Frederick (* 1837 London, † 1933 London) Begann als Amateur mit einer 13 × 18-cm-Reisekamera um 1870 zu fotografieren. Seine Hauptthemen waren Naturstudien und Porträts (vorwiegend aus Künstler- und Fotografenkreisen). Seine Porträt- und Landschaftsplatindrucke erinnern deutlich an die Lichtbilder von → Kühn und → Demachy. H. gilt als wichtiger Vorläufer der »pictorialistischen« Fotografie in England. Sein teures Hobby finanzierte er durch eine gutgehende Reproduktionsanstalt, in der er vorzugsweise die Werke der Präraffaeliten (Edward Burne-Jones, Dante Gabriel Rosetti) vervielfältigte.

Lit. F. H. In: Catalogue of Platinotype Reproductions of Pictures & c. Photographed and Sold by Mr. Hollyer. London 1900

Hoppé, Emil Otto (* 1878 München, † 1972 London) Ging 1900 als gelernter Bankkaufmann nach London, wo er als Autodidakt zu fotografieren begann. 1903 wurde er Mitglied der Royal Photographic Society; 1907 eröffnete er ein Porträtstudio in London; 1909 war er einer der Mitbegründer des Londoner »Salon of Photography«; 1911 eröffnete er ein zweites Porträtstudio; 1914–16 publizierte er seine Arbeiten mehrfach in den neugegründeten Magazinen »Colour« und »Vogue«. 1919–21 bereiste er die USA, wurde ab 1922 bevorzugter Fotograf am Hofe Georgs V. und der Queen Mary. 1924 porträtierte er Mussolini in Italien. 1927 Reise nach Berlin wegen einer Porträtserie für die UFA; zugleich erste Industrie- und Landschaftsaufnahmen; 1929 unternahm er eine Weltreise. 1931–39 hielt er sich in Indien, Afrika, Europa und Indonesien auf. Rückkehr nach London um 1939. Seine Porträts u.a. von Ezra Pound, Richard Strauss, Henry James und Gordon Craig bestätigen ihn als einen in der Tradition der Kunstfotografie stehenden Lichtbildner.

Lit. T. Pepper, Camera Portraits by E. O. H. Ausstellungskatalog National Portrait Gallery. London 1978

Horst, Horst P. (* 1906 Hamburg) Studierte 1925–26 Architektur in Hamburg; ging 1927 nach Paris, um sein Studium bei Le Corbusier fortzusetzen. 1928 Bekanntschaft mit → Outerbridge, → Ray, → Tabard und → Hoyningen-Huene, dessen Assistent im Atelier von »Vogue« er 1932 wurde. Seine Modeaufnahmen leben, wie die von Hoyningen-Huene, von der manieristischen Kombination dramatischen Lichtes mit antiken Requisiten (Torsi, Projektionen griechischer Köpfe, Säulenfragmente) und modisch-schönen Frauenfiguren. Vor Ausbruch des Krieges konnte H. nach New York übersiedeln; dort entstand neben Mode- und Architekturaufnahmen eine umfangreiche Porträtserie aus der Welt der »Oberen Zehntausend«.

Lit. H. P. H., Salute to the Thirties. o.O. 1971

Hosoe, Eikoh (* 1933 Yamagata/Japan) Absolvierte eine Fotografenausbildung am Photo-College in Tokio. Etablierte sich nach seiner Promotion 1954 als freischaffender Fotograf. Gründete 1959 zusammen mit → Tomatsu, → Kawada, → Ikko u.a. die Gruppe »VIVO«, die sich für die Durchsetzung neuer, kreativer fotografischer Ideen engagierte. 1964 Mitarbeit an Kon Ichikawas Film über die Olympischen Spiele in Tokio; zugleich Auszeichnung durch die japanische Fotokritikervereinigung als »Fotograf des

Jahres«. Neben komplizierten Akt- und Körperdetailstudien widmete er sich vor allem der Darstellung symbolischer Körper-Raum-Objekt-Konstellationen (zumeist s/w). Ab 1970 Leiter zahlreicher Fotoworkshops in den USA, u.a. am Phoenix College in Arizona und am Columbia College in Illinois. 1976 wurde er als Kursleiter von → Clergue zum 7. Rencontres Internationales de la Photographie nach Arles eingeladen.

Lit. E. H., Embrace. Tokio 1971

Howe, Graham (* 1950 Melbourne/Australien) Studierte bis 1972 am Praham College of Further Education in Melbourne Fotografie. Versuchte sich als Landschafts-, Stilleben- und Porträtfotograf; konzentrierte sich nach einer Reise durch Europa auf die Fotografie illusionistischer Detailarchitekturen und Landschaftsrudimente, wobei sein Augenmerk auf die Konstellationen von Schatten und Flächenstrukturen gerichtet blieb. Ab 1974 Dozentur am Australischen Center for Photography; ab 1977 wiederholte Aufenthalte in den USA, u.a. als Dozent für Fotografie an der University of California in Los Angeles. Er arbeitet häufig mit großformatigen Kameras. Seine Arbeiten (hauptsächlich s/w) scheinen von → Friedlander und → Baltz beeinflußt zu sein.

Lit. G. H. In: C. Osman und P. Turner (Hrsg.), Creative Camera International Year Book 1978. London 1977

Hoyningen-Huene, George (* 1900 Leningrad, † 1968 Los Angeles) Arbeitete nach seiner Flucht aus Rußland (Oktoberrevolution 1917) in Paris als Modezeichner; ließ sich im Atelier von André Lhote zum Maler ausbilden und ging als Zeichner und Layouter zu »Vogue«. 1928 entstanden seine ersten sensationellen Modefotos (Verwendung starker Lichtkontraste und antikisierender, symbolisch wirkender Requisiten); daraufhin Chef-Fotograf bei »Vogue« (sein Assistent wird → Horst). 1935 Übersiedlung nach New York; Freundschaft mit → Beaton, der ihn, wie später auch → List, deutlich beeinflußte. Ab 1936 vermehrt Aufträge für »Harper's Bazaar«. 1943 Publikation der beiden Fotobildbände »Hellas« und »Egypt«. 1946 Übersiedlung nach Hollywood, wo jene Fotoserie amerikanischer Filmstars entstand, die ihn berühmt machte; zugleich wird er Berater des Filmproduzenten George Cukor und Dozent an der Art Center School in Los Angeles. Seine in den 30er Jahren entstandenen fotografischen Modearrangements wirkten stilbildend bis weit in die 50er Jahre hinein; sie prägten das fotografische Erscheinungsbild fast aller großen Modemagazine.

Lit. G. H.-H., Meisterbildnisse: Frauen, Mode, Sport, Künstler. Mit einer Einleitung von H. K. Frenzel. Berlin 1932

Hürlimann, Martin (* 1897 Zürich) Studierte Geschichte, Philosophie, Kunstgeschichte und Musik in Zürich, Berlin und Leipzig bis 1922. Erste Amateurfotografien; Promotion zum Dr. phil. 1925 Bildband über Frankreich. 1929 Gründung und Herausgabe der Zeitschrift »Atlantis« in Berlin, die sich um eine neuartige Präsentation der Fotografie bemühte. 1930 Fertigstellung des Films »Die Wunder Asiens«. 1937 ein Kunstband über »Gotische Kathedralen in Frankreich«. 1939 Verlegung des Verlages von Berlin nach Zürich. Fortsetzung der Tätigkeit als Herausgeber und Fotograf; daneben Kritiker und Musikhistoriker nach 1945. Fotopublikation über Asien 1958; weitere Reisen in alle Welt. H., der insgesamt mehr als 20 Bildbände veröffentlichte, versteht sich vor allem als »dokumentierender« Fotograf, der »Dienst am Gegenstand« rangiert vor der subjektiven Sicht.

Lit. M. H., Zeitgenosse aus der Enge, Freiburg 1977

Hutton, Kurt (eigentl. Kurt Hübschmann; * 1893 Straßburg, † 1960 Aldeburgh/Suffolk) Studierte 1913 bis 14 Jura in Oxford; nahm am Ersten Weltkrieg als Kavallerieoffizier teil; beschäftigte sich ab 1918 mit der Fotografie; eröffnete 1923 in Berlin ein Porträtstudio, das er sieben Jahre später wieder aufgab, um als Bildjournalist zu arbeiten, u.a. für die »Dephot« (Deutscher Photodienst) (→ Man, → Umbo). 1934 übersiedelte er nach England, wo er ab 1938 Bildberichte für die von Stefan Lorant gegründete »Picture Post« lieferte (bis 1957 wurden es mehr als 400 Bildreportagen). 1951 ging H. nach Aldeburgh; Freundschaft mit Ronald Blyth und Benjamin Britten, von denen er zahlreiche Porträtstudien anfertigte (außerdem Berichte über die Aldeburgh-Musik-Festivals). Neben → Cartier-Bresson und → Smith zählt H. zu den wenigen Bildjournalisten, die ihr Metier im Gegensatz zu → Weegee als seriöse Zusammenstellung von Bildinformationen verstanden (»humaner Bildjournalismus«, → Lebeck). Mehrere Male wurde dieser »sympathische, ruhige deutsche Herr« vom englischen König Georg VI. zu Porträtaufnahmen in seine Residenz gebeten.

Lit. K. H. In: Creative Camera International Year Book. London 1976

Ichimura, Tetsuya (* 1930 Nagasaki/Japan) Studierte nach dem Besuch des Gymnasiums an der Nihon Universität. Lebte bis 1958 als Gelegenheitsarbeiter. Sporadische fotografische Tätigkeit seit 1955. Nach dem Gewinn eines Preises bei der Ersten Internationalen Staatlichen Fotoausstellung entschloß er sich 1959, als freier Fotograf seinen Lebensunterhalt zu verdienen. Er publizierte mehrere vielbeachtete Fotobücher, so u.a. »Salome« (1970) und »Come Up« (1971). In seinen oft das Erotische thematisierenden Arbeiten zeigt sich eine gewisse Nähe zu Yoshihiro Tatsuki und → Clergue. Sein 1969 entstandener Schwarzweiß-Zyklus »Nippon Eroticism« macht ihn neben Narahara und → Shinoyama zu einem der wichtigsten Fotografen Japans.

Lit. T. I. In: Neue Fotografie aus Japan. Ausstellungskatalog. Darmstadt 1978

Ignatowitsch Wjeswolodowitsch, Boris (* 1899 Slutzk/Ukraine, † 1976 Moskau) War 1918–21 als Journalist in Charkow tätig. Beschäftigte sich ab 1923 mit der Fotografie; 1926–30 Reporter bei der Zeitschrift »Ogonyok«. Kameramann für Dokumentarfilme bis 1933, danach wieder Tätigkeit als Reporter. Nach 1945 erste Versuche mit der Farbfotografie und 1969 die Edierung des Buches »Die staatlichen Waffensammlungen im Moskauer Kreml«. In seinen Industrie- und Reportagefotografien versuchte er, eine der »Neuen Fotografie« entsprechende Bildsprache zur entwickeln. Neben → Alpert zählt er zu den überragenden Fotografenpersönlichkeiten der UdSSR.

Lit. B. I. W. In: Camera, Nr. 10. Luzern 1979

Ikko (eigentl. Ikko Narahara; * 1931 Fukuoda/Japan) Studierte bis 1954 Rechtswissenschaften an der Chuo-Universität. Nach der Promotion Kunstgeschichtsstudium an der Waseda-Universität bis 1959. Begann während dieser Zeit zu fotografieren. 1962–65 Reise durch Europa. Der größte Teil seiner heute bekannten Lichtbilder (Landschafts-, Straßen- und Situationsstudien) entstand 1970–74 während eines USA-Aufenthaltes. 1974 nahm er in New York u.a. neben → Fukase an der Ausstellung »New Japanese Photography« im Museum of Modern Art teil. Von seinen zahlreichen Buchpublikationen bleiben »Celebration of Life«

(1972) und »Where Time Has Vanished« (1975) die beeindruckendsten. Er zählt neben → Hosoe und → Shinojama zu den international berühmtesten japanischen Fotografen und ist in den renommiertesten Fotosammlungen der Welt vertreten.

Lit. I. N. In: Creative Camera International Year Book 1978. London 1977

Isenring, Johann Baptist (* 1796 St. Gallen, † 1860 St. Gallen) Besuchte 1824–25 die Kunstakademie in München. Beschäftigte sich um 1838 mit dem Verfahren der Kalotypie. Bestellte sich 1839 nach Bekanntwerden der Erfindung → Daguerres bei diesem eine Kamera nebst Laboreinrichtung. Ausstellung seiner ersten Lichtbilder 1840 im Münchner Kunstverein. Gründung eines der ersten deutschen Fotoateliers im Juli 1841 in München (→ Biow); im selben Jahr Erfindung eines Kolorier-Verfahrens, das er 1842 nach England verkaufte. Bekannt wurde er wegen eines »Sonnen-Wagens«, mit dem er durch Süddeutschland zog, um Porträts der Landbevölkerung anzufertigen. 1843 Rückkehr nach St. Gallen und Eröffnung eines Porträtstudios. Seine frühen Menschenbildnisse, die heute zum großen Teil verschollen sind (»Porträts nach dem Leben«; 1840 Ausstellung von 47 Bildern in St. Gallen), dürften → Löcherer (der mit einiger Sicherheit bei ihm das Daguerreotypie-Verfahren erlernte) und → Hanfstaengl nachhaltig beeindruckt haben.

Lit. J. B. I. In: W. Baier, Geschichte der Fotografie. Leipzig/München 1977

Itten, Johannes (* 1888 Südernlinden/Thun, † 1967 Zürich) Besuchte die École des Beaux-Arts in Genf. 1913–19 Aufenthalt in Wien; Gründung der privaten »Ittenschule«. 1919 durch Vermittlung Alma Mahlers Berufung an das Bauhaus in Weimar, wo er sich für die Umgestaltung des Vorkurses einsetzte, eine Farbenlehre entwickelte und entscheidenden Einfluß auf die Fotografie als Unterrichtsfach nahm (→ Moholy-Nagy, → Bayer, → Peterhans). 1926–31 betrieb er eine eigene Kunstschule in Berlin. 1939 Übersiedlung nach Zürich; dort bis 1953 Direktor der Kunstgewerbeschule, des Kunstmuseums, der Textilfachschule und des Rietbergmuseums. Von 1953 bis zu seinem Tod war er vorwiegend als Maler und Theoretiker tätig.

Lit. J. I. In: H. M. Wingler, Das Bauhaus. Bramsche/Köln 1968

Izis (eigentl. Israel Biederman; * 1911 Mariampole/Litauen) Emigrierte 1930 nach Paris, wo er 1932 ein eigenes Atelier eröffnete. Während des Krieges arbeitete er als Fotoretuscheur. 1949–69 machte er im Auftrage von »Paris Match« zahlreiche Bildberichte. 1950 lernte er den Dichter Jacques Prévert kennen, mit dem er insgesamt fünf Bücher machte, darunter das sehr einfühlsame »Paris des rêves« (1950) sowie »Le Cirque d'Izis« (1965), das zu seinen besten Arbeiten zählt. I.' fotografische Leidenschaft galt seiner Wahlheimat Paris (»Paris des poètes«, 1937), das er in umfangreichen Bildfolgen zu beschreiben suchte. Seine Stärke war nicht die auftragsgebundene Reportage, sondern das frei konzipierte Buch (→ Gibson), bei dem er vom Bildlayout bis zur Typographie mitbestimmen konnte. I. ist einer der wichtigsten, jedoch unterschätztesten französischen Fotografen.

Lit. I. In: C. Nori, Franc Photography. New York 1979

Jackson, William Henry (* 1843 Keeseville/New York, † 1942 Denver/Colorado) Begann als Landschaftsfotograf 1870–77 geologische Aufnahmen im Auftrag mehrerer amerikanischer Bundesstaaten anzufertigen. 1872 wur-

Sven Järlås *»Treppe«*

de das Yellowstone-Gebiet aufgrund seiner Lichtbilder vom amerikanischen Kongreß zum ersten Nationalpark der USA erklärt. Beachtung fanden auch seine Fotografien aus den Indianerreservaten im Westen Amerikas (→ Curtis). Seine dokumentarisch-präzisen Aufnahmen, die er bisweilen mit einer 50 × 60-cm-Großformatkamera machte, wirkten wie ein Vorgriff auf die spätere »straight photography«.

Lit: B. Newhall und D. E. Edkins, W. H. J. Dobbs Ferry 1974

Jacobi, Lotte (* 1896 Thorn/Westpreußen) Studierte zunächst Kunstgeschichte und Literatur an der Akademie in Posen, bevor sie 1925 an die Bayerische Staatslehranstalt für Photographie in München ging. 1927 Umzug nach Berlin und Übernahme des väterlichen Studios (→ Gorny); 1935 Emigration in die USA, Eröffnung eines Fotoateliers; 1963 Eröffnung einer Galerie in Deering/New Hampshire und Wiederaufnahme des Studiums der Kunstgeschichte. Ausgezeichnetes leistete sie auf dem Gebiet der Porträtfotografie; ihre kargen, avantgardistischen Detailaufnahmen, Materialstilleben (die bisweilen an → Henri und → Funke denken lassen) und Fotogramme dürften jedoch ihr bedeutenderer Beitrag zur künstlerischen Fotografie sein.

Lit. L. J. Ausstellungskatalog. Text von H. Karasek. Museum Folkwang. Essen 1974

Jäger, Gottfried (* 1937 Burg/Magdeburg) Absolvierte eine Lehre als Fotograf an der Staatlichen Fachschule für Fotografie in Köln; seit 1960 als Dozent für Fotografie tätig; 1973 Berufung als Professor für Fotografie und Film an die Fachhochschule in Bielefeld. 1967 Gründung eines eigenen Fotoateliers. Definierung und Propagierung der angewandten Fotografie als »Fotodesign«. Experimente mit multiplen Lochblendenkameras. Seine stark formalistischen Lichtbilder werden von ihm als Beispiel einer »Generativen Fotografie« vorgestellt (Begriffsfindung und Durchsetzung des Begriffs gehen auf ihn zurück). J. tritt seit 1970 wiederholt auch mit theoretischen Texten zur Fotopraxis und Fotodidaktik an die Öffentlichkeit. 1974 Ernennung zum Dekan des Fachbereichs Design der Fachhochschule Bielefeld.

Lit. G. J. und K. M. Holzhäuser, Generative Fotografie. Ravensburg 1975

Arno Jansen »*Tentakeln*«, *1979*

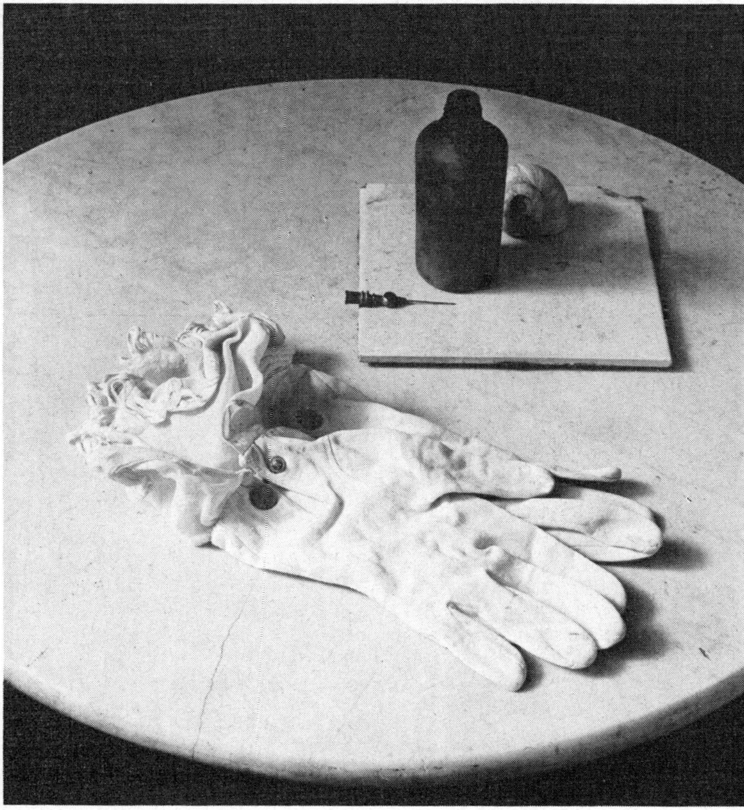

Arno Jansen »*Stilleben*«

* **Järlås,** Sven (*1913 Sundbyberg, †1970 Stockholm) Erlernte die Fotografie 1929 bei Ferdinand Flodin (→ Sundgren); war danach für Ahlen & Akerlund als Fotograf tätig; machte ab 1931 hauptsächlich Bildreportagen für schwedische Zeitungen und Magazine; 1936 großer Bildbericht von den Olympischen Spielen in Berlin; 1938 Studienreise nach Irland; zweite Studienreise 1939 in die USA; ab 1945 als selbständiger Fotograf tätig. 1946–59 galt sein Interesse der Porträt- und Theaterfotografie (Zusammenarbeit mit Ivar Lo-Johansson). 1960 Rückkehr zum Fotojournalismus; Berichte für namhafte Magazine in Skandinavien und Deutschland. Seine Bevorzugung ungewöhnlicher Perspektiven läßt an → Rodtschenko denken.

Lit. S. J. In: Fotografer S. Järlås u.a. Katalog Moderna Museet/Fotografiska Museet. Stockholm 1977

Jansen, Arno (*1938 Aachen) Studierte 1957–63 an der Folkwang-Schule in Essen Grafik und Fotografie u.a. bei → Steinert. Ab 1963 Anstellung als Bildjournalist und Grafiker in Braunschweig; dort zugleich Dozent im Fach Fotografie an der Hochschule für bildende Künste. 1965 Übersiedlung *

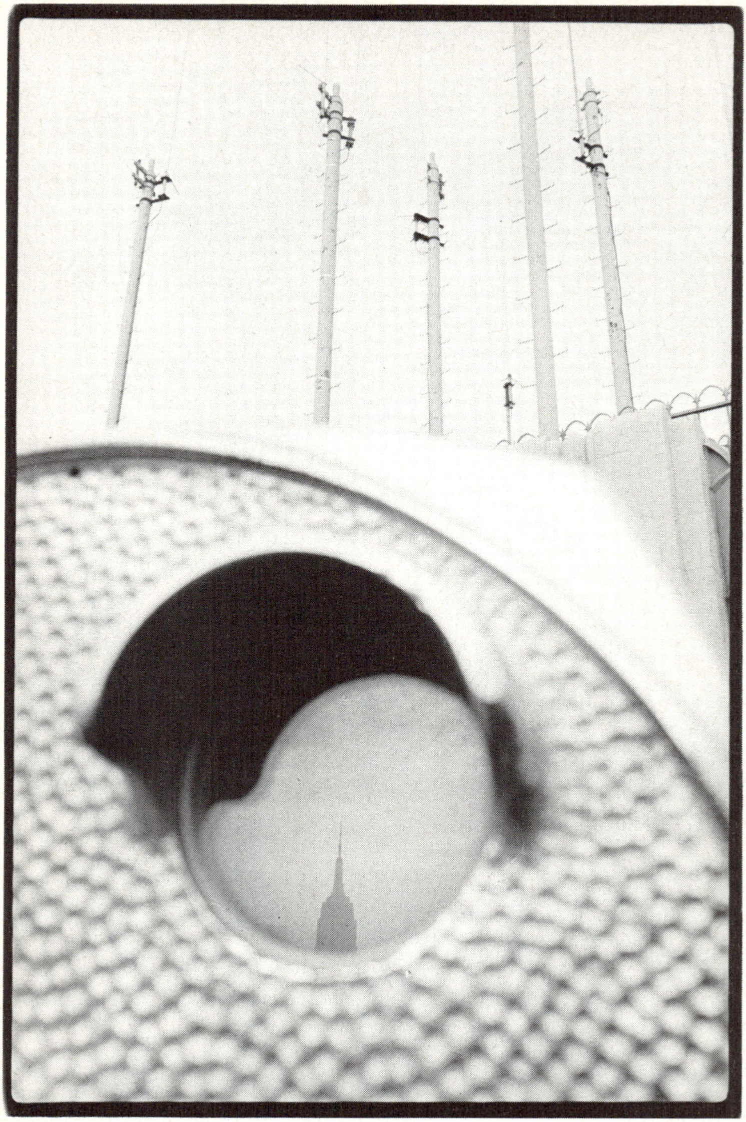

Bernd Jansen *»New York«, 1979*

nach Köln und Leitung der Klasse für künstlerische Fotografie an der Werkkunstschule. 1973 Berufung zum Professor. In seinen schwarzweißen und farbigen Fotoarbeiten beschäftigt sich J. bis heute in erster Linie mit dem

Thema Stilleben. Seine phantastisch anmutenden, von einem geheimnisvollen Licht beleuchteten Objekt-Konstellationen erinnern in ihrer Kargheit an die Bilder Giorgio Morandis. Unter den jüngeren Fotografen dürfte er der einzige sein, der sich in dieser Beharrlichkeit ausschließlich mit einem Sujet beschäftigt. Seit 1979 auch Stillebensequenzen, u.a. aus den Gräbern von »Père-Lachaise«, Paris.

Lit. A. J. In: R. Wedewer (Hrsg.), Vorstellung und Wirklichkeit – 7 Aspekte subjektiver Fotografie. Köln 1980

* **Jansen,** Bernd (* 1945 Bedburg) Bruder von Arno → Jansen; studierte nach seinem Abitur 1966–71 Fotografie bei → Steinert an der Essener Folkwang-Schule. 1970 Berufung in die Gesellschaft Deutscher Lichtbildner. 1972 Förderpreis zum Heinrich-Heine-Preis der Stadt Düsseldorf. 1973 Einzelausstellung in der Galerie Spectrum (Hannover); Berufung in die Deutsche Gesellschaft für Photographie (DGPh); Tätigkeit als freier Bildjournalist für nationale und internationale Magazine; Porträtfotografien. 1978/79 New York-Stipendium der Stadt Düsseldorf und der Ernst Poensgen-Stiftung. Bekannt wurde er vor allem durch seine »Leerschuß-Bilder« (1974–77), sein New Yorker »Schläfer«-Essay (1978) und seine Serie »Gebrochene Betrachtung« (1978/79). J., dessen Œuvre dem »Visualismus« und der Konzeptfotografie gleichermaßen verpflichtet ist, zählt neben → Gelpke, → Müller-Pohle, → Riebesehl u.a. zu den international bekanntesten deutschen Primärfotografen.

Lit. B. J., Die umgekehrten Bilder – Fotografie. Ausstellungskatalog Kunsthalle Düsseldorf. 1980

Job, Charles (* 1853 London, † 1930 London) Er machte seine ersten fotografischen Versuche mit 17 Jahren (Naßplatten-Verfahren); 1880 Mitglied des Londoner »Camera Clubs«. In seinen späteren »pastoralen Landschaften« wurde er entscheidend von → Keighley beeinflußt. 1893 Mitglied der Royal Photographic Society (RPS); 1900 Mitglied im »Linked Ring«. Er gilt neben Horsley Hinton und später Mark Oliver Dell als einer der Mitbegründer der pictorialen englischen Landschaftsfotografie; er bevorzugte bis weit in die 20er Jahre hinein die Technik des Kohledrucks. 1929 wurde er zum Ehrenmitglied der RPS ernannt.

Lit. Ch. J. In: Pictorial Photography in Britain 1900–1920. Ausstellungskatalog Royal Photographic Society. London 1978

Johnston, Frances Benjamin (* 1864 Grafton/West Virginia, † 1952 New Orleans) 1883–85 studierte sie Malerei an der Académie Julian in Paris. 1886 Rückkehr in die Staaten, wo sie in Washington bei Thomas William Smilie eine Ausbildung als Fotografin erhielt. 1890 gründete sie ein Porträtstudio (Prominentenporträts); zugleich Beschäftigung mit der Architekturfotografie (auch als Interieur). 1892 Publikation einer Bildreportage über die soziale Situation der Bergarbeiter in Pennsylvania. Ab 1894 Bilddokumentation über das Erziehungssystem und die Ausbildungsmethoden u.a. in Westpoint, Hampton und Washington. 1900 Bekanntschaft mit → Riis, der wie sie für die sozialkritische Fotoreportage zur Aufdeckung gesellschaftlicher Mißstände eintrat. Im selben Jahre beauftragte man sie mit einer Bildserie für die Weltausstellung in Paris. 1945 wurde sie wegen ihrer freien Architekturstudien zum Ehrenmitglied des American Institute of Architects ernannt. Sie war bis zu ihrem Tod als Fotografin aktiv (→ Cunningham).

Lit. F. B. J. A Talent for Detail. The Photography of Miss F. B. J., 1889–1910. New York 1974

Josephson, Kenneth (* 1932 Detroit) Studium am Rochester Institute of

Bernd Jansen *»Gebrochene Betrachtung New York 1979, Empire State Building«*

Technology, wo er 1957 mit der Graduierung abschloß. 1957–60 Studium am Institute of Design des Illinois Institute of Technology in Chicago. Seit 1961 unterrichtet er als Professor an der Art School of the Art Institute of Chicago. J. fotografiert seit 1956. Wie → Mulas, → Ritterbusch und z.T. auch → Katase geht es ihm um die Darstellung von fotografieimmanenten Problemen. Beispielsweise in seiner 1963 begonnenen und bis heute fortgesetzten »Bild-im-Bild-Serie« konfrontiert er den Betrachter mit dem Phänomen der Realität des Bildes »an sich«, die definiert und verändert wird durch eine zweite, infigierte Bildrealität, die gemeinsam reproduziert zu einer dritten führt. Daß dieses Problem historische Implikationen beinhaltet, wird durch seine Serie »History of Photography« deutlich. J.s Arbeiten werden der Konzeptfotografie zugerechnet.

Lit. K. J., Die Illusion der Bilder. Ausstellungskatalog PPS-Galerie. Hamburg 1978

Käsebier, Gertrude (* 1852 Des Moines/Iowa, † 1934 New York) Sie gewann anläßlich eines Wettbewerbs eine Kamera und begann 1886 als Amateurin zu fotografieren; lernte → Stieglitz kennen, der ihre Arbeiten in »Camera Work« publizierte und mit dem sie 1902 die »Photo-Secession« gründete. Im selben Jahr wurde sie erstes weibliches Mitglied der kunstfotografisch orientierten »Linked Ring«-Gruppe. 1910 Bruch mit Stieglitz und 1913 Gründung der »Pictorial Photographers«. Zusammenarbeit mit Clarence H. → White und → Coburn. Neben den Porträts berühmter Männer und Frauen (häufig auch als Mutter/Kind-Allegorie) und den Fotoarrangements nach alten Gemälden verdienen ihre Bildserien von nordamerikanischen Indianern hervorgehoben zu werden (→ Curtis).

Lit. G. K. In: A. Tucker, The Woman's Eye. New York 1973

Kage, Manfred (* 1935 Delitzsch) Studierte nach seiner Ausbildung zum Chemiker ab 1955 Malerei und Philosophie u.a. in Wiesbaden. Ab 1959 als wissenschaftlicher Fotograf und Kristallograf tätig. 1969/70 Gründung des Instituts für wissenschaftliche Fotografie und Kinematographie in Winnenden. 1972 Verlegung des Instituts nach Schloß Weißenstein. 1975/76 Gründung der Galerie »Edition Visuell« und Aufbau einer Sammlung historischer chemischer Geräte. K. beschäftigt sich seit Anfang der 60er Jahre mit der Mikro- und Makrofotografie (Farbe); zugleich Forschungsprozesse u.a. an Kristallwachstumsabläufen in polarisiertem Licht; Organisation und Durchführung von Multiprojektionen; Konstruktion von Kaleidoskopprojektoren; Entwicklung und Bau von polychromatischen und kinetischen Kristallprojektoren (→ Brill, → Cordier, → Vishniac). K. zählt im Bereich der angewandten wissenschaftlichen Fotografie (auch Fotodesign) zu den bedeutendsten Lichtbildnern der Gegenwart.

Lit. M. K., Kunstformen der Technik. Stuttgart/Eßlingen 1978

Kallmus, Dora (gen. Madame d'Ora; * 1881 Wien, † 1963 Paris) Erhielt ihre fotografische Ausbildung in Berlin im Atelier von → Perscheid, mit dessen Assistent Arthur Benda sie 1907 in Wien ein eigenes Porträtstudio gründete (später Atelier Benda-d'Ora). Die in dieser Zeit entstandenen Fotobildnisse stehen eher in der Tradition der impressionistischen künstlerischen Fotografie → Kühns als in der klaren und zugleich etwas feierlichen Perscheids. 1924 Übersiedlung nach Paris, wo sie, wie schon in Wien, zu einer beliebten Porträtistin des Bürgertums avancierte.

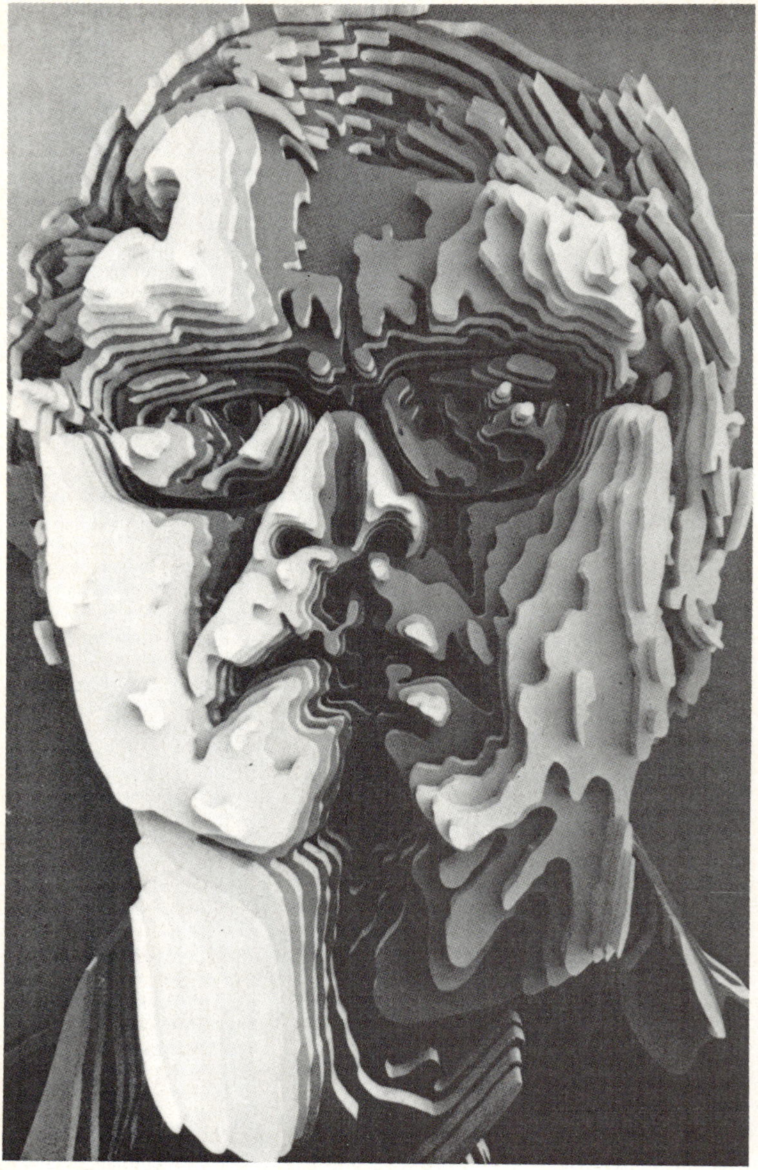

Klaus Kammerichs *»Selbstportrait ohne Bart II«, 1971*

Bei Ausbruch des Zweiten Weltkrieges Flucht in ein Kloster. 1946 Wiedereröffnung eines Fotoateliers. Konzentrierung auf Künstlerporträts; zugleich entstanden auch, wie → Kempe schrieb, »in den Abattoires [Schlachthöfen] Bilder des Grauens«. Ihr fotografischer Nachlaß wurde von Willem Grütter der Hamburger Sammlung zur Geschichte der Fotografie gestiftet.

Lit. D. K. In: Photographie zwischen Daguerreotypie und Kunstphotographie. Bearbeitet von F. Kempe. Museum für Kunst und Gewerbe. Hamburg 1977

Kammerichs, Klaus (* 1933 Iser- *
lohn) Absolvierte 1948–51 eine Fo-

Klaus Kammerichs »*Wasserhahn*«, *1972*

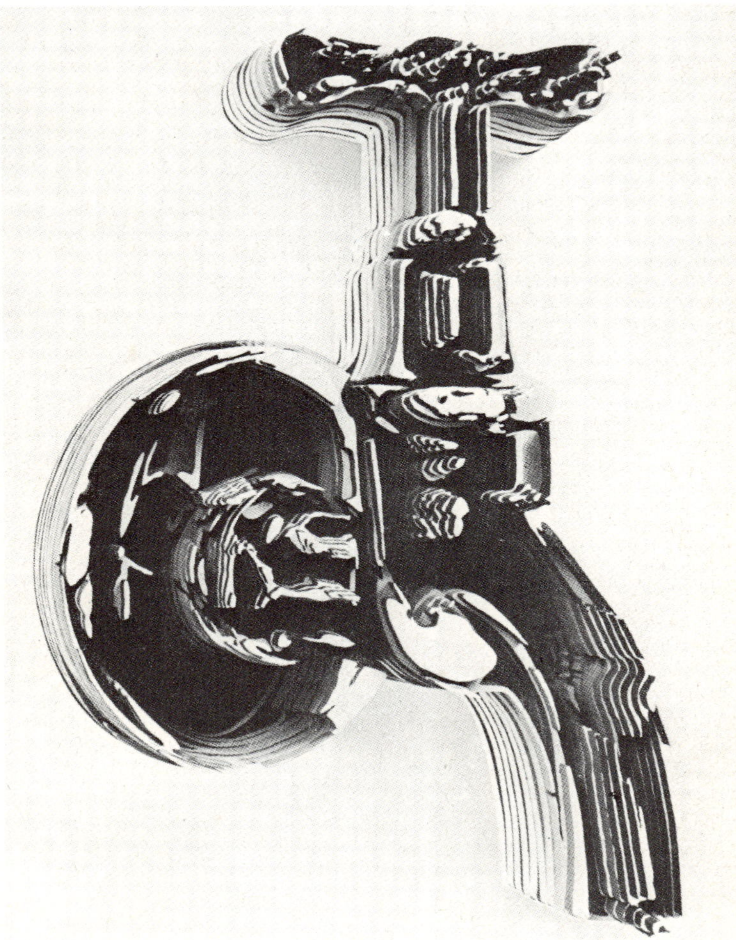

tografenlehre; war anschließend als Bildjournalist für verschiedene Zeitungen und Verlage tätig (auch als Industriefotograf) und studierte 1954–56 an der Werkkunstschule Düsseldorf; 1956–59 Studium an der Staatlichen Kunstakademie Düsseldorf. Bis 1961 war K. vorwiegend in der Werbung tätig; 1962 erhielt er einen Lehrauftrag für Fotografie an der Werkkunstschule Düsseldorf; ab 1966 Dozent für Visuelle Kommunikation an der Fachhochschule; dort 1973 Ernennung zum Professor im Fachbereich Design. In seinen seit 1967 entstehenden »Photoskulpturen« deutet K. auf die in einem zweidimensionalen Foto liegende Potenz zur Räumlichkeit, zur Dreidimensionalität: Das Einzelbild wird über mehrere Stufen der Tontrennung (Grauauszüge von extrem hell bis extrem dunkel) in seinen Details auf eine Vielzahl von Polystyrol-Hartschaumplatten übertragen (eingefärbt in den entsprechenden Grauwerten) und übereinander geschichtet, so daß in der Gesamtheit ein dem Ausgangsfoto entsprechendes Relief entsteht.

Lit. K. K. Photoskulpturen – Zeichnungen. Ausstellungskatalog Kunstverein für die Rheinlande und Westfalen. Düsseldorf 1975

Kane, Art (* 1925 New York) Absolvierte ein Studium an der Cooper Union School in New York; Ausbildung zum Fotografen bei Alexey Brodovitch, der ihm seine ersten Aufträge für »Harper's Bazaar« und »Vogue« vermittelte. K., der darüber hinaus als Fotograf für Magazine wie »Life«, »Look« und »Mac Call's« tätig war, schrieb zu Beginn seiner steilen Karriere auch Textbeiträge und Leitartikel für »Esquire«, »Sports Illustrated« und »Saturday Evening Post«. 1969 drehte er anläßlich der Weltausstellung in Montreal (1970) den Film »A Time to Play«. K.s fotografisches Betätigungsfeld reicht von der surrealistischen Modeaufnahme, der Milieustudie und dem Sportbericht über die Foto-Grafik und Experimentalfotografie bis hin zur Porträt-, Akt- und Landschaftsaufnahme. Er dürfte einer der meistbeschäftigten und bestbezahlten Fotografen der Gegenwart sein.

Lit. A. K., The Persuasive Image. Los Angeles 1975

Karsh, Yousuf (* 1908 Mardin/Armenien) Kam 1924 nach Kanada. 1927–30 in Boston bei John H. Garo Ausbildung zum Fotografen; Übersiedlung nach Ottawa und dort Eröffnung eines Porträtstudios 1932. Bekannt wurde K., der sich schon früh auf die Ablichtung berühmter Persönlichkeiten spezialisiert hatte, durch ein Porträt von Winston Churchill, das 1941 als Titelblatt von »Life« erschien. Seine in den darauffolgenden Jahren entstandenen Bildnisse (u.a. von Ernest Hemingway, Martha Graham, Anna Magnani) bestätigten ihn als einen der überragenden Porträtisten der Gegenwart. K. unterrichtet als Professor u.a. an der School of Fine Arts der Ohio University in Athen und am Emerson College in Boston. 1970 ernannte ihn die Professional Photographers Association zum »Master of Photographic Arts«. Viele seine Porträts dienten auch als Vorlage für Briefmarkenentwürfe.

Lit. Y. K., Faces of Destiny. New York/London 1946

Katase, Kazuo (* 1947 Shizuoka/Japan) Studierte 1967–68 Malerei an der Suidbashi Art School; Fortsetzung des Studiums 1968–69 am Institute of Form and European Painting. 1975 Arbeit als Gast der Druckwerkstatt der Städtischen Galerie in Wolfsburg. Ab 1976 Studium bei → Neusüss an der Gesamthochschule Kassel. Seit 1977 »Foto-Performances« und Ausstellungen in in- und ausländischen Galerien. K. geht es bei seinen konzeptuellen

Kazuo Katase *»Hand und Blatt«, 1976*

Arbeiten um die Sichtbarmachung der verschiedenen Realitätsebenen: der gegebenen, der gemachten, der gedachten. Seine z.T. aus Reproduktionen und Collagen bestehenden Lichtbilder (in die bisweilen auch plastische Gegenstände eingefügt sind), seine räumlichen Fotoinstallationen weisen zudem ein deutlich phantastisches Moment auf.

Lit. K. K., Seh-Schule. Ausstellungskatalog Kunstverein Kassel. 1978

Kawada, Kikuji (*1933 Ibaraki/Japan) Studierte Sozialkunde und Volkswirtschaft an der Rikkio-Universität. Beschäftigte sich in seiner Freizeit mit der Fotografie. War 1955–56 für das Magazin »Shinchosha« tätig. Seit 1959 Konzentrierung auf die künstlerisch ausgerichtete Primärfotografie; neben → Hosoe, → Ikko u.a. Gründungsmitglied der Gruppe »VIVO«. Ab 1963 entstehen die Bildfolgen zu »Nippon-Epoch«, »Nippon Memorials« und »Nippon Town«, in denen er eine Art fotografischen Zustandsbericht über sein Land versucht. Mit seinen oft dramatischen Situationsschilderungen, seinen skurrilen Figurenarrangements (wie in »Sacré Atavism«, die an → Fontcuberta denken lassen) und seinen unkonventionellen Porträts nimmt er innerhalb der modernen japanischen Fotografie eine Sonderstellung ein.

Lit. K. K., Sacré Atavism. Tokio 1971

Kayser, Alex (*1949 Zürich) Besuchte 1966–67 die Kunstschule in Zürich; ging 1967–69 bei Hugo Jaeggi in die Fotografenlehre und studierte ab 1971 bei → Steinert an der Essener Folkwang-Schule; dort Bekanntschaft mit → Gelpke und Milan Horacek. Reisen nach Afrika und Amerika; Fotoserien/Fotoprozesse. 1972 erhielt er den »Grand Prix de la ville de Romainville«. 1973 umfangreiche Serie »Autoportraits«, die im Musée de l'Art Moderne in Paris ausgestellt wurden. Er zählt zu den bekanntesten Schweizer Avantgarde-Fotografen (→ Lüthi). Seine intuitiv entstehenden Fotosequenzen (oft als Konterkopie) thematisieren die Veränderung des Raumes und der Atmosphäre durch die Körperfiguration des Menschen. Seit 1976 Video-Tapes und großformatige Fotoleinwände; außerdem Fotoworkshops und Race-Performances.

Lit. A. K. In: Sammelkatalog Galerie Lichttropfen. Aachen 1977

Keetman, Peter (*1916 Wuppertal-Elberfeld) Besuchte 1935–37 die Bayerische Staatslehranstalt für Photographie. Assistierte in Duisburg 1937–38 im Atelier von Gertrud Hesse. Rückkehr nach München 1947 in die Meisterklasse der Staatslehranstalt; anschließend Meisterkurs bei Adolf Lazi in Stuttgart. 1949 Zusammentreffen mit → Steinert und gemeinsam mit Wolfgang Reisewitz, Siegfried Lauterwasser u.a. Gründung der Gruppe »fotoform«, die die »subjektive Fotografie« propagierte. Seine eigenwilligen, formal überzeugend komponierten Lichtbilder (Bevorzugung der »Objektausschnitte« auch bei seinen Werbefotografien) offenbaren eine Nähe zur Fotografie der Neuen Sachlichkeit (→ Umbo, → Henri, → Finsler).

Lit. P. K. In: GDL 1919–1969. Eine Dokumentation. Essen/Werden 1969

Keighley, Alex (*1861 Keighley/Yorkshire, †1947) Studierte 1877 bis 80 am Royal College of Science in South Kensington. Versuchte sich autodidaktisch als Zeichner, Maler und Fotograf. Begann 1883 zu fotografieren; experimentierte u.a. mit Platin- und Kohledrucken; 1887 trat er mit einer Serie von zwölf Landschaftsstudien an die Öffentlichkeit. 1892, kurz nach der Gründung des »Linked Ring«, wurde er eines der ersten ordentlichen Mitglieder. 1910 Mitglied der Royal Photographic Society. Eine Reihe von Einzelausstellungen u.a. in Wien (1912) und München (1913) ließen sein Werk im Ausland zunächst bekannter werden als in England (der größte Teil seiner Arbeiten befindet sich auch heute noch in Sammlungen außerhalb Englands). 1943 wurde er mit einer großen Retrospektivausstellung in der Bradford Art Gallery geehrt. Bedeutsam für den Pictorialismus in England bleiben seine inszenierten, symbolistisch anmutenden »Landschaftsphantasien«.

Lit. A. K. In: Pictorial Photography in Britain 1900–1920. Ausstellungskatalog der Royal Photographic Society. London 1978

Kempe, Fritz (*1909 Greifswald) Erlernte das Fotografenhandwerk im Atelier seines Vaters; eröffnete noch vor Ausbruch des Zweiten Weltkrieges in Berlin ein eigenes Atelier für Industrie- und Werbefotografie. Arbeitete nach 1945 bei einer Wohlfahrtsorganisation; daneben als Schriftsteller und Porträtfotograf tätig. 1949 Berufung als Direktor an die Staatliche Landesbildstelle in Hamburg; Beginn der Bildnisserie »Hamburger Persönlichkeiten« (u.a. Hans Erich Nossack, Paul Wunderlich und Johann Köser). Ehrenmitglied der Gesellschaft Deutscher Lichtbildner (GDL). 1974 Verleihung der David-Octavius-Hill-Medaille. Sein Hauptarbeitsgebiet bis heute: fototheoretische und -essayistische Werke und Porträts deutscher Künstler, Literaten und Fotografen (bevorzugt s/w).

Lit. F. K. Ausstellungskatalog Galerie Spectrum. Hannover 1975

Kepes, Gyorgy (*1906 Selyp/Ungarn) Besuchte 1924–29 die Kunstakademie in Budapest; Bekanntschaft mit → Moholy-Nagy, auf dessen Anregung er 1930 seine ersten Film- und Fotoexperimente unternahm. 1931 Reisen durch Deutschland, nach Berlin; Zusammenarbeit mit Moholy-Nagy. 1932 Rückkehr nach Ungarn. 1934 Reise nach Berlin; von dort 1937 über London nach New York; Dozentur am New Bauhaus; Übernahme des »Light-Department«. In dieser Zeit entstanden seine skurrilen Fotospiegelungen (→ Hausmann), Fotogramme und -collagen. 1945 Berufung an das Massachusetts Institute of Technology. Beschäftigung mit der wissenschaftlichen Fotografie. 1967 Leiter des Center for Advanced Visual Studies. Neben Moholy-Nagy und → Bayer gilt er als einer der Wegbereiter der »Neuen Fotografie« in Amerika.

Lit. G. K., Education of Vision. New York 1965

Kertész, André (*1894 Budapest) Studierte an der Wirtschaftshochschule in Budapest. Begann als Autodidakt zu fotografieren. Während des Ersten Weltkrieges Bilddokumente von der Front und aus der Etappe. 1917 erste Publikationen. 1925 Übersiedlung nach Paris; Bekannschaft u.a. mit → Outerbridge, → Ray, Paul Dermée und den Surrealisten um André Breton. Aufträge für renommierte Magazine und Zeitschriften wie die »Berliner Illustrirte« und die »London Times«. Freundschaft mit → Brassaï. Arbeitet 1928 hauptsächlich für »Vue«. 1929 erwirbt die Berliner Kunstbibliothek eine Serie seiner Fotos. 1936 Übersiedlung nach New York und 1937–49 für »Harper's Bazaar«, »Vogue«, »Look« u.a. tätig. 1949–62 Exklusivvertrag mit dem Verlag Condé-Nast. Seine immer durch klare Komposition bestechenden Lichtbilder (besonders im Stilleben) stehen der Neuen Sachlichkeit und dem Symbolismus nahe; seine experimentellen Aktfotografien (perspektivische Spiegelverzerrungen) könnten auf → Brandt, seine kontrastreichen Objekt- und Figuren-Konstellationen auf → Gibson gewirkt haben.

Lit. A. K. Fotografien 1914–1972. Ausstellungskatalog Städtisches Museum/Schloß Morsbroich. Leverkusen 1977

Kesting, Edmund (*1892 Dresden, †1970 Berlin) Studierte 1911–16 an der Akademie der Künste in Dresden; erste Versuche mit der Fotografie um 1917 (Umdrucktechniken). Ab 1918 Meisterschüler bei Richard Müller. 1919 Gründung der Kunstschule »Der Weg« in Dresden. 1923 Einzelausstellung in der Galerie »Der Sturm«. 1930 weitere fotografische Versuche, erste Porträts und Stilleben. Ab 1933 kamen die an → Morgan erinnernden fotografischen Tanzstudien und Halbporträts (Mehrfachbelichtung, Sandwich-Tech-

Erika Kiffl *Aus der Serie: »Der Raum als Persönlichkeit«, 1979*

nik) zustande. 1946 in Berlin Ernennung zum Professor.

Lit. E. K., Ein Maler sieht durchs Objektiv. Halle 1958

* **Kiffl,** Erika (*1939 Karlsbad) Lebt seit 1951 in Düsseldorf, wo sie nach ihrer Ausbildung an der Fachhochschule Krefeld (freie Grafik), Gebrauchsgrafik und Fotografie bei Walter Breker an der Kunstakademie studierte. Sie arbeitete danach als Fotografin und Fotolaborantin, wurde Art-Direktorin einer Modezeitschrift und begann um 1976 mit ihrem großangelegten Fotozyklus »Künstler in ihrem Atelier«, der 1979 als Buch erschien. Seit Mitte 1978 arbeitet sie an der fotografischen Darstellung des Themas »Der Raum als Persönlichkeit«. Ihre dokumentarischen und zugleich subjektivistischen s/w-Aufnahmen stehen den Prinzipien der »Neuen Fotografie« und den visuellen Experimenten eines → Kertész nahe.

Lit. E. K. In: ZOOM, Nr. 3. München 1980

Kitai, Kazuo (*1944 Tokio?) Studierte bis 1962 am Institut für Fotografie der Nihon Universität. War danach für mehrere japanische Zeitschriften tätig und erhielt für seine zumeist sozialkritischen Fotozyklen 1972 den Nachwuchspreis der Fotografischen Gesellschaft Japans. Ab 1974 publizierte er kontinuierlich Bilder aus der Serie »Japanese Village« in der Zeitschrift »Asahi Camera«, für die er 1976 mit dem angesehenen »Ihei Kumura Price« ausgezeichnet wurde. Zahlreiche Buchveröffentlichungen seit 1965 bestätigen ihn als einen der kritischsten japanischen Gegenwartsfotografen. Er wurde international vor allem durch seine Fotoserien des japanischen Familienlebens und durch die Fotodokumentation über die Wohnbedingungen des japanischen Mittelstandes bekannt.

Lit. K. K., Watsashibune. o.O. 1977

Klauke, Jürgen (* 1943 Kliding/Cochem) Bis einschließlich 1965 Studium der freien Grafik an der Fachhochschule für Kunst und Design in Köln. 1970 Notierung der täglichen Ereignisse in Tagebuchform und mit Fotos; erste Einzelausstellung im Kölner »Studio 69«. 1971–76 Lehrauftrag an der Fachhochschule für Kunst und Design in Köln. Ab 1972 »Intim-Performances« und Fotosequenzen, in denen er kritische Distanz zu Pornographie, Bigotterie und widersinnigen gesellschaftlichen Dogmen bezieht, so z.B. in »Die Kunst zu leben«. »Ich und Ich, masculin-feminin« und »Philosophie der Sekunde«. Er gehört zu der Reihe von Künstlern, die, wie → Rinke, → Lüthi, → Blume und z.T. auch → Boltanski, die Fotografie in erster Linie als Notierungsmittel ihrer Performances bzw. Körper- und Ideendemonstrationen einsetzen (→ LeGac, → Messager).

Lit. J. K. Sequenzen. Ausstellungskatalog Kunstverein Hamburg. 1977

Klein, William (* 1928 New York) Studierte bis 1948 Sozialwissenschaften am New Yorker City College, danach Übersiedlung nach Paris; Studium an der Sorbonne; Arbeit als Assistent im Atelier von Fernand Léger. Ab 1954 autodidaktische Beschäftigung mit der Fotografie; Freundschaft mit Louis Malle, an dessen Film »Zazie dans le Métro« er als künstlerischer Berater mitwirkt. 1956 erschien sein Fotobildband »New York«, der ihn als äußerst scharfsichtigen, das Malerisch-symbolische (Retuschiertechnik) und das Formal-grafische bewußt als Stilelement einsetzenden Fotografen ausweist. Ab 1957 ist er regelmäßig als Bildjournalist tätig; daneben entstanden u.a. auch Modeaufnahmen für »Vogue« (deren Art-Direktor er wurde) und freie Porträts. Darüber hinaus wirkte er als Regisseur und künstlerischer Leiter der Filme »How to kill a Cadillac« und »Cassius the Great«. 1964 wurde durch seine Bildbände über Tokio und Moskau erneut der außergewöhnliche Rang seiner in der Tradition der »Subjetiven Fotografie« stehenden Fotoarbeiten deutlich.

Lit. W. K., Moskau. Mit einem Vorwort von H. Heißenbüttel. Hamburg 1965

Klemm, Barbara (* 1939 Münster) * Bekam bereits mit 19 Jahren, nach Abschluß einer Fotolehre in Karlsruhe, 1959 eine Anstellung bei der »Frankfurter Allgemeinen Zeitung«. Ihre frühen Bildberichte, vor allem aus dem Inland, ließen sie schnell zu einer der gefragtesten Bildjournalistinnen werden. In ihrer außergewöhnlichen Vielseitigkeit (in ihrem Œuvre kommen Porträts und sozialkritische Reportagen ebenso häufig vor wie Interieurs und Landschaften) wurde sie 1970 Redaktionsfotografin der »FAZ«. 1976 erste Übersichtsausstellung in Hamburg. Ihre subtilen Momentstudien deutscher und ausländischer Politiker (im Auftrag der »FAZ«) lassen sich in der Qualität und der Art der Situationserfassung mit den Arbeiten von → Lebeck und → Ruetz vergleichen.

Lit. B. K., Photographien. Ausstellungskatalog Museum für Kunst und Gewerbe. Hamburg 1976

Koch, Heinrich (* 1896 Uherské Hradiste/Brünn, † 1934 Prag) Studierte

Barbara Klemm *»Brandt-Breschnew-Treffen in Bonn 1973«*

Barbara Klemm *»Siniavski – russischer Emigrant«, 1977*

bis 1917 Kunstgeschichte und Jura in Wien; ab 1918 Studium der Bildhauerei an der dortigen Kunstakademie. Übersiedlung nach Dessau, wo er mit dem Studium am Bauhaus beginnt, u.a. bei Oskar Schlemmer und Wassily

Kandinsky. Freundschaftliche Kontakte zu → Moholy-Nagy, der ihm die Fotografie nahebringt. 1930 Fortsetzung des Studiums bei → Finsler an der Kunstgewerbeschule in Halle, dessen Dozentur ihm später übertragen wird. 1933 Rückkehr nach Prag; Anstellung als Fotograf am Prager Nationalmuseum. Neben reinen Sachaufnahmen entstanden vorwiegend Struktur- und Kompositionsstudien, die deutlich an Finsler und bisweilen an → Umbo erinnern. Unter den tschechischen Fotografen galt er während der 30er Jahre als einer der prominentesten Vertreter der Neuen Sachlichkeit.

Lit. H. K. Ausstellungskatalog Kunstgewerbemuseum. Prag 1934

Kosuth, Joseph (* 1945 Toledo/Ohio) Studierte 1955–62 an der Toledo Museum School of Design, 1963–64 am Cleveland Art Institute, 1965–67 an der School of Visual Arts in New York, wo er 1968 eine Dozentur erhielt. 1969 Gründung des Lannis Museum of Normal Art; Kontakte zu »Art & Language«. 1971 anthropologische und philosophische Studien an der New School for Social Research. 1975 mit ehemaligen »A & L«-Mitgliedern Herausgabe der Zeitschrift »The Fox«. K. setzt in seinen analytisch-konzeptuellen Werken die Fotografie als nebengeordnetes Mittel ein (→ Klauke, → Rinke, → Nannucci): Das Foto eines Objektes (z.B. ein Stuhl in »One and Three Chairs«, 1965) ist links neben diesem realen Objekt an die Wand geheftet, rechts neben dem Objekt ist eine verbale (lexikalische) Definition desselben (Foto des Textes) angebracht; die Rezeption geschieht notwendigerweise trilateral (→ Paolini, → Souza).

Lit. J. K. Ausstellungskatalog Kunsthalle Bremen. 1976

Koudelka, Josef (* 1938 Boscovice/CSSR) Studierte bis 1965 Flugtechnik an der Technischen Hochschule in Prag. Entschloß sich auf Anraten seines Freundes Jiří Janicek, Berufsfotograf zu werden. Erste Aufnahmen entstanden 1960. Von 1962–70 fotografierte er hauptsächlich im Divadlo Theater; zugleich aber auch Arbeit an Bildessays über die tschechische Landbevölkerung und Zigeuner. 1964 Mitglied der tschechischen Künstler-Union; Fotograf des Monatsmagazins »Theater«. Ausstellungen seiner Lichtbilder seit 1969 auch im westlichen Ausland. 1970 Übersiedlung nach England; Verleihung des »Robert-Capa-Preis«; Freundschaft mit → Cartier-Bresson, der ihn 1971 zu »Magnum« holte. K.s überzeugendste Leistungen sind seine Bildserien (seit 1961) über die Zigeuner in West- und Osteuropa. Publikationen u.a. in »Look«, »Epoca« und »Sunday Times Magazine«. Er dürfte einer der bekanntesten tschechischen Bildjournalisten der Gegenwart sein.

Lit. J. K. Gitans, La fin du voyage. Paris 1975

Krims, Les (* 1943 New York) Studierte bis 1963 an der New York City Public School; anschließendes Studium an der Cooper Union School of Art and Architecture in New York. 1967–69 fotografischer Berater am Rochester Institute of Technology. Seit 1969 Lehrtätigkeit an der State University of New York in Buffalo. Neben vorwiegend s/w-Fotografien entstanden ab 1974 die ersten Polaroids. Deutliche Beeinflussung seines fotografischen Sehens durch den amerikanischen Film. K. arrangiert oft brutal und dramatisch wirkende, aber offensichtlich der amerikanischen Gegenwart (wie in »The Little People of America« und »Mom's Snaps«) entsprechende Bildgeschichten (auch Einzelbilder). Sein Einfluß auf → Nooijer und → Lüthi ist unverkennbar (»shocking photography«).

Lit. L. K., Fictcryptokrimsographs. New York 1975

Hermann Krone

Kristoffersen, Oyvind (* 1941 Kristiansand/Norwegen) Erhielt eine Ausbildung zum Diplom-Fotografen; Studium der Fotografie und Grafik an einer Kunstfachschule in Schweden. Seit 1970 Dozent im Fach Fotografie an der Fotoschule in Trondheim. 1975 Gewährung eines staatlichen Kunststipendiums. In seinen ab 1976 entstehenden Fotografiken setzt er sich bevorzugt mit dem Problem der Kombination von Materialstrukturen und Körperformen auseinander (Doppelbelichtung, Retusche, Sandwichtechnik). K. benutzt häufig, ähnlich wie → Haskins, den Körper bzw. den Hintergrund als Projektionsfläche (»Illusionsfotografie«), so daß Körper und Projektion zu einer neuen, surrealen Einheit verschmelzen. Seine zahlreichen Ausstellungen im In- und Ausland (z.B. photokina, Köln 1976) machten ihn zu einem der prominentesten kreativen Fotografen in Norwegen.

Lit. O. K. In: H. Schöttle (Hrsg.) dumont foto 1. Köln 1978

Krone, Hermann (* 1827 Breslau, † 1916 Laubegast) Beschäftigte sich während seiner Jugend autodidaktisch mit der Fotografie, 1843 baute er sich selbst eine Kamera. 1844 Bau einer großformatigen Kamera nach seinen Angaben durch einen Tischler. 1848 Daguerreotypien einer Sternschnuppe durch das Fernrohr der Breslauer Sternwarte. 1851 Eröffnung eines Ateliers in Leipzig. 1853 Verlegung des Ateliers nach Dresden, von wo aus er seine Fotoreisen in die Sächsische Schweiz (Landschaftsfotos, 142 Städtebilder) unternahm; zugleich Beginn seiner Lehrtätigkeit. 1855 Umbau einer Kutsche zum »Labor-Wagen«; Gründung eines Verlages; Reise nach Paris, Zusammentreffen mit → Le Gray. 1870 Ruf als Dozent für Fotografie an das Polytechnikum in Dresden. 1874 Reise zu den Auckland-Inseln (mit seinem Sohn Johannes), Fotodokumentation des Vorübergangs des Planeten Venus vor der Sonne am 9. 10. 1874. 1895 Ernennung zum Professor. K. leistete bis in das hohe Alter nicht nur als Lichtbildner und Lehrer Hervorragendes, sondern auch als Forscher und Experimentator: Momentaufnahmen 1853, Wachspapier-Verfahren um 1855, Aufnahmen mit elektrischem Licht 1879, Farbenfotografie um 1890.

Lit. W. Krone, H. K. und die Entwicklung der Photographie. Essen 1946

Krull, Germaine (* 1897 Wilna Poznan/Polen) Kam nach ihrer Jugendzeit, die sie in Paris verbrachte, 1912 nach München. Besuch der Bayerischen Staatslehranstalt für Photographie 1916–18; eröffnete 1919 ein eigenes Porträtstudio in München und ein Jahr später eines in Berlin; verbrachte zwei Jahre in Holland und ging 1924 nach Paris zurück, wo sie als Mode- und Porträtfotografin arbeitete. 1927 publizierte sie ihr Buch »Métal«. Nach mehreren Reisen durch Europa, bis 1938, emigrierte sie 1939 nach Brasilien. 1940 Übernahme des Fotodienstes von »France Libre«, vier Jahre später Rückkehr nach Frankreich, von wo aus sie 1946 als Kriegsberichterstatterin nach Indochina geschickt wurde. 1965 wanderte sie nach Indien aus; Freundschaft mit dem Dalai Lama; Eröffnung eines Hotels in Bangkok. Neben → Bourke-White und Galina Sankowa zählt sie zu den ersten weiblichen Kriegsberichterstattern der Geschichte. Ihre Arbeiten werden der vom Bauhaus inspirierten »Neuen Fotografie« zugerechnet.

Lit. G. K. Fotografien 1922–1966. Ausstellungskatalog Rheinisches Landesmuseum. Bonn 1977

Kühn, Heinrich (* 1866 Dresden, † 1944 Birgitz/Innsbruck) Wollte zunächst Arzt werden. Studierte Medizin in Innsbruck und begann um 1890 zu fotografieren. Auseinandersetzung mit chemischen, physikalischen und ästhetischen Problemen der Fotografie, über die er in den folgenden Jahrzehnten eine Reihe von Aufsätzen und Büchern verfaßte. 1895 Teilnahme am Londoner Salon; 1896 Mitglied des Wiener »Camera Clubs«; Freundschaft mit → Henneberg und → Watzek; Gründung der Gruppe »Kleeblatt« (Das Trifolium) – gemeinsame Experimente mit dem von → Demachy entwickelten Gummidruck-Verfahren. 1901 Bekanntschaft mit → Steichen und → Käsebier, deren Stil er beeinflußte. 1907 Zusammentreffen mit → Eugene, → Stieglitz und Steichen in Igls und Tutzing. Experimente mit dem von den Brüdern Lumière entwickelten Autochrom-Verfahren; Entwicklung eines speziellen Porträtobjektivs. 1912 Eröffnung einer eigenen Fotoschule; 1920 Übersiedlung nach Birgitz; 1937 Verleihung der Ehrendoktorwürde durch die Universität Innsbruck. Seine zunächst in s/w und später wiederholt auch in Farbe (Lumière-Autochrome) entstandenen Porträt-, Stilleben-, Architektur- und Landschaftsstudien wie auch seine essayistischen und wissenschaftlichen Abhandlungen zur Lichtbildnerei dürfen als einer der bedeutendsten Beiträge zur Fotokunst angesehen werden. Er gilt mit seinen der Malerei des Impressionismus nahestehenden Bildwerken als der Begründer der »Kunstfotografie«: der ersten fotografischen Stilrichtung, die sich international etablieren konnte.

Lit. P. Weiermair, H. K. Innsbruck 1978

Kuppel, Edmund (* 1947 Blumenfeld) Studierte 1966–70 an der Akademie der Bildenden Künste in Karlsruhe; bis 1973 Anschlußstudium der Kunstgeschichte an der Universität. Seit 1970 Umgang mit dem Medium Fotografie. 1974 und 1975 Paris-Stipendium des Deutschen Akademischen Austausch-Dienstes und des Deutsch-Französischen Jugendwerks. In seinen konzeptuellen Fotoserien ist K. mit der Darstellung des Phänomens »Bild im Bild« befaßt: Ein von der Kamera aus in das Bild hineinragender

Spiegel bildet den Fotografierenden und das Fotografierte gleichermaßen ab. Die »Handschrift« des Fotos ergibt sich durch die visuelle Gegenwart des Fotografen (Aufhebung der fotografischen Anonymität).

Lit. E. K. Analytische Fotografie. Ausstellungskatalog Badischer Kunstverein. Karlsruhe 1977

* **Lange,** Dorothea (* 1895 Hoboken/New Jersey, † 1965 San Francisco) Studierte 1914–17 Pädagogik in New York; auf Anregung → Genthes entschloß sie sich zu einem Fotografiestudium bei Clarence H. → White an der Columbia University. 1919 eröffnete sie ein eigenes Porträtstudio und wurde 1935–42 unter der Leitung von Roy E. Stryker für die Farm Security Administration tätig, für die u. a. auch → Rothstein und → Lee arbeiteten. Ab 1943 Aufträge für das Office of War Information. Ab 1953 gemeinsame Tätigkeit mit → Adams für »Life«. Ausgedehnte Reisen nach Asien, Ägypten, Südamerika und dem Vorderen Orient; ihre Fotodokumentationen bestätigten sie neben → Bourke-White, → Krull und → Model als eine der bedeutendsten Bildjournalistinnen. Einflüsse der Neuen Sachlichkeit sind unverkennbar. Zu ihren wichtigsten Arbeiten zählen die Bildessays »Death of a Valley« und »On Security«. Ihr früherer Schüler und Assistent → Gibson gilt heute als der wohl bekannteste Primärfotograf Amerikas.

Lit. D. L. Katalog Museum of Modern Art. Vorwort von G. P. Elliott. New York 1966

Lartigue, Jacques-Henri (* 1894 Courbevoie/Frankreich) Fotografiert seit seinem 7. Lebensjahr. Erste Versuche mit einer Filmkamera 1912. Studium an der Académie Julian in Paris (1915) bei Jean-Paul Laurens. 1916–18 Soldat. 1919–39 hauptsächlich als Maler tätig; verkehrte in den Pariser Künstlerkreisen. 1952–65 Fotografien während der Filmarbeiten von Jean Renoir, Robert Bresson, François Truffaut u.a. L. praktizierte die Fotografie neben seiner Filmarbeit und Malerei weitestgehend als Hobby. Von hohem künstlerischem Einfühlungsvermögen zeugen seine ersten »Schnappschüsse« aus dem Kreise der Familie, von den Pariser Boulevards und den sportlichen Ereignissen der 30er/40er Jahre. Das Moment der Bewegung, der Bewegungsunschärfe spielt bei seinen Bildern eine dominierende Rolle. L. ist der Lichtbildner, der das »filmische Sehen« für die Fotografie entdeckt hat. Insgesamt existieren von ihm mehr als 200 000 Aufnahmen.

Lit. J.-H. L., Photo-Galerie, Bd. 1. München 1978

Laughlin, Clarence John (* 1905 Lake Charles/Louisiana) Schrieb bis 1934 Gedichte und Erzählungen; beschäftigte sich mit den französischen und belgischen Symbolisten; begann um 1935 zu fotografieren. 1940–41 arbeitete er als Modefotograf für »Vogue«; danach spezialisierte er sich auf Situationsstudien, Architektur, Landschaft, vorgefundene Stilleben (→ Jansen, → Sudre). Dozent für künstlerische Fotografie und viktorianische Architektur in Amerika seit 1948. Seine Lichtbilder erschienen u.a. in »Harper's Bazaar«, »Architectual Review«, »Life« und »DU«. In L.s freien Arbeiten, denen zumeist poetische Titel wie »Die Sprache des Lichtes« oder »Das Haus der Vergänglichkeit« beigegeben sind, erweist sich die Fotografie als grundsätzlich kunstfähiges Medium, das über das Dargestellte hinaus den persönlichen, artifiziellen Zugriff eines »narrativen« und nicht eines bloß dokumentierenden Fotografen erkennen läßt.

Lit. J. C. L., The Personal Eye. Mit einer Einleitung von J. Williams. Millerton 1973

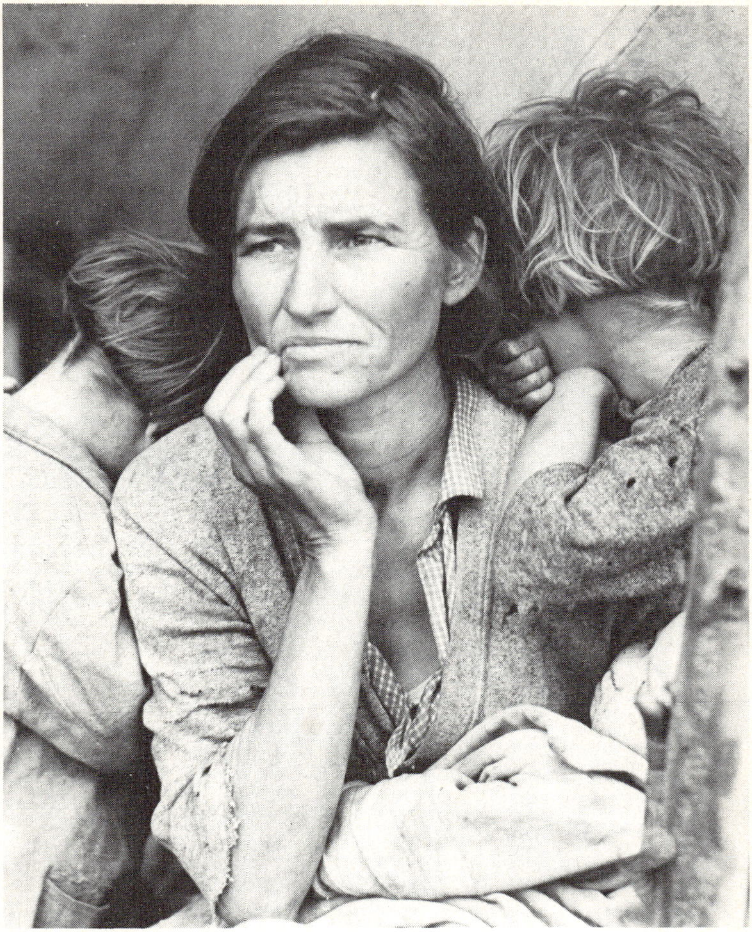

Dorothea Lange

* **Lebeck,** Robert (*1929 Berlin) Begann nach seinem Abitur 1948 in Zürich mit dem Studium der Völkerkunde; 1949–51 Fortsetzung des Studiums in New York an der Columbia University; Versuche mit der bildjournalistischen Fotografie seit 1952. Seine ersten Fotos erschienen in der »Heidelberger Zeitung«. 1955 berief man ihn zum Leiter der Frankfurter Redaktion der »Revue«. 1960 wurde er Fotograf der Zeitschrift »Kristall« (→ Höpker) in Hamburg. 1966 ging er im Auftrag des »stern« für vier Jahre nach New York. Nach seiner Rückkehr 1970 arbeitete er bis 1978 als freier Bildberichterstatter für den »stern«. 1978 wurde er Leiter der Bildredaktion des neugegründeten Magazins »GEO», ab 1979 wieder freier Fotoreporter. Seine Reportagen aus aller Welt bestechen durch die Genauigkeit und Treffsi-

Robert Lebeck *»Der Kongo wird unabhängig, 30. 6. 1960«*

cherheit, mit der Ereignisse und Situationen (oft nur mit einem einzigen Bild) erfaßt sind. Fotografen wie → Gelpke und → Jansen sehen in ihm einen der wichtigsten Vertreter des modernen deutschen Bildjournalismus (→ Bischof, → Haas).

Lit. R. L., Tokio, Moskau, Leopoldville – Reportagefotos aus 3 Erdteilen. Ausstellungskatalog der Staatlichen Landesbildstelle. Hamburg 1962

Le Bègue, René (Daten nicht zu ermitteln) Kam nach einem Kunststudium als Autodidakt zur Fotografie. 1894 organisierte er gemeinsam mit → Demachy, → Puyo und Maurice Bucquet den ersten Salon für Fotografie in Frankreich (Paris). Wie Demachy und → Kühn benutzt auch er die Technik des Gummidrucks (Gummibichromat). Seine Fotografien erscheinen wegen der handschraffierten Hintergründe oftmals wie Grafiken. Sein Hauptthema war die Aktfotografie. 1905 Eröffnung eines Freilichtateliers zusammen mit Paul Gergon. Anläßlich einer Ausstellung in den »Photo-Secession-Galleries« in New York (1906) erwarb → Stieglitz mehrere Arbeiten von Le B. für seine Kollektion. 1910 werden Le B.s Arbeiten in Buffalo als französische Variante des »Pictorialismus« vorgestellt.

Lit. R. Le B. In: Photosammlung Stieglitz aus dem Metropolitan Museum New York. Ausstellungskatalog Museum Ludwig. Köln 1980

Lee, Russell (* 1903 Ottawa/Illinois) Arbeitete bis 1929 als Chemiker. Interessierte sich für Malerei und die europäische Kunst; gemeinsam mit seiner Frau mehrere Reisen u.a. nach Italien und Fankreich. Ab 1931 Kunststudium an der California School of Fine Arts. Begann 1934 mit der Fotografie zu experimentieren; fertigte Fotoserien über das New Yorker Stadtleben an. Arbeitete 1936–42 im Auftrag der Farm Security Administration mit an der Fotodokumentation über das Leben der amerikanischen Landbevölkerung (→ Parks, → Shan, → Evans). 1945 Fotoserie über die Situation der amerikanischen Kohleindustrie. Bildberichte über Ölraffinerien (1955) u.a. aus Texas, Italien und Saudi-Arabien. 1948–61 Fotoworkshops an der University of Missouri. 1965–74 Mitglied des Department of Fine Art der University of Texas.

Lit. F. J. Hurley (Hrsg.), R. L. Photographer. New York 1978

Le Gac, Jean (* 1936 Alès/Frankreich) Nach Kunststudium und Beschäftigung mit der antiken Geschichte 1958 Lehrerdiplom für Zeichnen und plastisches Gestalten an höheren Schulen in Paris. Seit 1968 kontinuierliche »Reisen und Handlungen«, die er durch Fotografien (s/w und Farbe), Postkarten und Textsammlungen dokumentiert. Seine »Cahiers« genannten fotografischen Reisezeugnisse suggerieren abenteuerliche Weltreisen (fiktive Spurensicherung) oder geben vor, Notizen von Orten und Begebenheiten zu sein, die realiter in der von ihm gesetzten Beziehung nicht existent sind. Wie → Bendkowski in seinen analytischen Lichtbildern, so entlarvt auch Le G. das »Foto an sich« als Überbringer falscher bzw. manipulierbarer Informationen.

Lit. J. Le G. Ausstellungskatalog Neue Galerie. Aachen 1977

Le Gray, Gustave (* 1820 Frankreich, † 1882 Kairo) Studierte zusammen mit → Fenton (1841) Malerei bei Paul Delaroche, bevor er sich für die Fotografie interessierte (um 1847). 1848 entschloß er sich, Berufsfotograf zu werden. Sein erster Auftrag war, zusammen mit → Baldus, → Le Secq u.a., eine fotografische Bestandsaufnahme der Baudenkmäler (Architekturen und Skulpturen) in der Touraine anzufertigen (für das Comité des Monuments Historiques). Obgleich er ein Porträtatelier unterhielt, beschäftigte er sich hauptsächlich (ab 1849) mit der Landschaftsfotografie. 1850 entdeckte er das Kollodium als Schichtträger. 1851 stellte er ein verbessertes Kalotypie-Verfahren vor: einen »Wachspapier-Prozeß«, bei dem das Papier vor der Sensibilisierung in Wachs getaucht wurde. 1856 präsentierte Le G. seine »See- und Hafenstücke«, die ihn berühmt machten. Um 1875 Aufgabe der Fotografie; Wiederaufnahme der Malerei; Übersiedlung nach Ägypten, wo er völlig verarmt starb.

Lit. G. Le G. In: A. James und O. Steinert, Die Kalotypie in Frankreich. Essen 1965

Leirens, Charles (* 1888 Gent, † 1963 Brüssel) Fotografierte seit seinem 10. Lebensjahr. 1928 wurde er wegen seiner Verdienste um Kunst und Fotografie zum Generaldirektor des Palais des Beaux-Arts in Brüssel ernannt; 1931 gründete er das Maison des Arts; im selben Jahr Konzentrierung auf die Porträtfotografie, in der er es zu einer Meisterschaft brachte, die bis dahin in Belgien ohne Beispiel war; u.a. porträtierte er Paul Hymans, André Malraux, Jacques Villon, André Gide und Michel de Ghelderode. 1955 Teilnahme an der von → Steichen organisierten Ausstellung »The Family of Man« in New York. L., den man häufig mit → Erfurth verglichen hat, dürfte bis heute der überzeugendste Porträtfotograf seines Landes sein.

Lit. Ch. L., Biographie 1888–1963. Brüssel 1978

Leiss, Francesco Ferruccio (* 1892 Oneglia, † 1968 Venedig) Studierte zunächst (bis 1914) Landwirtschaft und Chemie. Nach kunstfotografischen Versuchen 1925 erste Akt-, Stilleben-, und Objektstudien. 1930 begründete er zusammen mit Guido Pellegrini u.a. den »Mailänder Fotokreis«. Ein Jahr später Übersiedlung nach Venedig, wo er 1940 Mitbegründer eines weiteren Fotozirkels wird. Es entstanden in der Folge hauptsächlich jene venezianischen Stadtansichten (in s/w), die ihn zumindest innerhalb Italiens bekannt machten. 1942 wirkte er an dem Buch »8 italienische Fotografen von heute« mit. Im selben Jahr wurde er Mitglied der einflußreichen Gruppe »Bussole«. 1953 erschien sein größter Bildband

»Immagini di Venezia« mit Texten u.a. von Jean Cocteau; zugleich Gründung der »Fotografischen Sektion des Studienzentrums für moderne Kunst«. Die letzten sechs Jahre seines Lebens verbrachte der »Fotochronist von Venedig« im Krankenhaus von S. Giovanni e Paolo, wo er 1968 starb.

Lit. F. L., fotografo a Venezia. Mailand 1979

Lendvai-Dircksen, Erna (* 1883 Wetterburg, † 1962 Coburg) Sie studierte Malerei an der Kunstakademie in Kassel; erlernte 1910 das Fotografenhandwerk in Berlin (Lette-Verein) und machte sich 1916 in Berlin als Porträtfotografin selbständig. Sie porträtierte u.a. Ricarda Huch und Käthe Kollwitz. 1917 entschloß sie sich zur fotografischen Darstellung des »Deutschen Volksgesichtes«. Gleichzeitig entstanden impressionistisch anmutende Landschaftsbilder. 1924 Berufung in die Gesellschaft Deutscher Lichtbildner; ab 1925 Fotoreisen nach Ost- und Süddeutschland. 1943 wurde ihr gesamtes Archiv während eines Luftangriffs zerstört. 1946 Übersiedlung nach Coburg. 1953 Verleihung der David-Octavius-Hill-Medaille. Die Konsequenz, mit der sie ihren großangelegten Plan einer fotografischen Erfassung von »Menschen, Berufen, Rassen und Gesichtern« verfolgte, erinnert vehement an → Sander. Lange Jahre war ihr Werk vergessen; erst seit Mitte der 70er Jahre wird ihrem Schaffen wieder ein größeres Interesse entgegengebracht.

Lit. E. L.-D. In: Fotografie, Heft 2. Göttingen 1977

Lengyel, Lajos (* 1904 Mako/Ungarn, † 1978 Budapest) Arbeitete seit 1928 in der Budapester Hungaria-Druckerei, beschäftigte sich als Autodidakt mit der Fotografie; Auseinandersetzung mit Kunst und Fotografie des Bauhauses; deutliches Interesse an der experimentellen Fotografie und den Werken von → Moholy-Nagy und → Lissitzky, die ihn zu Fotomontagen, -collagen und Fotogrammen inspirierten. Zugleich fertigte er neusachliche Detailaufnahmen und an → Wittkugel erinnernde abstrakte »Licht-Schatten-Kompositionen«. L. war Träger des »Kossuth«- und des »Gutenberg-Preises«.

Lit. L. L. In: H. Schöttle (Hrsg.), dumont foto 1. Köln 1978

Lerski, Helmar (* 1871 Straßburg, † 1956 Zürich) Begann auf Anregung seiner Frau 1911 zu fotografieren; war nach seiner Übersiedlung nach Amerika (1893) in New York zunächst (bis 1910) als Schauspieler tätig. Erst 1913 zeigte er seine Porträts (formatfüllende, extrem angeschnittene Gesichter) auf einer Tagung des amerikanischen Fotografenverbandes in St. Louis. 1914 Berufung als Dozent für Fotografie und Deutsche Sprache an die Universität von Texas. 1915 Rückkehr nach Berlin, wo er bis 1929 in erster Linie als Kameramann arbeitete. Daneben entstanden zahlreiche Porträts aus dem Berliner Kulturleben, von Arbeitern, von Menschen der unteren Gesellschaftsschichten, die er »anonyme Porträts« nannte. 1931 Übersiedlung nach Palästina; als Porträtfotograf bis 1948 in Tel Aviv und anschließend bis zu seinem Tod in Zürich tätig.

Lit. A. Lerksi (Hrsg.), H. L. Der Mensch – mein Bruder. Dresden 1958

Le Secq, Henri (eigentl. Jean-Louis-Henri Le Secq Detournalles; * 1818 Paris?, † 1882) Studierte 1840–42 u.a. mit → Fenton, → Le Gray und → Nègre im Atelier von Paul Delaroche in Paris. Fotografische Versuche (Wachspapier-Verfahren) gemeinsam mit Le Gray um 1847. 1851–52 fotografierte er im Auftrag des Comité des Monuments Historiques Baudenkmäler in der Champagne und in Elsaß-

Lothringen. Außerdem fertigte er eine Reihe ausgezeichneter Architekturstudien der Kathedralen von Chartres, Reims, Beauvais und Straßburg an, die bei späteren Restaurierungsarbeiten Verwendung fanden. Ende der 50er Jahre gab er die Fotografie auf, um sich ganz dem Ausbau eines von ihm gegründeten Museums zu widmen.

Lit. H. Le S. In: The First Century of Photography, From the Collection of André Jammes. Ausstellungskatalog Art Institute of Chicago. 1978

Levine, Les (* 1935 Dublin) Studierte bis 1952 an der Central School of Arts and Crafts in London; arbeitete danach als Fotograf, Designer und Modezeichner; 1958 Übersiedlung nach Kanada, 1964 erste Ausstellung in Toronto. 1965–69 am Aspen-College in Colorado tätig; Entwicklung von »Wegwerf-Kunst« und »Gebrauchsartikel-Kunst« (→ Duchamp); Verwendung von Film- und Video-Tapes; Media-Skulpturen mit Video, Fotografie, Telefon, Tonband und Neonlicht. Ab 1972 Dozent an der New York University; seit 1974 Professor für Video-Kunst und Fotografie am William Paterson College in Wayne. L. benutzt in seinen multimedialen Fotoinstallationen die Fotografie als zugeordnetes Element (neben Zeichnungen, Objekten, Licht u.a.), um zu einer neuen geistigen, sinnlichen, transzendierenden Kunst zu gelangen. Er bezeichnet die Fotografie als »die magische Sprache dieses Jahrhunderts«, die der Mensch benutzen sollte, »um eine Kunst zu entwickeln, die sich direkt an die individuellen menschlichen Probleme wendet« (→ Le Gac, → Messager, → Boltanski).

Lit. L. L., I'm not blind. Ausstellungskatalog Knox Gallery. Buffalo 1977

Lex-Nerlinger, Alice (* 1893 Berlin, † 1975 Berlin) Studierte 1911–16 bei Emil Orlik an der Unterrichtsanstalt des Kunstgewerbemuseums in Berlin; heiratete 1918 Oskar Nerlinger, von dessen 1924 entstandenen Fotogrammen sie sich inspirieren ließ. 1928 wurde sie Mitglied der KPD. In der Folgezeit entstanden hauptsächlich Fotogramme und sehr plakativ anmutende Fotocollagen, die die Beschäftigung mit den Arbeiten von → Hausmann, → Heartfield und → Höch erkennen ließen. 1933 wurde sie verhaftet und erhielt Berufsverbot. Ab 1945 Wiederaufnahme der künstlerischen Arbeiten; es entstanden erneut politisch ausgerichtete Fotocollagen und Fotogramme.

Lit. A. L.-N. In: E. Bertonati, Das experimentelle Photo in Deutschland. Ausstellungskatalog Galleria del Levante. München 1978

Lissitzky, El (* 1890 Polschinok/Smolensk, † 1941 Moskau) 1909–14 Studium an der Technischen Hochschule in Darmstadt; 1917 in Moskau Diplom als Architekt. 1919 auf Veranlassung Marc Chagalls Professor an der Kunstschule in Witebsk; Bekanntschaft mit Kasimir Malewitsch und Wladimir Tatlin. 1921 Teilnahme an der Konstruktivisten-Ausstellung. 1922 Übersiedlung nach Berlin; Kontakte zum Bauhaus, Freundschaft mit → Bayer, Kurt Schwitters und Theo van Doesburg; erste fotografische Experimente: Buchtitel und Fotoplakate. 1925 Rückkehr nach Moskau; Professor am Wchutemas (für Innenarchitektur). Ab 1926 Reisen durch Deutschland; weitere Fotoarbeiten in der Tradition eines → Moholy-Nagy und → Kesting entstehen: Fotogramme, Fotocollagen und Sandwichfotos (auch Mehrfachbelichtungen), die stilbildend für die russische Avantgarde-Fotografie wurden.

Lit. S. Lissitzky-Küppers, E. L. Maler, Architekt, Typograf, Fotograf. Dresden 1967

List, Herbert (* 1903 Hamburg, † 1974 München) Nach Schulabschluß und Lehrzeit 1926–28 Reisen u.a. nach Brasilien, Guatemala, San Salvador und in die USA im Auftrag der väterlichen Importfirma. 1928–36 als Prokurist in der Firma List & Heineken in Hamburg tätig. Nach Einweisung durch den Freund Andreas Feininger in die fotografischen Techniken entstanden um 1930 die ersten neusachlich anmutenden Fotos. 1936 Flucht vor den Nazis nach London; dort entstanden neben ersten symbolistischen Lichtbildern vor allem Modeaufnahmen u.a. für »Harper's Bazaar«, »Life«, »The Studio« und »Vogue«. Ab 1937 führten ihn mehrere Reisen nach Griechenland und Frankreich, wo er jene an die Bilder Giorgio de Chiricos und → Magrittes erinnernden Fotos machte, die Günter Metken treffend als »fotografia metafisica« bezeichnete. 1946 Rückkehr nach München: Dokumentation über die zerstörte Stadt. 1950 Bildessay über das Altenheim für Künstler, die Casa Verdi, in Mailand. Ab 1948 Porträts berühmter Künstler in Europa (u.a. Fabricio Clerici, Giorgio Morandi, Pablo Picasso). 1953 Publikation des Bildbandes »Licht über Hellas«. 1958 Fotoskizzen über die Karibischen Inseln. L., dessen Œuvre umfangreicher ist als oft angenommen wird, dürfte einer der bedeutendsten Fotografen unserer Zeit sein. Von dem Ideen- und Symbolinventar seiner in den 30er/40er Jahren entstandenen Bilder profitierten nicht nur die jüngeren deutschen Avantgarde-Fotografen, sondern auch die Lichtbildner in den USA, wie z.B. → Gibson, → Michals und → Tress.

Lit. H. L. Photographien 1930–1970. Mit einem Text von G. Metken. Ausstellungskatalog Die Neue Sammlung. München 1976

Löcherer, Alois (* 1815 München, † 1862 München) Studierte 1837–38 Chemie und Arzneimittelkunde in München. Erlernte die Fotografie um 1841 höchstwahrscheinlich bei → Isenring. Spezialisierte sich früh auf die Porträtfotografie (auch Freilichtaufnahmen). Bekannt wurde er vor allem durch seinen Bildbericht (1845–50) von der Entstehung und vom Transport der Bavaria-Statue zur Anhöhe oberhalb der Theresienwiese. Darüber hinaus verfaßte er mehrere fototheoretische Arbeiten (z.B. über die Verarbeitung von Kollodiumplatten). Geschätzt wurden seine späteren Kalotypien (eigene Entwicklung) wegen ihrer feinnuancierten Kolorierung (Übermalung). 1851 erregte er mit seinem Vorschlag Aufsehen, zur Vermeidung von Randunschärfe die Kamera innen weiß anzustreichen (1855 schlug C. H. Günter aus Hannover vor, ein »reines Blaulila« zu verwenden). L. arbeitete 1850–53 an einem »Photographischen Album der Zeitgenossen« (u.a. Porträts von Justus von Liebig, Wilhelm von Kaulbach, Franz von Kobell), das → Hanfstaengl zu seinem »Album der Zeitgenossen« angeregt haben könnte (→ Biow).

Lit. A. L. In: H. Gebhardt, Königlich Bayerische Photographie. München 1978

Lohse, Bernd (* 1911 Dresden) Fotografiert seit seinem 13. Lebensjahr. * Studierte 1930–32 Geschichte und Germanistik in Frankfurt a.M.; Studium der Publizistik 1932–34 in Berlin, wo er ab 1934 als freiberuflicher Fotojournalist u.a. für die »Neue Illustrierte« Bildberichte aus Amerika, Südeuropa, Rußland und dem Vorderen Orient lieferte. Während des Krieges arbeitete er zunächst für die Zeitschriften »Berliner Illustrirte« und »Signal«, dann ab 1942 als Kriegsberichterstatter bei der Wehrmacht. Nach 1945 fotografische Berichte u.a. aus Australien, Kanada und dem Fernen Osten. Seit 1955 ist L. hauptsächlich als Fotoessayist und -theoretiker tätig. 1966 Berufung in den Vorstand der Deutschen Gesellschaft für Photographie (DGPh); dort 1973 Ernennung zum Vorsitzenden der Sektion Geschichte. Obgleich er zu den engagiertesten Bild-

Bernd Lohse »*Überraschung in Amerika: Niemand findet etwas dabei, wenn die Beine auf den Tisch gelegt werden . . . 1937*«

journalisten der 30er/40er Jahre zählte, ist er heute fast nur noch als Theoretiker, Übersetzer und Herausgeber bedeutender Fachbücher bekannt.

Lit. B. L. In: Camera, Nr. 10. Luzern 1976

Lopez, Nacho (* 1924 Tampico/Mexiko) Erhielt 1944 eine Fotoausbildung bei Victor de Palma; 1945–47 Studium am Kinematographischen Institut der Künste und Wissenschaften von Mexiko, u.a. bei → Alvarez-Bravo. 1948 Dozent für Fotografie an der Escuela de Periodismo der Universität von Venezuela. Seit 1955 Mitarbeit und Regie bei mehreren Filmen. 1960 Mitbegründer der Kunstbewegung »Los Interioristas«. 1962–68 Berichterstatter verschiedener südamerikanischer Filmzeitschriften; zugleich Fertigstellung mehrerer Kurz- und Dokumentarfilme. 1969–70 Studium der Theaterwissenschaft bei Dimitrios Sarras in Mexiko D. F. L.' Werk, dessen politische Dimension offensichtlich ist, versteht sich als visuelle Auseinandersetzung mit den Eigenarten des mexikanischen Lebens. Im Gegensatz zum europäisch orientierten »Visualismus« → Blancos verraten L.' Arbeiten quasi eine »mexikanische Perspektivik«.

Lit. N. L. In: Camera, Nr. 10. Luzern 1978

Ludwig, Karel (* 1919 Prag, † 1977 Prag) Begann seine fotografische Laufbahn 1939 mit Bildberichten aus der Welt der Arbeit (u.a. von den Bata-Schuhwerken in Zlin). 1940 Rückkehr nach Prag, wo Fotoserien von Künstlern und Schauspielern entstanden; Fotodokumentation der revolutionären Mai-Ereignisse 1945 in Prag; später mehrere Reisen nach Deutschland; Bildberichte über die Kriegsfolgen. Ab 1950 konzentrierte er sich wieder, wie in den 40er Jahren, auf die Porträtfotografie, die er mit einer an → Leirens erinnernden Meisterschaft beherrscht. Bis 1960 arbeitete er an einem Fotozyklus über Komponisten und Interpreten. Danach wirkte er hauptsächlich als Fotoillustrator für Buchverlage in der CSSR.

Lit. K. L., Photographien. Prag 1948

Bernd Lohse »*Verregneter Markttag in einem irischen Städtchen*«, *1936*

Lüthi, Urs (* 1947 Luzern) Beschäftigte sich seit 1965 mit Malerei, Film und Fotografie; 1970 Beteiligung an der Ausstellung »Visualisierte Denkprozesse« in Luzern; seit 1970 Selbstdarstellungen in Fotografien, auf Leinwand, als Zeichnung, als Lithographie; 1972 erste Video-Performances und Polaroidserien; 1973 Fotoserie »The Numbergirl« auf Leinwand; 1974 Album »Tell me how to stole your smile«; Teilnahme an der »Transformer«-Ausstellung im Kunstmuseum Luzern; 1975 Video-Ausstellungen in Europa und Amerika; 1976 Einzelausstellung in Tokio; Kombinationsfotos: Selbstporträts, Landschaften, Objekte und Innenräume werden zu Tableaus zusammengefügt. In seinen Fotoserien ist er oft selbst die darstellende Person, die mittels maskenhafter Veränderungen und skurriler oder »besonders normaler« Interieurs die Beziehungen des eigenen Ichs zur Umwelt erfassen möchte (→ Boltanski, → Klauke, → Messager). Seine Lichtbildkunst steht der Performance-Dokumentation nahe.

Lit. U. L. Ausstellungskatalog Galerie Stähli. Zürich 1978

Luswergh, Giacomo (* 1819 Rom, † 1891 Rom) Beschäftigte sich als Chemiker und Physiker schon früh mit fotografischen Techniken; entschied sich aber erst nach dem Besuch der Weltausstellung in London (1851) für die Fotografie. Er eröffnete gemeinsam mit seinem Vater Angelo L. ein Atelier in Rom. 1855 publizierten beide den ersten Katalog römischer Stadtansichten. Sie beteiligten sich u.a. an den Fotoausstellungen in Wien (1864) und Dublin (1865), wo sie eine Porträtserie des Bildhauers Pietro Teuerani und des Malers Francesco Podesti vorstellten. L. arbeitete nicht nur als Fotograf und Chemiker (an der Universität Rom), sondern auch als Mechaniker. So beaufsichtigte er z.B. die Konstruktion des Meridiankreises, des Himmelsfernrohres auf dem Capitol und des Leuchtturmes von Civitavecchia; außerdem konstruierte er eine mit einer direkten Welle betriebenen Dampfmaschine. Nach dem Tode des Vaters führte er das Fotoatelier in der Via del Teatro Valle gemeinsam mit seinem Bruder Tommaso weiter.

Lit. G. L. In: G. Stopiti (Hrsg.), Galleria biografica d'Italia. Rom o.J.

Lutens, Serge (* 1942 Lille/Frankreich) Begann 1956 eine Lehre als Friseur. Danach arbeitete er als Kostümbildner, Dekorateur und Maskenbildner am Theater (außerdem auch bildhauerische Werke); erste Aufträge für »Harper's Bazaar«. Ab 1965 Fotos nach Gemälden von Georges Seurat, Fernand Léger, Amadeo Modigliani u.a., die in New York und London ausgestellt wurden. Kennzeichnend für L.' nach 1970 aufgenommene Modefotos ist das deutliche Bemühen um künstlerische Qualität und der meisterhafte Umgang mit der Farbe. Besonders eindrucksvoll dürfte seine nach 1972 entstandene, mit ihren chinesisch »maskierten« Mannequins an → Fujii erinnernde Serie »Die Theaterwelt« sein. L. gehört wie → Newton und Guy Bourdin zu den populärsten und bestbezahlten Mode-/Werbefotografen Frankreichs.

Lit. S. L. In: ZOOM, Nr. 2. München 1979

Mack, Ulrich (* 1934 Glasehausen) Kam als Autodidakt zur Fotografie; war als Hafenarbeiter, Fischer, Holzfäller und Grubenarbeiter tätig; studierte freie Grafik an der Hochschule für Bildende Künste in Hamburg; dort 1960 Fotostudien bei Eberhard Troeger; anschließend Aufträge als freier Fotograf für »Quick«, »Twen«, »DU«; ab 1966 Bildjournalist beim »stern«. M.s besonderes Augenmerk gilt der betont unprätentiösen, klaren Darstellung von Landschaften und Situationen (zumeist in Farbe). 1975 übernahm er an der Fachhochschule in Dortmund die Professur für visuelle Kommunikation.

Lit. U. M. In: Camera, Nr. 9. Luzern 1978

MacPherson, Robert (* 1811 Edinburgh, † 1872 Rom) Übersiedelte 1840 nach Rom, wo er sich zum Maler ausbilden ließ. 1851 machte er die ersten Fotografien mit einer Kamera, die ihm ein Freund aus Paris mitgebracht hatte. Bis 1856 arbeitete M. mit dem Albumin- danach mit dem Kollodiumverfahren. Bedeutung für die Fotografie erlangte er durch seine zahlreichen Architekturstudien alter römischer Bauwerke. Daneben auch ausgezeichnete Abbildungen von Reliefs und Skulpturen, die 1863 z.T. zur Illustrierung des Kunstführers über den Vatikan benutzt wurden. 1855 entwickelte M. ein Fotolithografie-Verfahren, das er nach 1857 häufig für die Reproduktion eigener Lichtbilder einsetzte.

Lit. R. M. P. In: The First Century of Photography. From the Collection of André Jammes. Ausstellungskatalog Art Institute of Chicago. 1978

Magritte, René (* 1898 Lessines, † 1967 Brüssel) Studierte 1916–18 sporadisch an der Kunstakademie in Brüssel. Beschäftigung mit dem Futurismus. Ab 1922 als Grafiker (Tapetenentwürfe) und freier Maler tätig. Ab 1927 mehrere Reisen nach Paris; dort Bekanntschaft mit den Surrealisten André Breton, Paul Éluard und vermutlich → Duchamp; erste amateurhafte Fotografien entstanden. Ab 1928 beginnt auch in seinen »arrangierten Fotoszenen« sich die in den Gemälden vorherrschende Phantastik durchzusetzen; ab 1929 dienen ihm Fotografien des öfteren als direkte Bildvorlagen. 1930 läßt sich M. endgültig in Brüssel nieder. 1936 erste Einzelausstellung in der Galerie Julien Levy in New York. 1940 intensive Beschäftigung mit den Werken der Impressionisten und Pointillisten und ab 1948 mit denen der französischen Fauves. Fotografien entstanden nur noch vereinzelt. Ab 1953 Interesse für den Film, das sich in »privaten Drehbüchern« niederschlug. Sein recht umfangreiches fotografisches Œuvre verrät eine Faszination diesem Medium gegenüber, wie man sie auch bei Pablo Picasso, Max Ernst, → Schad, Friedrich Vordemberge-Gildewart und → Bellmer antreffen kann (Künstler, die in erster Linie als Maler oder Zeichner bekannt wurden; → Wols).

Lit. R. M., Die truglosen Bilder. Mit einer Einleitung von L. Scutenaire. Köln/Brüssel 1976

Man, Felix H. (eigentl. Hans Baumann; *1893 Freiburg) Studierte 1912–14 Malerei und Kunstgeschichte in Berlin und München. Während des Krieges entstanden die ersten Fotos mit der Taschenkamera. 1919–21 setzte er sein Studium an der Kunstgewerbeschule in München fort; zugleich Arbeit als Pressezeichner für die »B.Z. am Morgen«, »Morgenpost« und »Tempo«. 1929 erste Fotoreportage mit der Ermanox-Kamera für die »Münchner Illustrierte Presse«; zugleich erste Nachtreportage und erstes »Foto-Interview« mit berühmten Zeitgenossen. Anstellung als Fotograf bei der »Dephot« (Deutscher Photodienst) in Berlin, wo er u.a. mit → Citroën und → Umbo zusammentrifft. 1934 Übersiedlung nach London; ab 1934 Mitarbeiter von Associated Press, der Londoner »Weekly Illustrated«; ab 1935 auch für den »Daily Mirror« tätig; 1938–45 Chefreporter der »Picture Post«, in der er die erste Farbreportage veröffentlicht. Später auch für »Sunday Times« und »Life« tätig. Seit 1971 Korrespondent für »Die Welt« in Bonn. M. bezeichnet sich selbst als ersten Pionier des modernen Bildjournalismus – eine Bezeichnung, die eher auf → Salomon anzuwenden wäre.

Lit. F. H. M. 60 Jahre Fotografie. Ausstellungskatalog Kunsthalle Bielefeld. 1978

Mante, Harald (*1936 Berlin) Studierte nach seiner Ausbildung als Schildermaler 1957–61 an der Werkkunstschule in Wiesbaden. Mitglied des Fotoklubs Biebrich. Ab 1965 freier Fotograf; u.a. Bildstrecken für »twen«, »stern«, »Epoca« und »Bild der Zeit«. 1967 erhielt er einen Lehrauftrag an der Werkkunstschule Wiesbaden. 1971 Fachschullehrer an der Gesamthochschule Wuppertal. 1974 Dozent an der Fachhochschule Dortmund, wo man ihn 1976 zum Professor ernannte. M. publizierte zahlreiche Bildbände über Farbfotografie, Farbgestaltung und Fototheorie. 1976 entstanden Fotosequenzen von Künstlern, die neben den »Reflexionsbildern« (Schaufenster, Spiegel, Glasfassaden) zu seinen besten Leistungen zählen. Große Beachtung fand die Exposition »Harald Mante und Studenten«, die 1978 als Wanderausstellung in mehreren Städten präsentiert wurde. Neben Gottfried Jäger u.a. zählt M. zu den bekanntesten Fotodesignern in Deutschland.

Lit. H. M., Reflexionen. Bremen 1978

Mantz, Werner (*1901 Köln) Begann mit 14 Jahren zu fotografieren (Landschaften, Kölner Stadtansichten). 1920–21 studierte er an der Bayerischen Staatslehranstalt für Photographie in München. 1922 Rückkehr nach Köln; Fotoaufträge für Kölner Künstler; erste Porträt- und Architekturaufnahmen entstanden. Ab 1927 bevorzugt als Architekturfotograf tätig: z.B. Industrieanlagen, Wohnbauten, Brükken und Innenräume von Verlags- und Krankenhäusern. Seine Bildserien stehen der Fotografie der Neuen Sachlichkeit nahe, sind jedoch strenger und kompakter in das Format integriert als z.B. die Aufnahmen von → Renger-Patzsch. Fotoaufträge u.a. für die Architekten Bruno Paul und Wilhelm Riphahn. 1932 Eröffnung eines zweiten Ateliers in Maastricht (Holland). Ab 1937 Fotoserie über die Bergwerke im niederländischen Limburg. 1938 Verhaftung als »Spion«; Übersiedlung nach Maastricht. Ab 1971 nur noch als Porträtfotograf tätig. Seine hauptsächlich zwischen 1925 und 1940 entstandenen Fotografien sichern ihm einen bevorzugten Platz unter den neusachlichen Fotografen in Europa.

Lit. W. M. Fotografien 1926–1938. Ausstellungskatalog Rheinisches Landesmuseum. Bonn 1978

Mapplethorpe, Robert (* 1946 New York) Studierte 1963–70 am Pratt Institute in New York; arbeitete danach an mehreren Underground-Filmen mit; begann 1970 mit einer Serie von »Material-Collagen«, Assemblagen und Polaroids und beschloß nach seiner ersten Einzelausstellung 1973 in der New Yorker »Light Gallery«, sich ganz der Fotografie zu widmen. Ab 1975 mehrere Serien von kurz hintereinander geschossenen Porträts u.a. von → Hockney, Patti Smith und Brice Marden, die zu Sequenzen zusammengefügt werden. Ab 1976 Konzentrierung auf »Blumenstilleben«, deren avantgardistische Kargheit in Komposition und Lichtführung an die vom Bauhaus inspirierte neusachliche Fotografie denken läßt. Unter den jüngeren amerikanischen Lichtbildnern nimmt er eine ähnliche Sonderstellung ein wie Mark Feldstein oder → Meyerowitz.

Lit. R. M. In: Printletter, Nr. 19. Zürich 1979

March, Charlotte (* um 1930 Essen) Besuchte 1950–54 die Hamburger Kunstschule. Arbeitete danach als freie Grafikerin und begann 1955, sich autodidaktisch mit der Fotografie zu beschäftigen. 1956 Dozentur an der Meisterschule für Mode in Hamburg. 1960 Entschluß als Modefotografin zu arbeiten. 1961 Gründung eines Studios für Modefotografie; zugleich Aufträge für Magazine im In- und Ausland. 1968 Verleihung des Kulturpreises der Deutschen Gesellschaft für Photographie (DGPh). Besonderes Aufsehen erregte sie 1976, auf dem Höhepunkt der Emanzipationsdebatte, mit der Vorlage ihres Bildbandes »Mann, oh Mann«, in dem sie unverhohlen zur »Emanzipation« des erotischen, attraktiven Mannes aufrief.

Lit. Ch. M., Mann, oh Mann. Kehl 1976

Marey, Jules Ētienne (* 1830 Beaune, † 1904) Interessierte sich als Physiologe für die Fotografie zur Erfassung von schnellen Bewegungsabläufen. Studierte 1881 eingehend den Vogelflug, um daraus Erkenntnisse für die Konstruktion einer Flugmaschine zu gewinnen. Er benutzte zunächst, dem Vorschlag → Muybridges folgend, zwölf parallel geschaltete Kameras; war mit den Bildresultaten nicht zufrieden und konstruierte 1882 ein »Fotogewehr«; auch diese Konstruktion brachte nicht den gewünschten Erfolg; 1883 entwickelte er einen »Chronophotographen«, eine Kamera mit einer schnell rotierenden Lochscheibe, die ihm eine Belichtungszeit von ca. 1/25 000 s ermöglichte. 1892 konstruierte er einen »chronophotographischen Projektor«, der um 1893 von seinem Assistenten Georges Demeny zu einem »Phonoscope« (Vorläufer der heutigen Kinematografie) weiterentwickelt wurde (→ Anschütz). Die fotografisch sichtbar gemachten Bewegungsabläufe, die durch die nacheinander erfolgte Belichtung eines einzigen Negativs an die moderne Stroboskopfotografie erinnern, dürften besonders anregend auf die Futuristen und Künstler wie → Duchamp gewirkt haben.

Lit. E. J. M. In: C. Nori, French Photography. New York 1979

Martin, André (* 1928 St. Vaurent-en-Caux/Frankreich) War ursprünglich Filmemacher. Arbeitete bis 1955 als Kameramann und wurde danach als Bildjournalist tätig. Er spezialisierte sich früh auf die Architektur- und Landschaftsfotografie. 1977 erhielt er den begehrten »Prix Nadar«. In seinen dem Impressionismus verpflichteten Lichtbildern erweist er sich nicht nur als guter »Landschafter«, sondern auch, wie in »Tout Paris« (1964) und »La tour Eiffel« (1965) als einfühlsamer Schilderer des Pariser Lebens.

Lit. A. M., Les noires vallées du repentir. Paris 1976

Martin, Anton (* 1812 Wien?, † 1882 Wien) Arbeitete als Assistent und Bibliothekar am Polytechnikum in Wien. Er war wie → Krone nicht nur Fotograf, sondern zugleich auch Lehrmeister und Theoretiker. Verdienste erwarb er sich durch die frühen Erprobungen und Berechnungen (1840) der in Wien gebauten Voigtländer-Porträt-Objektive (er konstruierte zu diesem Zweck eine Kamera aus Pappe, die als Entwurf zum Bau der ersten Metallkamera führte). Hervorzuheben sind außerdem seine Fotos »Lebloser Gegenstände« (1840), seine »Winterlandschaften« (1841), seine von ihm und Karl Schuh ins Leben gerufene »Fürstenhof-Runde« (eine Runde junger Wiener Fotografen, darunter Josef und Johann → Natterer, Josef Petzval und Carl Reisser), aus der 1861 die »Photographische Gesellschaft« hervorging – und sein 1846 herausgegebenes »Repertorium der Photographie«, in dem er sich mit Fotografien auf Papierbasis (Bromsilberpapier) auseinandersetzte und das als erstes fotografisches Lehrbuch deutscher Sprache angesehen werden kann.

Lit. A. Bauer, A. M. – Der Verfasser des ersten deutschen Lehrbuchs für Photographie. Wien 1921

Martin, Paul (* 1864 Herbeuville/Frankreich, † 1944 London) Kam 1872 mit seiner Familie nach England; arbeitete um 1880/81 in der Werkstatt eines Holzschnitzers; begann 1884 als Autodidakt zu fotografieren. 1895 machte er die ersten Aufnahmen zum Thema »London by Gaslight«, die ein Jahr später in der Londoner Royal Photographic Society vorgestellt wurden. 1899 Eröffnung eines Fotostudios; 1901 Bildbericht von der Beerdigung Königing Victorias; 1902 Bericht von der Krönung Edwards VII.; 1926 Auflösung des Ateliers und Tätigkeit als Journalist für verschiedene Zeitungen. Wegen seiner lebensnahen, bisweilen humorvollen Momentaufnahmen des Londoner Alltags bezeichnete ihn → Beaton als einen »Charles Dikkens der Kamera«.

Lit. R. Flukinger u.a., P. M. Victorian Photographer, London 1978

Mazourine, Alexis (* 1846 Moskau, † nach 1910) Erhielt seine Ausbildung als Kaufmann auf einer Handelsschule in Frankfurt a.M. Erste Beschäftigung mit der Fotografie nach seiner Rückkehr nach Moskau (um 1870). Ab 1883 widmete sich M. der fotografischen Aufzeichnung von Landschaftsdetails, deren formale Ruhe und Einfachheit auf der Wiener Ausstellung von 1891 hervorgehoben wurde. M. konzentrierte sich auf ungewöhnliche Perspektiven und Objektkonstellationen. Als einer der ersten brachte er den Schatten als bewußtes Kompositionselement mit zur Wirkung. 1893 auf der Hamburger Ausstellung wurde er als »Meister der kleinen Form« gerühmt. Zahlreiche Publikationen, vor allem in deutschen Fotozeitschriften, machten ihn zu Lebzeiten im Ausland bekannter als in seiner Heimat. Jüngere Fotohistoriker reklamieren ihn vor → Rodtschenko und → Moholy-Nagy als den Begründer des fotografischen »Visualismus« in Europa.

Lit. A. M. In: Photographie zwischen Daguerreotypie und Kunstphotographie. Bearbeitet von F. Kempe Museum für Kunst und Gewerbe. Hamburg 1977

McBean, Angus (* 1904 Newbridge/England, † um 1962) War bis 1933 als Bankangestellter und Verkäufer tätig; begann 1934 zu fotografieren. 1934–35 arbeitete er als Assistent im Fotostudio von Hugh Cecil in London, wo er 1935 ein eigenes Atelier eröffnete. Von Anfang an galt seine Leidenschaft der Theaterfotografie; er fotografierte während der Generalproben auf der Bühne und in seinem Atelier in der Shaftesbury Avenue (dort auch mit theaterhaften Szenenaufbauten). Außergewöhnlich sind seine »surrealistic portraits«, für die er sich von Roy Hobdell spezielle Interieurs malen ließ (z.T. publiziert in »Lilliput«). Wie → Hutton so fertigte auch er mehrere Bildessays über die von Benjamin Britten initiierten Aldeburgh Festivals (»Shrine of Music«). McB. gilt als der Klassiker unter den englischen Theaterfotografen.

Lit. A. McB. In: C. Beaton und G. Buckland, The Magic Image. London 1975

McBride, Will (* 1931 St. Louis/Missouri) Studierte bis 1954 Kunstgeschichte und Malerei am Chicago Art Institute, an der Detroit Society of Arts and Crafts und an der National Academy of Design in New York, u.a. bei Norman Rockwell. 1955/56 Reisen und Übersiedlung nach Deutschland; Studium der Philologie an der Freien Universität Berlin. Seine ab 1950 entstandenen Fotografien waren zunächst nur als Bildvorlagen für Illustrationen gedacht. Ab 1957 Aufträge für Magazine wie »Life«, »Look«, »Paris Match« und »stern«. Ab 1960 fotografierte er hauptsächlich für die künstlerisch von Willy Fleckhaus geleitete Zeitschrift »Twen«, die durch seine äußerst stimmungsvollen Farbbeiträge entscheidend mitgestaltet wurde (bis 1972). Seit 1973/74 arbeitet er weiter an freien Bildessays und gründete in seinem Landhaus in der Toskana eine »Sommerakademie für Fotografie«. Eines seiner bemerkenswertesten Bücher dürfte das Anfang 1980 erschiene »Knips – Berlin in den 50er Jahren« sein: eine subtil-zurückhaltende Dokumentation über das Leben in einer bis auf die Grundfesten zerstörten Stadt.

Lit. W. B. In: P. Benteler, Deutsche Fotografie nach 45. Ausstellungskatalog Fotoforum. Kassel 1979

Meatyard, Ralph Eugene (* 1925 Normal/Illinois, † 1972 Lexington?) Diente 1943–46 als Soldat in der amerikanischen Marine; absolvierte 1946–48 eine Lehre als Optiker in Chicago; studierte 1949–50 am Illinois Wesleyan College in Boomington und begann 1951, seine ersten fotografischen Landschafts- und Detailstudien zu machen. 1953 absolvierte er ein Kurzstudium bei Van Deren Coke; 1956 nahm er erstmalig mit seinen Lichtbildern an einer Ausstellung teil; 1957 Volontariat bei Minor → White; 1961 Zuerkennung des »New Talent U.S.A. Photography«-Preises. 1968 bis 1971 arbeitete er an der Erstellung eines umfangreichen Bildessays über die Schlucht des Red River. M.s durchgängig phantastisches Œuvre unterteilt sich in vier einander überschneidende Themenkreise: »Vibrationsbilder« (Mehrfachbelichtungen); skurrile Situationen und Objektkonstellationen; Märchenszenen (Fotografien, auf denen die Personen verkleidet oder hinter Masken verborgen abgebildet sind) und Landschaften.

Lit. R. E. M., The Family Album of Lucybelle Crater. New York 1974

Mesch, Borg (* 1869 Sundsvall/Schweden, † 1956 Kiruna/Schweden) Erhielt mit 16 Jahren eine Ausbildung als Fotograf. Eröffnete 1890 eigene Ateliers in Gävle und Ockelbo. 1892 Panoramaaufnahmen vom Kirchturm in Ocklebo. 1896/97 Reisen in die USA und nach Honolulu. 1897 Eröffnung eines Ateliers in Landskrona und

Gründung einer Emulsions-Platten-Fabrik für Torfplatten. Ab 1900 ausgedehnte Reisen durch Lappland, dessen Bevölkerung er in eindrucksvollen Fotoserien ablichtete. Das Bildarchiv von M. wurde nach seinem Tode Eigentum der Stadt Kiruna, die alljährlich im Namen dieses großen schwedischen Fotografen Kulturstipendien vergibt.

Lit. B. M., Die Abenteuer des Fotografen B. M. in den lappländischen Bergen. Stockholm 1929

Messager, Annette (*1943 Berck-sur-Mer/Frankreich) Nähere Angaben zur Biographie nicht vorhanden. Sie definiert sich durch ihre Werke als »Sammlerin, praktische Hausfrau, trickreiche Frau und Künstlerin«; zur Sichtbarmachung ihrer künstlerischen Vorstellungen verwendet sie verschiedene Mittel wie Zeichnung, Malerei, Objekte und Fotografie. In ihrem 1978 entstandenen »Fortsetzungsroman« stellt sie in vier großformatigen (farbig retuschierten) Fotocollagen (115 × 87 cm) drastisch-kitschige Szenen eines fiktiven Kolportageromans dar, die zu den Überschriften »Der Unfall«, »Der Alptraum«, »Der Streit« und »Die Zwangsvorstellung« den Betrachter zur Erfindung einer möglichen Geschichte animieren soll. Prinzipiell benutzt sie wie → Le Gac, → Klauke, → Rinke, → Levine u.a. die Fotografie nicht als eigenständige Kunstform, sondern vielmehr als eine Art Transformations- und Dokumentationsmittel oder, wie in »Les hommes qui j'aime« (1972), als Irritationsmittel.

Lit. A. M., Die Fortsetzungsromane. Ausstellungskatalog Rheinisches Landesmuseum. Bonn 1978

Meyer, Adolf Baron de (eigentl. Adolf Baron Gayne de Meyer; *1868 Paris, † 1949 Hollywood) Schulbesuch in Dresden; 1894 Teilnahme an Fotoausstellungen in Paris, New York und London (Porträts). 1896 Übersiedlung nach London, Mitglied im dortigen »Camera Club«. 1898 Heirat mit Olga Alberta, einer Tochter König Edward VII.; Erhebung in den Adelsstand. 1901 Mitglied der Royal Photographic Society; Erprobung von Gummidrucktechniken. 1907 Ausstellung in den »Photo-Secession-Galleries« in New York, wo er → Stieglitz, → Käsebier und → Coburn kennenlernt; mit Letztgenanntem stellt er eine Fotoausstellung für London zusammen. 1908 Versuche mit Autochromtechniken. 1909 Treffen mit → Kühn und → Eugene in München; Reise nach Venedig, von wo er nach New York fliehen muß, weil man ihn als deutschen Spion verdächtigt. Dort Modefotografien für »Vogue« und »Vanity Fair«; freie Werbeaufnahmen für Kosmetikfirmen. 1919 Übersiedlung nach Paris und Vertrag mit »Harper's Bazaar«. Um 1943 Übersiedlung nach Hollywood. Wegen seiner kunstvollen, »gesofteten« Aufnahmen zählte er zu den berühmtesten und gefragtesten Mode- und Porträtfotografen seiner Zeit.

Lit. R. Brandau (Hrsg.), De Meyer. Mit einem Essay von Ph. Jullian. London 1976

Meyer, Hannes (*1889 Basel, † 1954 Crocifisso di Savosa/Schweiz) Ging nach einer Maurer- und Steinmetzlehre (1904–08) an die Kunstgewerbeschule in Berlin (1909–12). 1927, nach mehreren Studienreisen (Architektur) durch England, die Schweiz und Deutschland Berufung als Meister für Architektur an das Bauhaus. 1928–30 Direktor des Bauhauses; Neugestaltung des Lehrplanes. Während dieser Zeit entstanden seine in der Idee auf das Jahr 1924 zurückgehenden fotografischen Beleuchtungs- und Kompositionsstudien, die deutlich von → Moholy-Nagy und → Finsler inspiriert sind. Von 1930–36 Städteplaner in Rußland. 1938 Übersiedlung nach Mexiko; 1939 Direktor des dort neugegründeten Instituts für Städtebau. 1949 Rückkehr in die Schweiz.

Lit. H. M. Foto-Construction CO-OP in Pasmo. Brünn 1925

Meyer, Pedro (* 1935 Madrid) Seine Familie übersiedelte 1937 nach Mexiko; M. fotografiert seit 1947; wie → Uribe und → Blanco versteht auch er sich in erster Linie als kreativer, an der künstlerischen Komponente des Mediums interessierter Fotograf. Seit 1971 ist er bevorzugt als Lichtbildner tätig; seit 1975 Ausstellungen in den USA und in Europa. M. ist Präsident des Mexican Council of Photography und Gründungsmitglied des Latin American Council of Photography. Vor allem seine inszenierten Porträts mexikanischer Menschen machten ihn in Europa, wo er seit 1979 wiederholt Workshops abhielt, bekannt.

Lit. P. M. In: Camera, Nr. 10. Luzern 1978

Meyerowitz, Joel (* 1938 New York) Studierte 1955–59 Malerei an der Ohio State University; bis 1962 als Designer in New York tätig; erste Fotografien seit 1963; 1966–67 Studienreisen durch Europa; 1970 Zuerkennung eines Guggenheim-Stipendiums; ab 1973 Konzentrierung auf die reine Farbfotografie; 1978 Teilnahme an der Ausstellung »Mirrors and Windows: American Photography since 1960« im Museum of Modern Art. M.' bevorzugte Themen sind »belebte Landschaften« und »Architekturen«, dazu panoramaartige »Seestücke« und »Dämmerungsbilder«, in denen sich Kunst- und Tageslicht zu dramatischen Stimmungen verdichtet finden. M., dessen Werke in Europa nicht annähernd so bekannt sind, wie es deren Qualität erwarten läßt, ist vermutlich einer der bedeutendsten Farbfotografen der Nachkriegszeit.

Lit. J. M., Cape Light. Ausstellungskatalog Museum of Fine Arts. Boston 1978

Michals, Duane (* 1932 McKeesport/Pennsylvania) Interessierte sich schon mit 13 Jahren für Kunst und Fotografie. Studierte bis 1953 an der Universität in Denver. 1954 Militärdienst als Soldat in Deutschland. 1958 Studienreise nach Rußland; erste Fotografien entstanden. 1959 Zusammentreffen mit → Warhol, den er, wie später auch → Magritte, mehrfach porträtierte. Ab 1960 Porträtserien bekannter Künstler, Schriftsteller und Filmemacher; Auseinandersetzung mit dem Surrealismus. 1965 Freundschaft mit Magritte. 1966 erste Sequenzen: inszenierte, phantasmagorische Bildfolgen. 1969 Herausgabe der »Sequences«, die ihn auch in Europa bekannt machten. 1974 erste Sequenzen mit beschreibenden oder definierenden Textzeilen. 1976 Einzelbilder mit Texten. M. ist der erste Fotograf, der sich so konzentriert in Bildfolgen, Bildgeschichten, Bildmärchen äußerte. Der narrative Aspekt bleibt selbst bei seinen Einzelbildern erhalten. M.' Aufnahmen sind prinzipiell inszeniert. Das Foto als fertiges Bild ist das Produkt seines künstlerischen Wollens und nicht das Produkt eines routiniert gehandhabten Selektionsprozesses. Neben → Gibson und → Friedlander dürfte er in Deutschland einer der bekanntesten amerikanischen Lichtbildner sein.

Lit. D. M., Real Dreams. Photostories by D. M. Danburry 1977

Michetti, Francesco Paolo (* 1851 Tocco Casauria/Italien, † 1929) Der bis vor wenigen Jahren in erster Linie nur als Maler bekannte M. verdankt seine späte Anerkennung als Fotograf hauptsächlich der großangelegten »Fotografia«-Ausstellung, die im Sommer 1979 in Venedig stattfand, wo auch erstmals die Arbeiten von → Primoli und → Leiss einem größeren Publikum vorgestellt wurden. 1871 anläßlich eines Paris-Aufenthaltes mit der Fotografie konfrontiert, versuchte M.

zunächst anhand einer Reihe von Porträts und Aktstudien, seine malerischen Auffassungen (Rezeption der Arbeiten von Mariano Fortuny) in fotografische Bilder umzusetzen. Erst um 1895 (Aufkommen lichtempfindlicherer Filmemulsionen) wendete er sich der Reportage- und der Schnappschußfotografie zu. Seine Bildberichte über die »Thunfisch-Fischer von Acireale« (1907) und die »Pilger und Akrobaten« (1895–1900) zählen heute zu den beeindruckendsten Beispielen der italienischen Fotografie der Jahrhundertwende.

Lit. M. Miraglia, F. P. M. fotografo. Turin 1975

Mikhailovsky, Wilhelm (* 1942 Riga/Lettland) Studium an der Technischen Universität in Riga; fotografische Experimente seit 1968; Konzentrierung auf freie künstlerische Arbeiten bis 1973; danach als Berufsfotograf tätig. Einzelausstellungen im In- und Ausland. 1974 Zuerkennung der »PSA-Goldmedaille«, Toowomba/Australien; 1976 »FIAP-Goldmedaille«; seit 1969 Teilnahme an mehr als 200 internationalen Gruppenausstellungen. Seine handlungsreichen, oft symbolisch ausdeutbaren Lichtbilder (zumeist s/w, z.T. Sandwichtechnik, Collage, Doppelbelichtung) können der »Narrativen Fotografie« zugerechnet werden (→ Sutkus, → Spuris).

Lit. W. M. In: H. Schöttle (Hrsg.), dumont foto 1. Köln 1978

Minkkinen, Arno Rafael (* 1945 Helsinki/Finnland) Übersiedlung der Familie in die USA 1951. M. wollte zunächst Schriftsteller werden. 1971 Teilnahme an einem Fotoworkshop in Millerton bei John Benson; Entschluß, Fotograf zu werden. 1972 Studium der Fotografie an der Rhode Island School of Design u.a. bei → Callahan und Aaron → Siskind. Ab 1974/75 Lehrer für Fotografie am Helsinki College of Arts and Crafts in Finnland; Reisen durch Europa. 1977 Rückkehr in die USA. M., der seine Lichtbilder (s/w) wie in »Ribcage«, »Rivulets« oder »Underwater Approach«, unter thematischen Aspekten zusammenstellt, ist in seinen Werken zu einer neuen, metarealistischen, fast skulpturalen und auf das räumliche Umfeld bezogenen Darstellung des menschlichen Körpers gelangt, wie man es sonst nur noch bei → Brandt antreffen kann.

Lit. A. R. M., Frostbite. Dobbs Ferry 1978

Minkoff, Gérald (* 1937 Genf) Studierte Geologie, Biologie und Anthropologie an der Universität Genf. 1958 Reisen in die USA, wo die ersten Fotosequenzen und Filme entstanden – weitere Reisen nach Argentinien und Brasilien. Erste Bildschirmzeichnungen um 1964. 1969 Aufenthalte in Schwarzafrika; danach erste freie Video-Tapes. 1972 Konstruktion eines »Environment« in einem Vulkankrater. 1973 Arbeiten mit dem Magnetoskop; Zusammenarbeit mit René Berger; Zuerkennung des Prix Arte e Communicaciao auf der 12. Biennale in Sao Paulo. Seine u.a. als Instantfotos entstehenden Lichtbilder (zumeist Farbe) thematisieren die Manipulierbarkeit vorgefundener (oder auch bewußt arrangierter) Realität auf dem Positivbild mittels Texteinkerbungen und Oberflächenverletzungen. Parallelen zu den Werken von Sepp Thiele, → Krims, Norman Lock und → Boltanski sind nachweisbar.

Lit. G. M., L'Évidence Métaphysique. Ausstellungskatalog Canon Photo Gallery. Genf 1978

Misonne, Léonard (* 1870 Gilly/Belgien, † 1943 Gilly) Studierte u.a. Rechtswissenschaft an der Universität Löwen; Abschlußdiplom 1895. Interessierte sich für Malerei, Musik und Fotografie. Auf ausgedehnten Reisen durch seine belgische Heimat, Holland, Deutschland und England entstanden vor allem Landschaftsstudien (zuerst im Kohledruck, dann wegen der besseren Reproduzierbarkeit im Öldruck). Ab 1896 hauptsächlich als Fotograf tätig. Blieb mit seinen genrehaften, impressionistischen Landschaften, in die der Himmel oft nachträglich einkopiert wurde, weiterhin der Kunstfotografie treu (→ Kühn, → Demachy), als diese längst in Belgien und Holland von der neusachlichen Fotografie abgelöst worden war. Er zählt neben Hector Colard, → Dubreuil, → Ghémar, Edouard Fierlants, → Alexandre, → Sury und → Leirens zu den Klassikern der belgischen Fotografie.

Lit. L. M., Ein Fotograf aus Belgien. 1870–1943. Mit Texten von M. Schwabik und M. Misonne. Seebruck/Chiemsee 1976

Model, Lisette (* 1906 Wien) Absolvierte zunächst ein Musikstudium bei Arnold Schönberg. Übersiedelte nach Paris, wo sie, neben ihrer Malerei, 1937 ihre ersten fotografischen Versuche unternahm. 1937 emigrierte sie nach Amerika, widmete sich bevorzugt der Porträt-, Sach- und Modefotografie. 1940 publizierte Ralph Steiner ihre Fotos in »P.M.«; später wurde sie für »Harper's Bazaar« tätig (bis 1954). Ab 1955 entstehen dann in erster Linie freie, kreative, an → Lartigue und → Klein erinnernde Lichtbilder, u.a. auf den Promenaden von Cannes und Nizza. Einige ihrer oftmals auch ironischen Menschenbildnisse wirken wie ein leiser Vorgriff auf die Arbeiten der → Arbus, die kurzzeitig ihre Schülerin war. Seit 1950 lehrt sie, mit Unterbrechungen, an der New School of Social Research in New York.

Lit. L. M. In: J. Krichbaum und R. A. Zondergeld, Künstlerinnen von der Antike bis zur Gegenwart. Köln 1979

Modotti, Tina (* 1896 Udine/Italien, † 1942 Mexiko) Übersiedelte 1913 mit ihren Eltern in die USA; wirkte ab 1915 in einer Reihe von Hollywood-Filmen als Verkörperung der »heißblütigen Italienerin« mit; lernte 1921 Edward → Weston kennen, mit dem sie nach Mexiko ging, wo ihre ersten Fotografien entstanden. 1927 wurde sie Mitglied der mexikanischen KP. Sie war u.a. mit Diego Rivera und → Alvarez-Bravo befreundet (sie reproduzierte mehrere Fresken und Bilder von Rivera). 1929 beschuldigte man sie, den kubanischen Revolutionär Julio Antonio Mella ermordet zu haben. Sie floh 1930 nach Deutschland, von dort nach Rußland und schließlich nach Frankreich. Bekanntschaft mit Vittorio Vidali und 1938 Teilnahme am Spanischen Bürgerkrieg. 1939 Rückkehr nach Mexiko, Wiederaufnahme ihrer fotografischen Tätigkeit; Mitarbeit in der mexikanischen KP. Angeblich soll sie bei einem Autounfall den Tod gefunden haben; andere Quellen berichten von einem Herzanfall bzw. von einer Ermordung durch Mitglieder der KP. Ihre stark formalistischen s/w-Fotografien erinnern nicht nur an ihren Lehrer Weston, sondern auch an die Arbeiten von Laura Gilpin und → Strand.

Lit. M. Constantine, T. M. – A fragile Life. New York 1975

Moegle, Willi (* 1897 Stuttgart) Entstammt einer alten Fotografenfamilie, kam jedoch selber als Autodidakt zur Fotografie. 1919–22 studierte er bei Ernst Schneidler an der Kunstgewerbeschule in Stuttgart. Stellung als Dokumentarfotograf beim Stuttgarter Amt für Denkmalspflege (Bevorzugung der 18 × 24-cm-Kamera); Zusammenarbeit mit Julius Baum; daneben auch als Reisefotograf (Landschaften) in Österreich, Italien und der Schweiz tätig. 1927 Aufbau eines eigenen Ateliers für Sach- und Werbefotografie. Angesichts der Bilder von → Renger-Patzsch Bekenntnis zur Neuen Sachlichkeit. 1944 Zerstörung des Ateliers durch Kriegseinwirkung; Wiederaufbau nach 1946. Seine in den 50er/60er Jahren kreierten »Sachfotografien« bestechen durch ihren strengen, klassischen Bildaufbau (man sprach vom »Moegle-Stil«). 1957 Goldmedaille der 1. Biennale della Fotografia in Venedig.

Lit. W. M. Monographie. GDL-Edition. Mit einer Einleitung von F. Kempe. Göttingen 1978

Möllinger, Franziska (* 1817 Speyer, † 1880 Solothurn/Schweiz) Die Fotografie (Daguerreotypie-Verfahren) erlernte sie vermutlich bei ihrem Bruder. Ab 1842 unternahm sie ausgedehnte Wanderungen durch die »schönsten Gegenden der Schweiz«, von denen sie ab 1843 »naturgetreue Daguerreotypien« anfertigte. 1844 gab sie ein Album mit insgesamt 120 »Daguerreotypierten Ansichten der Hauptstädte und der schönsten Gegenden der Schweiz« heraus. Eines dieser gelungen komponierten Lichtbilder, eine Ansicht des »Thuner Schlosses« (1844), befindet sich heute im Historischen Museum Thun. M. kann als die erste Landschafts- und Reisefotografin der Geschichte angesehen werden.

Lit. F. M. In: J. Krichbaum und R. A. Zondergeld, Künstlerinnen – von der Antike bis zur Gegenwart. Köln 1979

Moholy-Nagy, László (* 1895 Borsod/Ungarn, † 1946 Chicago) Studierte bis einschließlich 1918 Jura in Budapest; Teilnahme am Ersten Weltkrieg als Offizier. 1920 Übersiedlung nach Wien, von dort nach Berlin, wo die ersten Fotogramme entstanden. 1923 Ausstellung in Hannover; dort Zusammentreffen mit Walter Gropius, der ihn als Professor an das Bauhaus nach Weimar berief. 1925 Übersiedlung mit dem Bauhaus von Weimar nach Dessau; weitere fotografische Experimente (Fotogramme, Mehrfachbelichtungen, Fotozeichnungen). 1928 verließ er das Bauhaus, um als Bühnenbildner nach Berlin zu gehen. Dort Konstruktion eines »Licht-Raum-Modulators« für fotografische Zwecke (Ablichtung der Lichtbewegungen); daneben fotografische Reisenotizen. 1935 Emigration über London nach Amerika; dort Eröffnung des »New Bauhaus«. Seine Bedeutung für die Fotografie erstreckt sich über das Fotobild hinaus auch auf die theoretische Durchdringung und pädagogische Vermittlung dieses Mediums.

Lit. L. M.-N. Biographie. Mit Texten von W. Herzogenrath u.a. Stuttgart 1974

Molins, Pompeo (* 1827 Rom, † ? Rom) Wie → Altobelli, so arbeitete auch er als Maler und Fotograf für die Französische Akademie und die »Opere d'Arte per le Ferrovie Romane«; mit Altobelli unterhielt er seit 1865 ein gemeinsames Atelier in Rom. Sein späteres Atelier im Palazzo Negroni-Caffarelli brannte 1893 völlig aus; er selbst konnte erst im letzten Augenblick gerettet werden. Er arbeitete hauptsächlich als Porträtfotograf, spezialisierte sich dabei schon früh auf »Gruppenporträts«. Ein typisches Kennzeichen seiner Lichtbilder waren die in z.T. recht manieristischen bzw. »besonders natürlichen« Posen aufgebauten Personengruppen.

Lit. P. M. In: P. M. In: P. Becchetti, Fotografi e fotografia in Italia. Rom 1978.

Montagna, Antonio (* 1841 Mesagne/Italien, † 1923 Mesagne) Er gründete als passionierter Fototheoretiker und Fotomechaniker um 1870 die Zeitschrift »Rivista Fotografica Universale«, in der er sich für die Verbreitung der Fotografie einsetzte und über Probleme der Fotopraxis und -chemie berichtete. 1881 betraute man ihn anläßlich einer großen Mailänder Ausstellung mit der Organisation der Sparte Fotografie. 1888 wurde er leitendes Mitglied der Associazione degli Amatori di Fotografia in Rom. Erwähnenswert sind seine frühen Landschaftsstudien, seine »vorgefundenen

Stilleben« und seine auffallend unprätentiösen Porträts.

Lit. A. M., Stampa fotografica al carbone: teoria e practica. Rom 1889

Moon, Sarah (* 1938) Arbeitete bis 1967 als Mannequin; 1968 machte sie ihre ersten Modeaufnahmen in Farbe für eine Pariser Modefirma, die später unter dem Titel »Patchwork« publiziert wurden und sie weltbekannt machten. M. eröffnete ein Atelier in Paris. Im Gegensatz zu → Turbeville ist M. eher an der ästhetisch-traditionellen Darstellung der Frau innerhalb ihrer Modeaufnahmen interessiert. Beeindruckend sind ihre 1977 für Cacharel entstandenen Lichtbilder, in denen sie mittels diffiziler Mehrfachbelichtungen (Farbe, auch als Rückprojektion) stimmungsvolle Landschaftsfotos und Modeaufnahmen kombinierte.

Lit. S. M. In: PHOTO, Nr. 67. München 1978

Moore, Raymond (* 1920 Wallasey/England) Studierte 1937–40 an der Kunstschule von Wallasey; nach dem Zweiten Weltkrieg Fortsetzung des Studiums am Royal College of Art, 1947–50. Freie kreative Fotografien seit 1951. Bekanntschaft mit Minor → White; 1970 gemeinsame Kurse am Massachusetts Institute of Technology. Seit 1975/76 Dozent für kreative Fotografie am Trent Politechnic in Nottingham; Zusammenarbeit mit → Hill. M.s erkennbar formalistisch ausgerichtete Stadtlandschaften und Objektstudien (zumeist s/w) erinnern an die Arbeiten des Australiers → Howe und an → Riebesehl.

Lit. R. M. Photographs. Ausstellungskatalog Welsh Arts Council. o.O. 1968

Morath, Inge (* um 1920 Wien) Verbrachte ihre Jugend in Darmstadt. 1935 Übersiedlung mit der Familie nach Berlin; Studium an der Universität. Ab 1946 Redakteurin der Zeitschrift »Heute« in München. 1951 Kontakt mit → Capa; Übersiedlung nach Paris; Lehrzeit im Büro der Bildagentur »Magnum« (u.a. bei Simon Guttmann), für die sie ab 1953 als Fotografin arbeitete (gemeinsame Reportagen mit → Cartier-Bresson). Ab 1955 Bildberichte aus der UdSSR, Afrika und Südamerika. 1962 Übersiedlung in die USA, Heirat mit Arthur Miller. Ihre Bildberichte erschienen u.a. in »Life«, »Paris Match« und »Saturday Evening Post«. Bemerkenswert sind vor allem ihre freien Situationsschilderungen und Porträts (u.a. Alberto Giacometti, Pablo Neruda, Naum Gabo). Sie wird als eine der wichtigsten zeitgenössischen Bildjournalistinnen angesehen.

Lit. O. Carlisle, Große Photographen unserer Zeit: I. M. Luzern/Frankfurt a.M. 1975

Morgan, Barbara (* 1900 Buffalo/New *
York) Studierte ab 1919 freie Malerei und Drucktechnik an der Universität von Kalifornien in Los Angeles. 1925 heiratete sie den Fotografen und Verleger Willard M., der sie mit der experimentellen Fotografie eines → Ray und einer → Henri bekanntmachte. Obwohl man sie als »originelle Porträtistin« feierte, wurde sie wegen ihrer Fotosequenzen der Tänze von Martha Graham bekannt. Doppelbelichtungen und mit einer starken Taschenlampe nachgezeichnete Bewegungen ließen die expressiven Qualitäten des modernen Tanzes erkennbar werden. Der phantastische Aspekt ihres Werkes dürfte auf → Uelsmann und David Kaminski nicht ohne Wirkung geblieben sein (→ Riwkin).

Lit. B. M. In: Women of Photography. Ausstellungskatalog Museum of Art. San Francisco 1975

Morinaga, Jun (* 1937 Nagasaki/Japan) Studierte am Institut für Fotografie der Nippon Universität, an der er 1960 sein Abschlußdiplom machte. Frühes Interesse für den Bildjournalismus und die amerikanische »straight photography«. Ab 1961 Assistent bei → Smith. Danach spezialisierte er sich mehr auf freie, auftragsungebundene Arbeiten und Themen. Auseinandersetzung mit der Bauhaus-Fotografie; erste Bilder für seine Serie »Monument is Monument«, die 1969 im »Nikon Salon« ausgestellt wurde. Im selben Jahr Auszeichnung mit dem Nachwuchspreis der Fotografischen Gesellschaft Japans. Er gilt als der »Visualist« unter den japanischen Fotografen. Die Formenstrenge und starke Kontrastbetonung seiner Arbeiten läßt an die Fotozyklen von → Müller-Pohle denken.

Lit. J. M. In: Neue Fotografie aus Japan. Ausstellungskatalog. Darmstadt 1978

Moriyama, Daidoh (* 1938 Osaka/Japan) Erhielt eine Ausbildung an der Hochschule für Kunstgewerbe in Osaka. 1958–60 arbeitete er als Grafiker für verschiedene Agenturen und Produkthersteller. Ab 1960 studierte er Fotografie, zuerst bei Takeij Iwamiya und anschließend 1961–63 bei → Hosoe. Ab 1963 als freier Fotograf tätig. 1967 wurde er mit dem Preis der japanischen Fotokritikervereinigung ausgezeichnet. In seinen Lichtbildern versucht M. häufig, durch Einbeziehung von reflektierenden Materialien, spiegelnden Plakatwänden, Schaufensterdurchblicken, Collagematerialien aus Sensationsmagazinen oder auch durch ungewöhnliche Perspektiven und Nahsichten eine »phantastische Atmosphäre« zu erzeugen. Er gehört in Japan mit zu den populärsten Fotografen. Seit 1972 arbeitet er an seiner Serie »Documents«, von der bereits sechs Einzelbände erschienen sind (Bestandsaufnahme der japanischen Gegenwart).

Lit. D. M. In: Neue Fotografie aus Japan. Ausstellungskatalog. Darmstadt 1978

Moses, Stefan (* 1928 Liegnitz/Schlesien) Ausbildung zum Fotografen ab 1943 im Atelier von Grete Bodlée;

Barbara Morgan

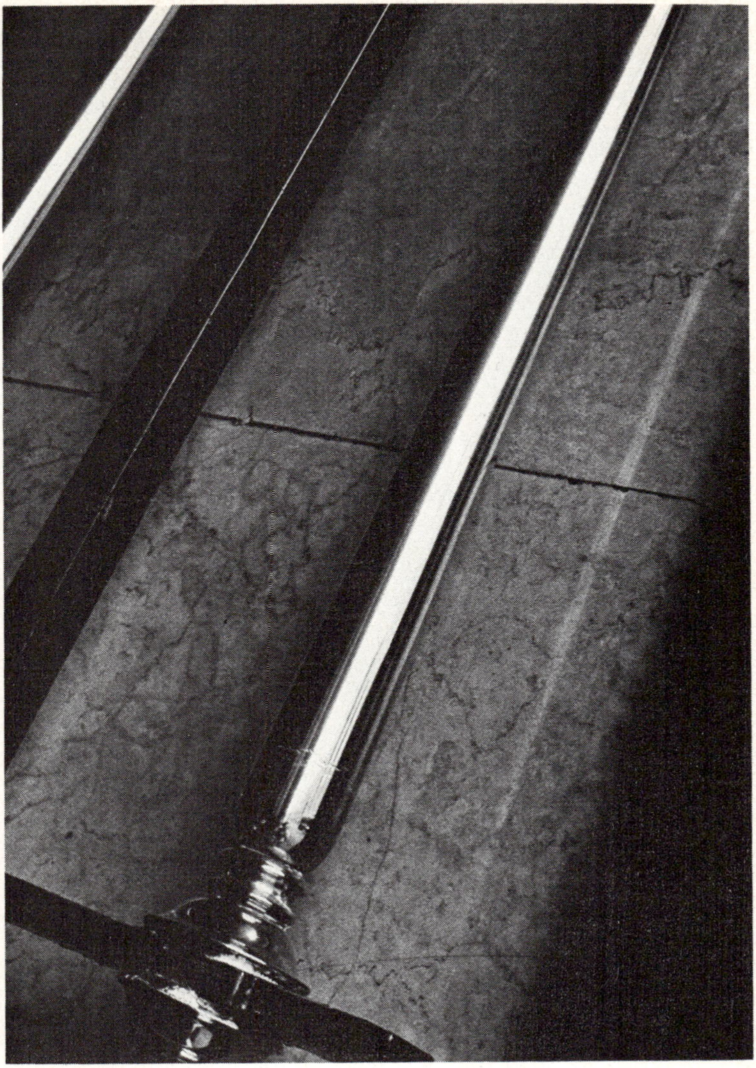

Andreas Müller-Pohle

Fortsetzung der Lehrzeit nach 1945 in Erfurt. 1948 Bühnenfotograf am Nationaltheater in Weimar. 1950 Übersiedlung nach München; Bildjournalist u.a. für die »Neue Zeitung«, »Revue« und später für das Hamburger Magazin »stern« (ab 1960). In seinen freien Arbeiten beschäftigt sich M. mit Bildessays über Künstler, Schriftsteller und Politiker. Bildberichte aus aller Welt bis 1965; danach als Fotograf selbständig. 1967 Veröffentlichung des Buches

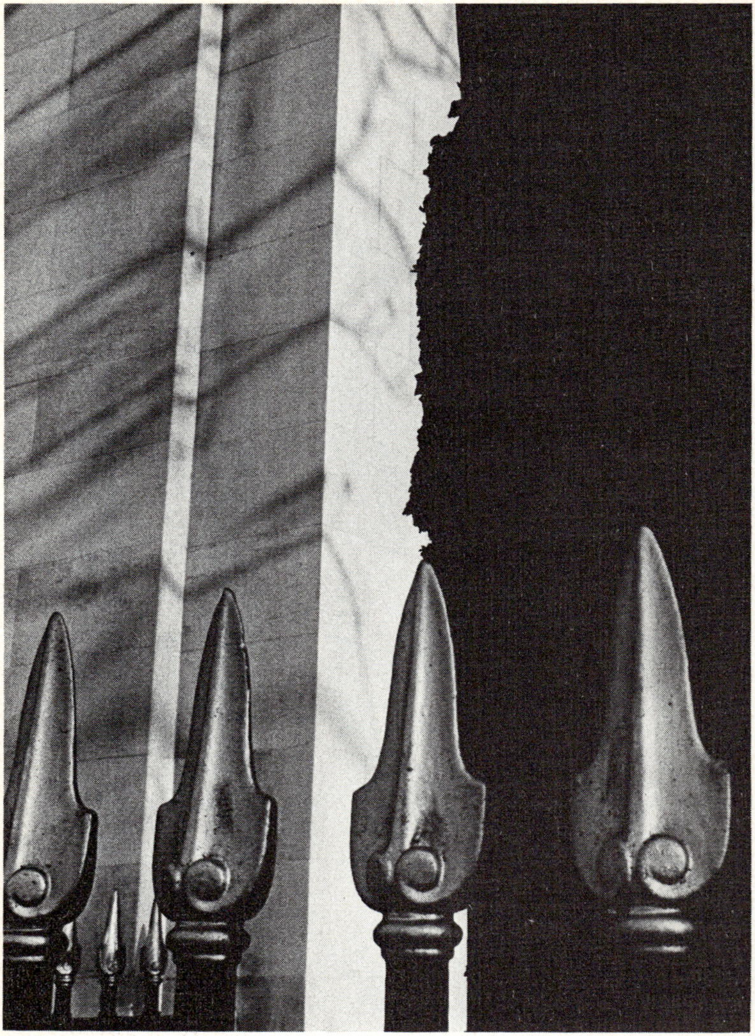

Andreas Müller-Pohle

»Manuel«, die erste Publikation mit Fotoessays. In seinen oft aus fünf, sechs und mehr Bildern bestehenden Essays schildert M. Augenblicke und Situationen aus dem Leben berühmter Menschen (von Ernst Jünger bis Heinz Bennent), die er jeweils mit einem Text von diesen beginnen läßt. Die außerordentliche Qualität seiner seit 1955 entstehenden Porträtserien steht in keinem Verhältnis zu ihrem geringen Bekanntheitsgrad.

Lit. S. M., Transsibirische Eisenbahn. München 1979

Mucha, Alfons Maria (* 1860 Ivanice, † 1939 Prag) Dieser Pionier der Plakatkunst des Jugenstils begann als Kulissenmaler am Wiener Ringtheater. Er studierte 1883–87 an der Kunstakademie in München und 1887–88 an der Adadémie Julian in Paris, wo er auch erstmalig mit fotografischen Techniken konfrontiert wurde. 1900 nahm er an der Pariser Weltausstellung mit Wandbildern im Bosnischen Pavillon teil. 1900–04 entstanden dann jene Porträts (u.a. von Paul Gauguin) und Akte, die ihn auch als Fotograf bekanntmachten. Meist benutzt er seine Akt- und Körperstudien als Vorlage für seine Bild- und Plakatentwürfe. 1904–11 wirkte M. als Werbegrafiker in den USA, wo er zugleich eine Dozentur am Art Institute von Chicago innehatte. Seine oft auch ironisch gemeinten Künstlerporträts und Frauenakte sind innerhalb der tschechischen Fotografie eine Ausnahmeerscheinung.

Lit. G. Ovenden, A. M. Photographs. London 1974

* **Müller-Pohle,** Andreas (* 1951 Braunschweig) Besuchte zunächst bis 1970 das Gymnasium in Kassel. Anschließend Studium der Wirtschafts- und Kommunikationswissenschaft in Hannover und Göttingen. Entscheidende Beeinflussung und Hinwendung zur ausschließlich in Schwarzweiß betriebenen Fotografie durch die Konfrontation mit den Werken → Rodtschenkos, → Moholy-Nagys und → Steinerts (seit 1971). Fototheoretische Arbeiten, Kritiken und Essays seit 1976. Herausgeber der Zeitschrift »European Photography«. Seine präzise und im Sinne einer visuellen Logik rationale Bildsprache, in der der Grenzbereich zwischen Realismus und Abstraktion formuliert wird, erinnert deutlich an die frühen Arbeiten → Wittkugels. Seit 1977 arbeitet er an einer neuen fotografischen Bildgrammatik.

Lit. A. M.-P. u.a. In: Vorstellung und Wirklichkeit. Köln 1979

Muir, Ward (eigentl. Wardrop Openshaw Muir; * 1878 Derby, † 1927 London) Unternahm schon mit 17 Jahren eine Europareise; fertigte Skizzen und Aquarelle italienischer, französischer und holländischer Landschaften an und beschäftigte sich nach seiner Rückkehr 1898 mit der Fotografie (»Pictorialismus«). Er benutzte die Kamera als »Skizzenbuch«, die Fotografien als Illustrationen seiner Reiseberichte, die er an englische Zeitungen verkaufte. 1901 wurden seine Landschaften im Photographic Salon gezeigt; 1904 wurde er Mitglied des »Linked Ring«; 1907 wurden seine Lichtbilder im Magazin »Jugend« als Musterbeispiele für den Einfluß des Jugendstils auf die englische Fotografie vorgestellt. Neben Romanen und Kurzgeschichten verfaßte er auch mehrere fototheoretische Texte für die Zeitschrift »Amateur Photographer«. In England gilt er als einer der Pioniere des Bildjournalismus. Während des Ersten Weltkrieges war er für die »Gazette«, eine Zeitschrift des Royal Army Medical Corps, tätig.

Lit. M. W. In: Pictorial Photography in Britain 1900–1920. Ausstellungskatalog der Royal Photographic Society. London 1978

Mulas, Ugo (* 1928 Pozzolengo, † 1973 Mailand) 1948–52 Jurastudium in Mailand. Abendkurse über Kunst und Fotografie 1951–52. Abbruch des Studiums und Beginn der Tätigkeit als freier Fotograf; Bekanntschaft mit dem Regisseur Giorgio Strehler, für den er ab 1954 (bis 1965) Bühnenfotografien fertigte. Seit 1955 auch vereinzelt als Mode- und Industriefotograf tätig. Fotodokumentationen über Alexander Calder und David Smith. Weitere Fotoreportagen über Künstler bis 1969. Ab 1970 Arbeit an seiner »Verifiche« genannten Lichtbildserie (s/w), »deren Thema die Fotografie selber ist«. Er ist einer der ersten Konzeptfotografen Italiens; Parallelen zu den Werken von → Josephson sind offensichtlich.

Lit. U. M. Ausstellungskatalog, Kunsthalle Basel. 1974

Munkacsi, Martin (* 1896 Kolozsvar/ Ungarn, † 1963 New York) Arbeitete schon mit 18 Jahren als Sportfotograf für die Budapester Zeitung »AZ EST«; 1924 zählte man ihn bereits zu den bestbezahlten Bildjournalisten Ungarns (zudem war er Fußballer in der ungarischen Nationalmannschaft); 1927 Übersiedlung nach Berlin und Abschluß eines Dreijahresvertrages mit dem Ullstein-Verlag; zahlreiche Aufträge für die »Berliner Illustrirte«, für die er über die Weltreise des Luftschiffes Graf Zeppelin berichtete. Bekanntschaft und Zusammenarbeit mit → Man, → Bosshard und → Umbo. Emigration in die USA, wo er neben Sportreportagen auch politische Bildberichte, Modeaufnahmen und Porträts u.a. für »Pictorial Review«, »Town and Country« und »Harper's Bazaar« machte. 1936 bekam er als einer der ersten Fotografen einen festen Vertrag bei »Life«; 1941 bezeichnete man ihn als den »bestbezahlten Fotografen Amerikas« und als »der Welt größter Frauen-Fotograf«. M. war außerdem als Schriftsteller, Motorradrennfahrer und Antiquitätensammler erfolgreich.

Lit. M. M. In: T. N. Gidal, Deutschland, Beginn des modernen Bildjournalismus. Luzern/Frankfurt a.M. 1972

Muybridge, Eadweard (eigentl. Edward James Muggeride; * 1830 Kingston/England, † 1904 Kingston) Absolvierte eine Lehre als Buchhändler, bevor er 1852 nach New York auswanderte. 1855 Eröffnung einer Buchhandlung in San Francisco. Ab 1860 erste Fotografien von Landschaften und Menschen (auch im Auftrag des Kriegsministeriums). Bedeutung für die Fotografie erlangte er in erster Linie durch seine zwischen 1872 und 1876 entstandenen Phasenfotos schneller Bewegungsabläufe, wie es neben ihm schon → Anschütz versucht hatte. M. arbeitete z.T. mit 24 nebeneinander aufgestellten Kameras (Kollodium-Verfahren), deren Verschlüsse von den sich vorbeibewegenden Objekten (laufende Menschen, galoppierende Pferde usw.) über einen speziellen Mechanismus ausgelöst wurden. Ab 1877 verwendete er auch Kameras mit stereoskopischen Linsen. 1879 konstruierte er ein »Zoopraxiscop«, mit dem die filmähnliche Projektion seiner Phasenbilder möglich wurde. Das Zoopraxiscop ist mithin als einer der Vorläufer der Kinematografie anzusehen (→ Marey). Seine 781 Bildserien wurden 1887 in elf Bänden unter dem Titel »Animal locomotion« publiziert. 1894 kehrte er in seine Heimatstadt zurück.

Lit. E. M. Ausstellungskatalog des Württembergischen Kunstvereins. Stuttgart 1976

Nadar (eigentl. Gaspard-Félix Tournachon; * 1820 Lyon, † 1910 Paris) Studierte in Lyon Medizin; übersiedelte 1842 nach Paris, wo er als Karikaturist und Journalist für die Zeitschrift »Charivari« arbeitete (→ Carjat); 1848 nahm er an der Revolution teil; 1849 gründete er die Zeitschrift »Revue Comique« und begann im selben Jahr, sich mit der Fotografie zu beschäftigen. Gemeinsam mit seinem Bruder Adrien Tournachon eröffnete er 1853 ein Porträtatelier; 1855 machte er aus einem Fesselballon die erste Luftaufnahme von Paris; 1858 benutzte er künstliches Licht (Magnesium) für seine etwas inszeniert wirkenden Porträts. 1860 und 1861 entstanden mehrere Fotoserien von den Pariser Katakomben; 1874 organisierte er in seinem Atelier die erste Ausstellung der Impressionisten; 1886 führte er das erste Fotointerview (21 Fotos) mit dem 100jährigen Gelehrten Michel-Eugène Chevreul; 1891 gründete er die Zeitschrift »Paris Photograph«. Sein Atelier war für Jahrzehnte Treffpunkt der Pariser Künstler, Schauspieler, Politiker und Gelehrten. Er war der berühmteste Porträtist in Frankreich; u.a. porträtierte er Jacques Offenbach, Giacomo Meyerbeer, Eugène Delacroix und Alexandre Dumas. Mit 80 Jahren schrieb er seine Autobiographie (»Nadar – Als ich Photograph war«), die ihn auch als unterhaltsamen Erzähler ausweist.

Lit. N. Gosling, N. Photograph berühmter Zeitgenossen. München 1977

Nannucci, Mauricio (* 1939 Florenz) Beschäftigt sich seit 1962 mit visuellen und semantischen Untersuchungen, seit 1964 mit der Anwendung verbaler Kommunikation, seit 1965 mit elektronischer Musik und Phonologie, seit 1967 mit Environments im Zusammenhang mit sensitiven Prozessen, seit 1969 mit der Analyse tautologischer Prozesse und mit Identifikationsvorgängen, seit 1970 mit den Themen Hypothese, Demonstration und Theorie. Ab 1971 erste fotografische Notierungen. 1973–74 fotografische Untersuchungen über die Farbe in der Natur; Aufzeichnung verbaler Denotationen mit Mitteln der Fotografie. Seine 1973 entstandene Bildfolge »Scrivere sull'acqua« erinnert in ihrer wörtlichen Rückbeziehung an die Themenstellungen → Naumans.

Lit. M. N. In: Sprache jenseits von Dichtung. Ausstellungskatalog Westfälischer Kunstverein. Münster 1979

Natterer, Johann (* 1811 Wien, † 1900 Wien) Absolvierte ein Medizinstudium und ließ sich als Arzt in Wien nieder. Beschäftigte sich, wie sein Bruder Josef, als Amateur mit der Fotografie. 1840 gaben sie die Entdeckung einer empfindlichkeitsteigernden Emulsion aus Brom, Chlor und Jod bekannt, mit der es möglich sein sollte, »Sekundenbilder« anzufertigen. Tatsächlich gelang es ihnen 1841, anläßlich der durch Wien ziehenden Fronleichnamsprozession, Daguerreotypien mit einer Belichtungszeit von weniger als einer Sekunde herzustellen. Sie benutzten dazu das neuartige Petzval-Objektiv von Voigtländer, das die enorme Lichtstärke von 1:3.5 aufwies.

Lit. J. N. In: W. Baier, Geschichte der Fotografie. Leipzig/München 1977

Nauman, Bruce (* 1941 Fort Wayne/Indiana) Studierte 1960–64 Mathematik und Kunst an der University of Wisconsin, 1965–66 an der University of California (Abschluß M.A.). 1965 Aufgabe der Malerei. 1966 erste Body-Aktionen. 1968 erste Video-Tapes: Selbstdarstellungen als Sprecher/Hörer; erste Fotodokumentationen der eigenen Arbeiten. Hauptthema ist für N., die Problematik sinnlicher Wahrnehmungen (deren Irritierbarkeit) aufzuzeigen. Als prominenter Vertreter der Performance und Body/Art benutzt er die Fotografie zur visuellen Notierung seiner häufig auf Wortspiele oder direkte wörtliche Beziehungen zurückgreifenden Handlungen, wie in »Rawl/War« (1970) oder »Self-Portrait as a fountain« (→ Klauke, → Nannucci, → Rinke).

Lit. B. N., Zeichnen/Bezeichnen. Ausstellungskatalog Kunstmuseum Basel. 1976

Nègre, Charles (* 1820 Grasse, † 1879 Paris) Besuchte, um Maler zu werden, die Ateliers von Ingres und Paul Delaroche (zur gleichen Zeit studierten dort → Fenton und → Le Gray). Fotografierte zunächst Stilleben, Porträts und Genreszenen, um Vorlagen für seine Gemälde zu bekommen. 1851 Gründungsmitglied der Société Héliographique; Zusammenarbeit mit → Le

Floris M. Neusüss »*Maßstabobjekt zur Farbsyntax – Blickpunkt*«, *1976*

Secq zum Zwecke der Weiterentwicklung des von Le Gray erfundenen Wachspapier-Verfahrens. 1852–53 unternahm er mehrere Reisen in die Provence (Architekturstudien; sie machen den größten Teil seines Werkes aus). Berühmt wurde er wegen seiner Aufnahme der Kathedrale von Chartres (mit 52 × 74 cm die größte Kalotypie). 1853 Benutzung des nassen Kollodium-Verfahrens, um zu kürzeren Belichtungszeiten zu gelangen. Wegen seiner in der Folgezeit entstandenen »Schnappschüsse« des Pariser Straßenlebens (→ Atget) bezeichnete ihn → Beaton als einen »flaneur-photographe«. Bis heute zu wenig bekannt ist N.s Bildbericht von der Eröffnung des Kaiserlichen Asyls in Vincennes (1860) und seine Erfindung der »Collotypie« und der »Photo-Galvanographie« (1861).

Lit. J. Borcoman, Ch. N. 1820–18880. Ottawa 1976

Neusüss, Floris M. (* 1937 Lennep) * Studierte Malerei und Fotografie an der Werkkunstschule in Wuppertal und an der Bayerischen Staatslehranstalt für Photographie in München. Studienabschluß 1960 bei → Hajek-Halke an der Berliner Hochschule für Bildende Künste. Seit 1957 setzte er sich mit der künstlerischen (konzeptuellen) Fotografie auseinander: mit Fotomontagen, Körperfotogrammen, Fotoauflösungen mittels chemischer und physikalischer Prozesse. Seit 1972 Beschäftigung mit der fotografischen Syntax, maßstäblichen Bildern in realen Räumen. Seit 1966 Dozent für Fotografie an der Staatlichen Werkkunstschule in Kassel; seit 1971 Dozent für experimentelle Fotografie an der dortigen Hochschule für Bildende Kunst. 1972 gründete er das »fotoforum« als Präsentationsgalerie für seine Fotografiestudenten (gleichzeitig Titel einer Publikationsreihe: »Edition fotoforum«). Er ist Organisator und Initiator zahlreicher Ausstellungen, Fotoworkshops, Fotoaktionen/Performances und Publikationen. Seine pädagogischen und künstlerischen Leistungen auf dem Gebiet der Fotografie, speziell dem der Konzeptfotografie, sind erheblich und in ihrer Breitenwirkung nur noch mit denen → Steinerts und Arno → Jansens vergleichbar.

Lit. F. M. N. (Hrsg.), Fotografie als Kunst – Kunst als Fotografie. Köln 1979

Newman, Arnold (* 1918 New York) Studierte 1937–38 an der Universität von Miami; beschäftigte sich in seiner Freizeit mit der Fotografie. Ab 1939 (bis 1941) in einem Porträtatelier in Palm Beach tätig; später Bekanntschaft mit → Stieglitz, Beaumont Newhall und Ben Rose. 1941 Eröffnung eines eigenen Porträtstudios in New York. 1945 erste Ausstellung mit seinen Porträts im Philadelphia Museum of Art. Durch Freundschaft mit Alexey Brodovitch zahlreiche Aufträge für »Harper's Bazaar«, dann auch für »Time«, »Life« und »Look«. Erste Stilleben (s/w) entstehen. Zur 200-Jahr-Feier Amerikas betraute man ihn mit dem Auftrag, »typische« Amerikaner zu fotografieren, die zuvor von einer Jury als solche ausgewählt worden waren. In seinen Porträts versucht N. eine Art bildmäßige Verquickung zwischen symbolisch-metaphysischen Arrangements und dem jeweiligen Modell herzustellen (»environmental portrait«).

Lit. B. Newhall und R. Sobieszek, A. N. One Mind's Eye. London 1974

Newton, Helmut (* 1920 Berlin) Kam 1936/37 als Volontär im Studio von → Yva zur Fotografie, das sich auf Mode und Porträt spezialisiert hatte. 1938 Emigration über Singapur nach Australien. Nach dem Zweiten Weltkrieg Übersiedlung nach Frankreich und Beginn der fotografischen Tätigkeit in Paris (1958). Seine skurrilen, phantastischen Modefotografien, in denen Eros und Gewalt oft als dominierende Aspekte eingesetzt sind, werden in allen großen, internationalen Magazinen abgedruckt: »Vogue«, »Playboy«, »stern«, »Oui« usw. 1978 lieferte er die fotografische »Ideenskizze« für den Film »Die Augen der Laura Mars«, in der Faye Dunaway als »weiblicher Newton« die Hauptrolle spielte. Neben Guy Bourdin, und Cheyco Leidmann u.a. zählt er zu den bestbezahlten und ideenreichsten Mode- und Werbefotografen der 70er/80er Jahre.

Lit. H. N., Sleepless nights. München 1978

Niépce, Joseph Nicéphore (* 1765 Chalon-sur-Saône/Frankreich, † 1833 Chalon-sur-Saône) Entwickelte um 1793 gemeinsam mit seinem Bruder Claude N. auf Sardinien die Idee, die von der Camera obscura erzeugten Bilder auf einem lichtempfindlichen Material festzuhalten. Diese Idee publizierte er 1802. Ab 1812 unternahm er wiederholt Versuche, die auf dem lichtempfindlichen Papier mittels der Camera obscura erzeugten Bilder auf einen Druckträger zu übertragen. N. experimentierte mit lichtempfindlichem Asphalt und übertrug diesen auf Stein-, Glas- und Metallflächen. 1822 gelang ihm die erste Kopie auf Glas; 1824 gelang ihm (Belichtungszeit 8 Stunden) eine Aufnahme aus dem Fenster seines Arbeitszimmers; er benutzte dazu eine mit Asphalt beschichtete Zinkplatte. 1826 nahm → Daguerre Kontakt zu ihm auf. 1827 reiste N. nach London und berichtete der »Royal Society of Science« von seinem neuartigen »Heliographie«-Verfahren; 1829 setzten N. und Daguerre einen Vertrag auf, in dem sie beschlossen, das Verfahren zu verbessern und geschäftlich zu nutzen. Ab 1831 experimentierte Daguerre u.a. mit Jodsilber und berichtete N. davon; nach dessen Tod wurden die Vertragsinteressen von Isidor N., seinem Sohn, wahrgenommen. Bis 1838 entwickelte Daguerre das Verfahren so weit, daß der Deputierte François Arago es am 7. 1. 1839 der Akademie der Wissenschaften in Paris bekanntgeben konnte. Die bis heute als erste Fotografie der Geschichte bekannte Aufnahme von N. wurde 1952 wiederentdeckt und von Helmut Gernsheim erworben. Sie befindet sich in der Gernsheim-Sammlung der Texas University. N. als alleinigen Erfinder der Fotografie zu bezeichnen, wäre im Hinblick auf die zeitgleichen Forschungen und Bemühungen auf diesem Gebiet vor allem in England, Italien und Deutschland nicht ganz korrekt. Bei der Fotografie handelt es sich um zwei verschiedene Prozesse: um einen physikalischen und einen chemischen. Die Kenntnis des Prinzips der Camera obscura geht auf Leonardo da Vinci (1452–1519) und Aristoteles (384 bis 322 v. Chr.) zurück. Die Kenntnis über die Wirkung optischer Gläser war schon vor Isaac Newton (1643–1727) verbreitet. Und die Lichtempfindlichkeit des Silbersalzes war den Italiener Angelo Sala (1576–1637) ebenso bekannt wie dem deutschen Mediziner und Chemiker Johann Heinrich Schulze (1687–1744). Das Wort »Photographie« wurde erstmalig am 25. 2. 1839 von dem Berliner Astronomen Julius Mädler (1794–1874) benutzt und publiziert. Die Begriffe »Negativ« und »Positiv« wurden in bezug auf die Fotografie 1840 erstmalig von John Frederick William Herschel (1792–1822) angewendet.

Lit. J. N. N. In: C. Nori, French Photography. New York 1979

Nooijer, Paul de (* 1943 Eindhoven/Niederlande) Studierte 1960–65 an der Akdemie für industrielle Formgebung. Beschäftigte sich 1964 autodidaktisch mit der Fotografie. Arbeitete u. a. auch als Fotodesigner in der Werbebranche; setzte sich zugleich mit den Möglichkeiten des Films auseinander (»Extra Dall«, 1976; »Transformation«, 1976; »Tarzan et Jane«, 1977). N. inszeniert für seine Fotografien bühnengleiche, von wenigen Personen belebte »Environments«. In seinen phantastisch-skurrilen Arbeiten finden Techniken wie Kolorierung, Einkopierung, Collage, Flächenretusche und Kontrastmanipulation eine prinzipielle, bilddefinierende Anwendung. Neben → Dekkers und → Elk zählt er zu den international bekanntesten niederländischen Fotografen.

Lit. P. d. N., Losing one's Head. Eindhoven 1977

Nothhelfer, Gabriele und Helmut (* 1945 Berlin; * 1945 Bonn) Begannen nach ihrer Schulzeit gemeinsam mit dem Studium der Fotografie (1967–69) an der Lette-Schule, Berlin; 1969–70 Fortsetzung des Studiums an der Folkwang-Schule in Essen u.a. bei → Steinert. Seit 1978/79 wissenschaftliche Assistenten an der Technischen und der Freien Universität in Berlin. In ihren zumeist schwarzweißen Fotoarbeiten bemühen sie sich besonders um die Darstellung des Menschen; ihre »Situationsporträts« präsentieren die Personen als Teilnehmer festlicher bzw. nicht alltäglicher Veranstaltungen; entsprechend »geschönt« und herausgeputzt stehen die Figuren im Vordergrund. Vermutlich ohne es beabsichtigt zu haben, ist den N.s auf diese Weise ein nachdenklich machendes Abbild unserer Wohlstandsgesellschaft gelungen, in der der Mensch, trotz Überfluß und Festlichkeiten, als Einzelwesen lebt. 1977 erwarb das Museum of Modern Art mehrere ihrer Lichtbilder.

Lit. G. und H. N. In: Die Fotografie. Mit Beiträgen von K. Honnef u.a. Mainz 1976

Notman, William (*1826 Renfrewshire/England, †1891 Montreal) Erlernte die Fotografie vermutlich in Edinburgh; wanderte 1856 nach Kanada aus und gründete um 1857 in Montreal ein Porträtatelier, in dem er jedoch zumeist nur in den Wintermonaten arbeitete. Während des Sommers reiste er durch Kanada, um Fotos für sein selbstgestelltes Thema »Kanadische Geschichte in Bildern« zu machen. Ab 1880 eröffnete N. weitere Ateliers in Ottawa und Toronto; das Unternehmen wurde nach 1891 von seinen Söhnen weitergeführt.

Lit. W. N. In: Die Sammlung Josef Breitenbach. Ausstellungskatalog Fotomuseum im Münchner Stadtmuseum. 1970

Nunes-Vais, Mario (*1856 Florenz, †1932 Florenz) Obgleich sich der gelernte Bankkaufmann N.-V. zeitlebens als »Dilettant« bezeichnete und seine Fotografie in erster Linie als »Passion und nicht als Beruf« betrieb, zählt er heute neben → Alinari, → Primoli und → Michetti zu den bedeutendsten Fotografen Italiens. 1885 machte er seine ersten Fotos, fünf Jahre später berief man ihn in die Società Fotografica Italiana, an deren Ausstellungen er sich beteiligte und deren erster Vorsitzender er wurde (1895). Im gleichen Zeitraum wurde er mit Vittorio Alinari bekannt, der ihn in die Porträtfotografie einwies. Nach den ersten bildjournalistisch anmutenden Arbeiten (Soldaten im Feld, Sport und Schnappschuß) entstanden nach 1905 fast nur noch Porträts und Charakterstudien, die in ihrer Eindringlichkeit an → Erfurth und → Sander erinnern. 1908 beteiligte er sich an der Verwirklichung eines »Pantheon Fotografico« berühmter Personen. Zu seinen eindrucksvollsten Werken zählt die 1906 entstandene Porträtserie der Schauspielerin Eleonora Duse.

Lit. M.N.-V. Gli italiani nelle fotografie di M. N.-V. Ausstellungskatalog Palazzo Venezia. Rom 1978

Orlopp, Detlef (*1937 Elbing) Studierte nach einer Fotografenlehre (1952–54) 1955 an der Fachschule für Fotografie in Köln; Fortsetzung des Studiums 1956–59 in Saarbrücken und Essen u.a. bei → Steinert, bei dem er auch seinen Studienabschluß machte. Ab 1961 Dozent an der Gesamthochschule Niederrhein in Krefeld; 1974 Ernennung zum Professor im Fachbereich Design. Er wurde vor allem durch seine unprätentiösen Landschaftsfotos und »Frontalporträts« bekannt. Seine in erster Linie an Stukturen, Mustern und grafischen Formierungen interessierten Arbeiten (Prinzip der Serie) lassen ihn zu einem Vorläufer der Kasseler Konzeptfotografen um → Neusüss und Heribert Burkert werden. *

Lit. D. O. Fotografien. Ausstellungskatalog Galerie Greve. Köln 1976

Ortiz-Echagüe, José (*1886 Alcarria/Spanien, †1980) Fotografierte seit 1898. Ausbildung zum Militäringenieur 1903–09 in Guadalajara. Während des spanischen Krieges in Marokko Beauftragter für Luftbildfotografie (Fesselballon). Ab 1911 als Pilot im Dienst der Spanischen Luftwaffe. 1917 Gründung einer Firma zur Herstellung von Fliegerbomben. 1923 Gründung einer Gesellschaft für Flugzeugbau, der CASA, der später größten spanischen Flugzeugfabrik. 1950 Geschäftsführer des größten spanischen Automobilwerkes SEAT. 1967 Pensionierung. Als erfolgreicher Geschäftsmann betrieb O.-E. die Fotografie als Hobby auf höchstem Niveau. Die Besonderheit seiner ab 1903 regelmäßig entstandenen Fotografien ist deren Verarbeitung auf einem von ihm selbst hergestellten bzw. sensibilisierten Papier (Kohlepigmentdruck). O.-E.s Werk konzentriert sich auf zwei Themen: die landschaftsbezogene Architektur und die Menschendarstellung, wobei viele seiner Ganzporträts und Figurenarrangements inszeniert sind.

Detlef Orlopp

Seine dem »Pictorialismus« und der Kunstfotografie nahestehenden Arbeiten stellen innerhalb der spanischen Lichtbildnerei eine Besonderheit dar.

Lit. J. O.-E., Spanien – Landschaften und Portraits 1903–1964. München 1979

O'Sullivan, Timothy H. (* 1840 New York, † 1882 Staten Island) Erlernte die Fotografie im Atelier von → Brady; Fortsetzung der Ausbildung 1858 im Atelier von → Gardner; Mitwirkung ab 1861 als Assistent von Brady an der Fotodokumentation über den amerikanischen Bürgerkrieg. Ab 1867 machte er im Auftrag der US Geological Exploration Fotografien, u.a. in den Silberbergwerken von Nevada und in den Rocky Mountains. 1870 reiste er mit der Darien-Expedition nach Panama; 1871 unternahme er mit George M. Wheeler weitere Expeditionen nach Arizona und New Mexico; Bildserien aus den Indianerreservaten; Landschaftsaufnahmen des amerikanischen Westens; 1880 Chef-Fotograf des Treasure Departments. In seinen 20 Berufsjahren als Fotograf legte O'S. eines der vielseitigsten und umfangreichsten Werke der amerikanischen Fotogeschichte vor. Seinem Œuvre ist bis heute nicht die Anerkennung zuteil geworden, die ihm gebührt.

Lit. J. D. Horan, America's Forgotten Photographers: The Life and Work of T. O'S. New York 1966

Outerbridge, Paul (* 1896 New York, † 1959 Laguna Beach) Bis 1921 absolvierte er ein Kunststudium an der Arts Students League in New York; anschließend Studium der Fotografie an der Schule von Clarence H. → White, der ihn 1923 zum Fachlehrer ernannte. Außerdem wurde O. als Werbefotograf für »Harper's Bazaar« und »Vogue« tätig. Zusammentreffen mit → Bourke-White, die seine Schülerin wurde. 1924 Übersiedlung nach Paris und Beschäftigung mit der Farbfotografie; Konzentrierung auf die Dreifarben-Carbrotechnik (subtraktive Farbmischung/Pigmentverfahren). 1928/29 Rückkehr nach Amerika; 1924 Eröffnung eines Porträtstudios in Hollywood. Neben seinen werbefotografischen Arbeiten sind besonders seine der Neuen Sachlichkeit verpflichteten Aktstudien und Stilleben erwähnenswert, die an → Umbo und → Funke erinnern.

Lit. P. O. jr., Farbphotographien 1921–1939. München 1980

Pabel, Hilmar (* 1910 Ratwitsch) Konzentrierte sich 1934 gleich nach seinem Studium der Germanistik, Philosophie und Zeitungswissenschaften auf die freie Fotografie. Arbeitete ab 1935 als selbständiger Bildjournalist; ab 1941 Kriegsberichterstatter. Nach Ende des Zweiten Weltkrieges Reportagen aus aller Welt; außerdem im Auftrag des Roten Kreuzes 2000 Kinderporträts in Waisenhäusern für Familienzusammenführungen. Arbeitete seit 1961 als Bildjournalist u.a. beim Hamburger Magazin »stern«. Sein Hauptthema ist das »Schicksal des Menschen in Ost und West«; er publizierte mehrere Bildbände. 1961 verlieh ihm die Deutsche Gesellschaft für Photographie (DGPh) den Kulturpreis. Er gilt neben → Gidal, → Bischof und → Haas als einer der bedeutendsten deutschen Bildberichterstatter.

Lit. H. P., Ich fotografierte Menschen. Ausstellungskatalog Staatliche Landesbildstelle. Hamburg 1958

Pagano, Giuseppe (eigentl. Giuseppe Pogatschnig; * 1896 Parenzo/Italien, † 1945 KZ Mauthausen) Begann in Triest und Padua mit dem Studium der Architektur. In der Fotografie sah er zunächst nur ein willkommenes Mittel der Dokumentation. Nach Kriegsende setzte er sein Studium bis 1924 fort. Schon bald mit staatlichen Bauaufträgen überhäuft, verfaßte er mehrere polemische Artikel zur Verteidigung der modernen Architektur. Verstärkte fotografische Tätigkeit (Architektur, Detailstudien) ab 1931 mit der Übersiedlung nach Mailand und der Arbeit als Chefredakteur der Zeitschrift »La Casa Bella«. Während des Zweiten Weltkrieges kämpfte er auf der Seite der Widerstandsbewegung; er wurde 1943 verhaftet und in das Gefängnis von Brescia eingeliefert; zwei Jahre später Deportation in das Konzentrationslager Mauthausen. P. gilt als einer der fortschrittlichsten Architekten Italiens. Sein fotografisches Werk scheint keiner »Schule« verpflichtet zu sein; seine Lichtbilder erschienen u.a. in Zeitschriften wie »Domus«, »Fotografia« und »Cinema«.

Lit. G. P. Fotografo. Mit Texten von F. De Castro u.a. Mailand 1979

Palfi, Marion (* 1917 Berlin) Erhielt bis 1933 Unterricht als Tänzerin, wirkte danach in zwei Filmen mit und verdiente sich ihren Lebensunterhalt als freies Fotomodell; begann schließlich selbst zu fotografieren (Mode und Werbung). Um 1940 eröffnete sie ein Porträtstudio in Amsterdam. Vor den einrückenden Nazis emigrierte sie nach Amerika. Während ihrer Arbeit an einem Fotoessay über die notleidenden Künstler und Schauspieler in den USA

Giuseppe Pagano »*Roma*«

lernte sie den schwarzen Dichter Langston Hughes kennen, mit dem sie bis zu dessen Tod 1967 eng befreundet blieb. Sich selbst bezeichnet sie als »sozialkritische Kunstfotografin«. Ihr Buch »Invisible in America« und ihre Fotoserien der Randgruppen der Gesellschaft lassen sie zu einer prominenten Zeitgenossin der → Arbus werden.

Lit. M. P. In: Women of Photography. Ausstellungskatalog Museum of Art. San Francisco 1975

Paolini, Giulio (* 1940 Genua) War bis 1960 als Bühnenbildner tätig. Danach Analyse der künstlerischen Mittel durch Malerei und Collage; Analyse der Kunst und deren Geschichte als ein durch sich selbst bestehendes System. Seit 1972 Einsatz der Fotografie zur Erforschung der Perspektive als zeit-, raum- und mentalbezogene Betrachtungsweise. Anders als → Mulas erforscht P. nicht die Fotografie »an sich«, sondern deren Darstellungs- und Wahrnehmungsmöglichkeiten. Sein dialektisches Verfahren gleicht, als Bild manifestiert, den Arbeiten des Malers Howard Kanovitz: Personen betrachten ein Objekt (Bild I), weitere Personen betrachten die Personen, die das Objekt betrachten (Bild II) usw. Das Dargestellte tritt hinter den Prozeß der Wahrnehmung zurück: Nicht das Kunstwerk ist das Faszinosum, sondern der von dritten und vierten verfolgte Prozeß der Auseinandersetzung mit diesem (→ Collins, → Kuppel).

Lit. G. P. Ausstellungskatalog Städtisches Museum Mönchengladbach. 1977

Parks, Gordon (* 1912 Fort Scott/Kansas) Arbeitete als Fotograf und Filmemacher seit 1937. Roy Emerson Stryker holte ihn 1942 zum Fotografenteam der Farm Security Administration (→ Shahn, → Lange, → Lee, → Rothstein). 1943 Fotograf des Office of War Information. Ab 1949 Arbeiten für »Life«. 1950–60 unternahm er Reisen nach Europa, schrieb Gedichte, Drehbücher und Musikstücke. 1961 erschien seine erste mehrseitige Reportage in »Life«, später noch »The Death of Malcom X« (1965), »The Death of Martin Luther King« (1968) und »The Black Panthers and the Police« (1970). 1967 wählte man ihn zum Fotografen, der am meisten zur Völkerverständigung beigetragen habe; 1968 Regie und Buch von »Learning Tree«; 1969 Ehrendoktor der Boston University und der Connecticut University; 1971 Regie und Buch von »Shaft« (der erste Welterfolg eines schwarzen Filmregisseurs); 1972 Regie und Buch von »Shaft's Big Score«, Daneben weitere umfangreiche Bildberichte aus New York und Rio de Janeiro. P. ist neben Prentice H. Polk, → Van Der Zee, Beuford Smith, Kenley A. Gardner, Joe Crawford und Ted Gray einer der wenigen schwarzen Fotografen von Rang.

Lit. G. P. In: C. Capa (Hrsg.), The Concerned Photographer 2. New York 1972

Penn, Irving (* 1917 Plainfield/New Jersey) Wurde durch Alexey Brodovitch zum Fotografieren angeregt. Arbeitete bis 1942 als Maler und Art-Direktor u.a. für das »Junior League Magazine«. Studienreise nach Mexiko. 1943 Beginn seiner Laufbahn als Fotograf; erste Aufträge für »Vogue« (mehrere Titelblätter und »Portraits with symbols«; → Newman). 1944 Arbeit für den American Field Service. Fotoreisen nach Indien und Europa. 1945 erneute Aufträge für Condé Nast (»Vogue«). 1953 Eröffnung eines Fotostudios (Werbung und Mode) in New York. Mehrere Reisen u.a. nach Afrika, Kreta, Neapel und Neuguinea, wo jene Ganzporträtserien entstanden, die 1974 unter dem Titel »Worlds in a Small Room« publiziert wurden. Wie → Avedon so erscheint auch P. als ein Fotograf, der seine besten Arbeiten auf dem Gebiet des »freien« Porträts vollbrachte. Berühmt wurde er allerdings durch seine mondänen Frauenbildnisse.

Lit. I. P., Augenblicke. Mit einer Einführung von A. Liberman. Luzern 1975

Pero, Joseph Wilhelm (* 1808 Hamburg, † 1868 Lübeck) Bis 1830 Ausbildung zum Maler an der Düsseldorfer Akademie bei Wilhelm von Schadow. Mehrere Reisen innerhalb Deutschlands, u.a. nach Potsdam, wo er am Hofe des Prinzen Wilhelm von Preußen (später Kaiser Wilhelm I.) das Daguerreotypie-Verfahren und den Umgang mit der Kamera erläutert. Um 1840 Übersiedlung nach Lübeck; Gründung eines Fotostudios. Um 1841 begann P. mit einer Serie von Lübecker Stadtansichten (u.a. St. Marien Kirche«, »Das Burgtor«), die zu den besten lichtbildnerischen Leistungen auf diesem Gebiet gerechnet werden müssen. P. war bis zu seinem Tode als Fotograf (gelegentlich auch als Maler) tätig. In seinem Schüler David Eichmann, der bereits 1851 offiziell ein Atelier in Lübeck unterhielt, erwuchs ihm ein talentierter Konkurrent.

Lit. J. W. P. In: F. Kempe, Daguerreotypie in Deutschland. Seebruck/Chiemsee 1979

Perscheid, Nicola (* 1864 Moselweis, † 1930 Berlin) Begann nach einer Lehrzeit in Koblenz als Landschaftsfotograf in Klagenfurt. 1891 Eröffnung eines Porträtateliers in Görlitz. 1894 Verlegung des Ateliers nach Leipzig. Ab 1899 Zusammenarbeit mit Arthur Benda (der zunächst bei ihm Lehrling war). 1905 Übersiedlung nach Berlin, wo er mit der Benennung »Lehrinstitut für künstlerische Porträt- und Landschaftsfotografie« um Kunden wirbt. Zu seinen Schülerinnen in den ersten Berliner Jahren gehörte auch → Kallmus, die 1907 mit seinem Assistenten Benda das Atelier verließ und sich in Wien selbständig machte. P.s Spezialität waren elegante Porträts (Konstruktion eines Weichzeichner-Objektives nach seinen Angaben durch die Busch-Werke in Rathenow) und äußerst stimmungsvolle Situationsstudien wie »Der Schnitter« (1901) oder »Ausflug mit dem Fahrrad« (um 1900). Er setzte sich früh für die »reine Fotografie« ohne Retusche ein. Als Zeitgenosse von → Dührkoop und → Erfurth gehörte er zu den renommiertesten Porträtisten des deutschen Sprachraumes.

Lit. N.P. In: Foto-Magazin, Nr. 2. München 1980

Peterhans, Walter (* 1897 Frankfurt a.M., † 1960 Stetten) Verbrachte seine Jugend in Dresden, studierte an der Technischen Hochschule in München (1921); Mathematik, Philosophie und Kunstgeschichte in Göttingen (1921–23); Malerei und Fotografie an der Akademie der Graphischen Künste in Leipzig (1925–26); Meisterprüfung im Fotografenhandwerk. 1929 Berufung als Meister an das Bauhaus, bis 1933. In dieser Zeit entstanden seine phantastischen Stilleben (»Blumen und Tüll«, »Stilleben mit zwei Eiern«) und Objektstudien. Außerdem Niederschrift zahlreicher Texte zur Fototheorie und zur Fotopraxis. 1939–60 Professor am Illinois Institute of Technology in Chicago (Visual Training, Analyse und Kunstgeschichte). 1959 Gastdozentur an der Hochschule für Bildende Künste in Hamburg. Er gilt neben → Moholy-Nagy als einer der Wegbereiter der Neuen Fotografie in Amerika.

Lit. W. P. In: H. M. Wingler, Das Bauhaus. Bramsche/Köln 1975

Petschow, Robert (* 1888 Kolberg, † 1945 Haldensleben) Begann 1907 mit dem Ingenieurstudium, das er 1910 wegen seiner Vorlieben für den Freiballon-Sport und die Fotografie aufgibt. Nach dem Ersten Weltkrieg Übersiedlung nach Berlin; Mitgliedschaft im Verein für Luftschiffahrt und Konzentrierung auf die Luftbildfotografie. 1926 Redaktion der Zeitschrift »Die Luftfahrt«. 1931 wird er Redakteur der Berliner Zeitung »Der Westen« (bis 1936). Im selben Jahr erschien Eugen Diesels Buch »Das Land der Deutschen«, in dem sich mehr als 400 Luftbilder von P. abgebildet finden. Während des Zweiten Weltkrieges wird P.s Luftbildarchiv mit ca. 30 000 Negativen zerstört. Er gilt als einer der ersten Fotografen, die die Luftbildfotografie (zuerst aus dem Freiballon, dann aus dem Luftschiff, schließlich aus dem Doppeldecker) mit Konsequenz betrieben haben.

Lit. R. P. In: K. Steinorth, Photographen der 20er Jahre. München 1978

Pino, Giuseppe (* 1940 Mailand) 1963–64 Ausbildung zum Lichtbildner an einer Fotoschule in Mailand. Seit 1965 als freier Fotograf und Bildjournalist tätig. 1967–73 arbeitete er als Chefredakteur für das Wochenmagazin »Panorama«. Neben den zahlreichen Porträtaufnahmen von Künstlern und von Personen des Bekanntenkreises dürften seine oft surrealistisch anmutenden Aktdarstellungen und Situationsschilderungen zu den besten Leistungen zählen. Erst seit 1975 ist er wieder intensiver mit eigenen fotografischen Projekten befaßt. Viele seiner Fotos sind inszeniert.

Lit. G. P. In: ZOOM, Nr. 8. München 1980

Pizzighelli, Giuseppe (* 1849 Mantua, † 1912 Florenz) Als Sohn eines österreichischen Arztes studierte er an der Militärakademie in Wien, die er als Leutnant verließ. Die ersten fotografischen Arbeiten (1870) entstanden während seiner Militärzeit (Landschaften, Porträts, Soldaten im Manöver). 1895 schied er als Oberstleutnant aus dem militärischen Dienst aus und wurde 1896 Vorsitzender der Società Fotografica Italiana, als deren Ehrenpräsident er ab 1899 wirkte. Sein besonderes Augenmerk ab 1900 galt der Fotochemie (Platinotypie) und der Fototechnik, über die er mehrere Bücher verfaßte.

Lit. G. P. In: P. Becchetti, Fotografi e fotografia in Italia. Rom 1978

Platt-Lynes, George (* 1907 New Jersey, † 1955 New York) Begann um 1930 als Amateurfotograf; machte neben Ballett- und Aktaufnahmen zahlreiche Modefotos u.a. für »Harper's Bazaar«, die z.T. von → Hoyningen-Huene inspiriert zu sein scheinen; wie dieser benutzte er gerne künstlich-malerische Arrangements voller erotischer Anspielungen. Freundschaft mit Aldous Huxley; umfangreiche Bildserien u.a. von Igor Strawinsky und Marc Chagall. 1934 hatte er seine erste Einzelausstellung in der Julien Levy Gallery in New York; 1937–39 entstand seine »Mythological Series«; 1946–48 arbeitete er mit festem Auftrag für »Vogue« in den Filmstudios von Hollywood. Neben den Modeaufnahmen zählen die eigenwilligen Aktstudien junger Männer (Figuren ohne Kopf, Körper- und Bewegungssymbolik) zu seinen besten Leistungen.

Lit. G. P.-L. In: Photographie als Kunst 1879–1979. Ausstellungskatalog Tiroler Landesmuseum Ferdinandeum, Bd. 1. Innsbruck 1979

Plossu, Bernard (* 1945 Vietnam) Verbrachte seine Jugend in Paris; fing 1958 an zu fotografieren; studierte um 1965 in Mexiko; ab 1966/67 Bildberichte für geographische Zeitungen und Magazine (bis 1975) u.a. aus Lateinamerika und Ländern des Fernen Ostens. In seinen deutlich dem Surrealismus und »Visualismus« verpflichteten Lichtbildern verbinden sich Einflüsse der jüngeren japanischen und amerikanischen Fotografie (→ Hosoe, → Gibson). P. gilt als einer der bedeutendsten Avantgarde-Fotografen in Frankreich. Sein vielseitiges Œuvre erinnert, gerade in der Darstellung von Menschen und Situationen, an die Arbeiten von → Gelpke und → Riebesehl.

Lit. B. P., Surbanalisme. Paris 1972

Polak, Richard (* 1870 Rotterdam, † 1957 Schweiz) Begann um 1912 als Amateur zu fotografieren; 1913 nahm er Unterricht bei dem Berliner Fotografen Karl Schenker. Im selben Jahr mietete er in Rotterdam ein Atelier, in dem er seine aufwendigen Fotografien inszenieren konnte. P. nahm den damals populären Begriff »Kunstfotografie« wörtlich; im Laufe von nur drei Jahren (bis 1915) entstand eine Vielzahl von einzigartigen Lichtbildern (Platindrucke), in denen er Szenen von Gemälden Vermeers, Ter Borchs, Jan Steens und Pieter de Hoochs direkt fotografisch imitierte, so daß sich Gemälde und Fotografie häufig nicht mehr voneinander unterscheiden ließen. Um 1916 gab er die Fotografie auf und übersiedelte aus gesundheitlichen Gründen in die Schweiz.

Lit. R. P. In: C. Beaton und G. Buckland, The Magic Image. London 1975

Ponti, Carlo (* um 1820, † 1883 Venedig?) Als Optiker und Fotograf hatte er sich um 1850 in Venedig niedergelassen. Zu seinen bekanntesten Arbeiten zählen die Stadtansichten von Venedig, Rom, Padua und Verona. Er konstruierte neben zahlreichen Objektiven auch ein »Megalethoskop«, einen Bildbetrachter mit Panoramawirkung, für den er 1862 auf der Weltausstellung in London eine Medaille erhielt. 1867 Teilnahme an der Pariser Weltausstellung mit Aufnahmen aus Venedig.

Lit. C. P. In: Esposizione Universale del 1867 di Parigi. E lenco dei premiati della sezione Italiana. Florenz 1868

Porter, Eliot Furness (* 1901 Winnetka/Illinois) Studierte bis 1924 an der Havard University, bis 1929 an der Havard Medical School. 1930–39 Dozent für Biochemie und Bakteriologie in Havard. 1939 Bekanntschaft mit → Stieglitz, der für ihn eine Fotoausstellung arrangierte. 1941 erhielt P. ein Guggenheim-Stipendium, um lebende Vögel fotografieren zu können. Ab 1942 Mitarbeiter im Strahlenlabor des Massachusetts Institute of Technology. 1946 zweites Guggenheim-Stipendium für ein Fotoprojekt. Im selben Jahr Übersiedlung nach Santa Fé. 1971 ernannte man ihn zum »Fellow of the American Academy of Arts and Science«.

Lit. E. P., Mornings of creation. In: Images of man 2. New York 1975

Primoli, Giuseppe (* 1851, † 1927) Lebte bis 1870 in Paris, wo er auch die fotografischen Techniken kennenlernte. Zusammen mit seinem Bruder Luigi fertigte er ab 1875 fotografische Reiseberichte aus Mailand, Venedig, der Schweiz, Griechenland und Spanien. Berühmt wurde er jedoch durch seine mondänen, den Jugendstil reflektierenden Frauenbildnisse. Während seiner Pariser Zeit verkehrte er in den literarischen Zirkeln von Théophile Gautier und Guy de Maupassant. In Italien nach seiner Rückkehr Freundschaft mit D'Annunzio. Der größte Teil seines Werkes (Vintage Prints) gilt als verschollen. In den Fondazione Primoli in Rom sollen sich noch ca. 12 500 Negativplatten befinden.

Lit. Die Welt des Grafen Primoli. In: DU, Heft 12. Zürich 1970

Puyo, Constant (gen. Commandant Puyo; * 1857 Dorlaix, † 1933 Paris) Als Offizier im französischen Generalstab betrieb er ab 1889 die Fotografie zunächst als Amateur. 1895 Beitritt zum Pariser »Photo-Club«; Freundschaft mit → Demachy; Begeisterung für die »Kunstfotografie« und die durch sie bekannt gewordenen Umdrucktechniken. P. ließ sich für seine impressionistisch anmutenden Landschaften, Porträts und Interieurs Objektive nach eigenen Berechnungen anfertigen. 1897 stellte er in Hamburg Kohlesammetpapierkopien aus; ein Jahr später präsentierte er seine ersten farbigen Gummidrucke. P. gilt neben Demachy als einer der engagiertesten französischen »Pictorialisten«.

Lit. C. P., Der Oelfarben-Kopierprozeß nach Rawlins. Berlin 1914

Rainer, Arnulf (* 1929 Baden bei Wien) Studierte 1947–49 Malerei an der Staatsgewerbeschule in Villach. Ab 1947 gegenständliche, surreale Zeichnungen; ab 1952 »Blindmalereien«; ab 1953 monochrome Gemälde (»Schwarzbilder«, Übermalungen) und ab 1958 »Selbstbemalungen«. Um 1959 erster Einsatz der Fotografie zur Dokumentation seiner »Gesichtsbildungen«. R. erstellt zu diesem Zweck umfangreiche Serien von Autoporträts (Zerstörung des gewöhnlichen Gesichtsausdrucks durch übersteigerte Mimik), die er großformatig vergrößert und mit schwarzen Strichen (mit dem Pinsel oder den Fingern aufgetragen) überdeckt, so daß Malgeste und Mimik zu einer neuen, sinnstiftenden Einheit gelangen.

Lit. A. R. Ausstellungskatalog Kunsthalle Basel. 1977

Ray, Man (* 1890 Philadelphia, † 1976 Paris) Studierte 1908–12 u.a. an der New Yorker Kunstakademie. Bekanntschaft mit Stieglitz, Francis Picabia und 1915 mit → Duchamp, dem er 1921 nach Paris folgte. Studium dort an der Académie des Beaux-Arts. Ähnlich wie Duchamp ist auch R. ein multimedial begabter Künstler gewesen; er malte, schrieb, bildhauerte, filmte und fotografierte. 1922 nahm er an der ersten Dada-Ausstellung in Paris teil. 1923 entstand der Film »Le Retour à la Raison«; Entwicklung eigener fotografischer Techniken bereits seit 1920: z.B. der Rayographie (Fotogramm), der Solarisation (Sabattier-Effekt), der Fotomontage, der Fotozeichnung. 1925 Teilnahme an den Surrealisten-Ausstellungen. 1940 Flucht über Lissabon nach Hollywood. 1951 Rückkehr nach Paris. Zu seinem ständig die Grenzen der Fotografie erforschenden Lichtbild-Œuvre gehören nicht nur eine Reihe beachtlicher Porträts (u.a. von Picasso, Braque und Arnold Schönberg), sondern auch virtuose Aktdarstellungen, Stilleben und skurrile Objektkompositionen.

Lit. M. R. Photographien, Paris 1920–1934. Mit einer Einleitung von A. Haus. München 1980

Regnault, Victor (* 1810 Aachen, † 1878 Paris) Wanderte mit 15 Jahren nach Frankreich aus, wo er in Paris nach einer kaufmännischen Lehre die Polytechnische Schule besuchte. Arbeitete dann als Chemiker, Physiker, Mathematiker und Meteorologe. 1840 übernahm er die Leitung des Polytechnikums; zugleich vehementes Interesse für die gerade bekannt gewordenen fotografischen Techniken von → Daguerre und → Niépce. Ab 1845 (bis 1870) entstanden seine Kalotypien (Papiernegative, Wachspapier-Verfahren): zumeist Landschaftsaufnahmen mit dem für ihn so typischen »Blick nach unten«. Hauptsächlich bekannt geworden durch seine Erfindungen (u.a. auch durch die in der Fotografie verwendete Entwicklersubstanz Pyrogallol) und seine zeitweilige Zusammenarbeit mit Justus Liebig, wird seinem Werk erst heute ein größeres Interesse entgegengebracht. Er arbeitete vorzugsweise mit einer 14 × 17-inch-Kamera, auch bei seinen wenigen bildjournalistischen Werken wie den »Sonnenden Arbeitern« oder den »Straßenkehrern im Hof«.

Lit. V. R. Ausstellungskatalog Institut Français. Köln 1978

Rejlander, Oscar Gustave (* 1813 Schweden, † 1875 London) Studierte Malerei in Rom. Übersiedelte 1841 nach England, wo er die Fotografie erlernte. Nach ersten Porträt-, Landschafts- und Genrefotos Experimente mit der Fotomontage um 1855. Zwei Jahre später legte er eine Serie von Fotomontagen (auch Sandwichtechnik) mit dem Titel »Two Ways of Life« vor, in der er 30 Negative (mit z.T. nackten Modellen) verschiedenartig kombiniert und als jeweils einzelnes Bild vergrößert/kopiert hatte. Ein Exemplar dieser Serie wurde sogar von Königin Victoria von England erworben. 1872 illustrierte R. Charles Darwins Buch »Ausdruck der Gemütsbewegungen bei Mensch und Tier«. Besonders interessant sind R.s »manieristische Porträts« (u.a. von Gustave Doré); er kann als einer der ersten Fotografen angesehen werden, die die Lichtbildnerei bewußt als künstlerisches Ausdrucksmittel verwendeten.

Lit. E. Y. Jones, Father of Art Photography: O. G. R. Newton Abbot 1973

Relang, Regina (* 1906 Stuttgart) Ging nach einem Kunststudium in

Stuttgart und Berlin für einige Jahre nach Paris. Begann dort als Autodidaktikin zu fotografieren; Modeaufnahmen u.a. für »Vogue« und »Dame«. Nach 1949 als Fotografin in München tätig; 1962 Gründung eines eigenen Studios (u.a. für Mode- und Werbefotografie). Ihre besonders in der Farbbehandlung extravaganten Modearrangements (auch in Verbindung mit Doppelbelichtungen, Illustrationen) erinnern bisweilen an die späten Arbeiten → Blumenfelds.

Lit. R. R., Arabeske und Poesie. Ausstellungskatalog Fotomuseum des Münchner Stadtmuseums. München 1977

Renger-Patzsch, Albert (* 1897 Würzburg, † 1966 Wamel) Fotografierte bereits mit zwölf Jahren (Autodidakt). Nahm als Soldat am Ersten Weltkrieg teil und studierte anschließend (bis 1922) Chemie in Dresden. 1922 Leitung der Bildstelle des Folkwang-Archivs in Essen. 1925 Gründung eines Ateliers in Bad Harzburg, wo er mit der Arbeit an seinem Bildband »Die Welt ist schön« beginnt, der heute als wesentliches Dokument der Neuen Sachlichkeit in der Fotografie angesehen wird. 1928 Übersiedlung nach Essen; Erstellung einer Art dokumentarischer Bestandsaufnahme westfälischer Industrie- und Stadtlandschaften. Daneben entstanden zahlreiche fotografische Material- und Strukturstudien (auch nach der Natur). 1933 Berufung an die Folkwang-Schule. 1957 Verleihung der David Octavius Hill-Medaille. R.-P. gilt als prominentester Vertreter der neusachlichen Fotografie; deutlicher Einfluß auf B. und H. → Becher, → Schürmann und → Riebesehl (→ Blossfeldt). In seiner letzten Publikation (1966) beschäftigte er sich mit dem Thema »Gesteine« in Struktur und Formation.

Lit. A. R.-P. Der Fotograf der Dinge. Ausstellungskatalog Museum Folkwang. Essen 1966

Riboud, Marc (* 1923 Lyon) Benutzte als Ingenieur die Fotografie zu beruflichen Zwecken; entschied sich 1949 dazu, den Beruf zu wechseln und

Heinrich Riebesehl *»Lengede (Peine), Nov. 1978«*

Heinrich Riebesehl *»Schlüsselburg (Minden), Febr. 1978«*

Fotograf zu werden. 1950 legte er → Cartier-Bresson seine Fotoarbeiten vor, der ihn zwei Jahre später zu »Magnum« holte. 1954 Bildberichte aus aller Welt, u.a. über die konservative Partei in England; 1956 Versuche mit der Farbfotografie; Mitarbeit an Mike Todds Film »In achtzig Tagen um die Welt«; 1957 erster Bericht aus China; 1958 Reportage über Papst Pius XII. und über die Rebellen in Sumatra; 1960 Bildkorrespondent in der UdSSR; zugleich Reisen nach Afrika (Kongo); 1968 Berichterstatter in Vietnam; 1971 Bericht über den Krieg zwischen Indien und Pakistan. Seine außergewöhnlichen Bildberichte aus China (1957, 1965, 1968, 1971) und dem Nahen Osten können bis heute (auch hinsichtlich des künstlerischen Aspekts) als sein Hauptwerk angesehen werden. Er gehört neben → Lebeck, → Cartier-Bresson und → Smith zu den wenigen Vertretern eines »humanen Bildjournalismus«.

Lit. M. R., Behind the Great Wall: 100 Years of China. Ausstellungskatalog Metropolitan Museum of Art. New York 1972

Ricciardi, Mirella (* 1933 Kenia) Übersiedelte 1951 nach England, von dort nach Paris, wo sie 1953–55 im Atelier von Harry Meerson die Fotografie erlernte. 1956 Rückkehr nach Kenia; Bildberichte über die Samburu-Neger. 1957–59 Arbeit als freie Fotografin in New York (Bildjournalismus, Werbung). 1960 Rückkehr nach Kenia und systematische Aufzeichnung der Lebensbedingungen der Schwarzen in Afrika (u.a. auch über die touristischen Elefanten-Safaris im Kongo und über die Massai), deren Stammesriten und Auseinandersetzungen mit einer ihnen wesensfremden westlichen Kultur sie in eindrucksvollen Bildsequenzen festhielt. Diese 1971 unter dem Titel »Vanishing Africa« publizierten Bildserien gehören zu den ersten dieser Art, die von einer Afrikanerin vorgelegt wurden.

Lit. M. R. In: C. Beaton und G. Buckland, The Magic Image. London 1975

Riebesehl, Heinrich (* 1938 Lathen) * Begann nach einer Drogistenlehre (1955–58) bei → Steinert an der Essener Folkwang-Schule zu studieren

(1963–65). Unterbrechung des Studiums und Arbeit als Bildjournalist für die »Hannoversche Presse«. 1968 Dozent an der Fachhochschule in Hannover als Nachfolger von → Umbo. 1969 Beginn der Fotoserie »Menschen im Aufzug«; 1971 Gründung der Galerie Spectrum in Hannover; Wiederaufnahme des Studiums bei Steinert 1972; Abschlußexamen 1973; gleichzeitig Beginn der Bildserie »Situationen und Objekte«. Organisation der Ausstellung »Photographierte Erinnerung« für den Kunstverein Hannover (1976). Ende 1977 Konzentrierung auf das Thema »Agrarlandschaften«, über das er 1979 ein Portfoliobuch veröffentlichte. Die Lichtbilder R.s reflektieren nicht nur die Bildauffassungen von Fotografen wie → Evans und → Renger-Patzsch, sondern auch von Malern wie → Magritte, Franz Radizwill und → Schad. R. zählte Ende der 60er Jahre zu den ersten Fotografen, die zur Rückbestimmung auf die primären künstlerischen Möglichkeiten der Lichtbildnerei in Deutschland aufriefen. Seine dem »Visualismus« und dem »Dokumentarismus« gleichermaßen nahestehende Fotografien können in ihrer Wirkungsbreite nur noch mit den Werken von → List, → Gibson und → Gelpke verglichen werden.

Lit. J. Krichbaum, H. R. Situationen und Objekte. Riesweiler 1978

Riefenstahl, Leni (*1902 Berlin) Ihre »späte Karriere« als Lichtbildnerin verdankt sie einer Reihe fotografischer Essays über die Naturvölker Afrikas, die seit 1970 in Magazinen wie »L'Europeo«, »The Sunday Times Magazine« und »stern« erschienen. Sie studierte Malerei, war als Schauspielerin tätig (»Das blaue Licht«, 1932; »Olympia«, 1936; u.a.). 1956 bekam ihr Propagandafilm »Olympia« das Prädikat zugesprochen, einer der zehn besten Filme der Welt zu sein. Als Filmerin wie als Fotografin bevorzugt sie die Farbe. Zu ihren überzeugendsten Leistungen zählt der als Buch vorliegende Bildessay »Die Nuba« (1973). Seit 1974 arbeitet sie auch als Unterwasserfotografin.

Lit. H. Heberle, Notizen zur R.-Rezeption. In: Frauen und Film Nr. 14, Dezember 1977

Riis, Jacob A. (*1849 Ribe/Dänemark, †1914 Barre/New York) Wanderte nach seiner Lehrzeit als Tischler in Kopenhagen in die USA aus, wo er mehrere Jahre in den Emigrantenghettos von Lower Manhatten verbrachte; arbeitete auch als Eisenbahnbauer, Pelzjäger und Handlungsreisender. Ab 1875 Beschäftigung mit der Fotografie. 1878 als Gerichtsberichterstatter (nur Texte) bei der »New York Tribune« angestellt, für die er 1887 dann die erste eigene Bildreportage machen konnte. 1888 Bilddokumentationen über die Armenviertel von New York. 1890 Publikation seines Buches »How the Other Half Lives«. Bekanntschaft mit → Johnston, die er für die engagierte fotografische Sozialreportage gewinnen konnte. 1895 von Theodore Roosevelt unterstützte Fotokampagne gegen Armut und soziale Ungerechtigkeit. Ab 1900 erschienen die Reportagen von R. in den wichtigsten Zeitschriften und Magazinen Amerikas. 1903 begann seine breitangelegte Fotodokumentation über die Kinderarbeit in den USA, die ab 1908/09 von → Hine fortgeführt wurde. R. gilt als Pionier der kompromißlosen, sozialkritischen Dokumentarfotografie.

Lit. J. A. R. Beginn einer sozialkritischen Fotografie in den USA. Ausstellungskatalog Museum Folkwang. Essen 1971

Rinke, Klaus (*1939 Wattenscheid) Absolvierte 1954–57 eine Lehre am Westfalenkaufhaus in Gelsenkirchen; studierte 1957–60 an der Essener Folkwang-Schule und wurde nach 1967 vor allem durch seine »Arbeiten mit Wasser« bekannt. Ab 1969 Aktionen und Performances; 1970–71 Film- und Video-Arbeiten; 1971 Einzelausstellung im Museum of Modern Art in New York; seit 1974 Professor an der Kunstakademie in Düsseldorf. Rinke benutzt die Fotografie in erster Linie als Darstellungs- und Dokumentationsmittel seiner um die Sichtbarmachung der Körper-, Raum- und Zeitkorrelationen bemühten Aktionen. Wie in der Montage »Lower Manhattan« (1975) so tritt er auch in seinen anderen Körperdemonstrationen selbst als Aktionsperson vor die Kamera (Zusammenarbeit mit → Baumgartl), um z.B. durch die schrittweise Vergrößerung des Abstandes vom Aufnahmestandpunkt die sukzessive Verkleinerung der Figur und zugleich die Erweiterung des sie umgebenden Raumes erkennbar werden zu lassen.

Lit. K. R. Ausstellungskatalog Musée d'Art de la Ville de Paris. 1976

Ritterbusch, Klaus (* 1947 Bodenwerder) Studierte 1969–73 Soziologie in Berlin. Auseinandersetzung mit der Fotografie seit 1972. 1974–75 Arbeit als Holzfäller. In seinem »Fotografische Variablen« betitelten Werk zeigt am Beispiel diverser Bildserien (zumeist Landschaften) die der Bilderstellung vorgeschalteten Variablen, wie z.B. Kamerastandpunkt, Zeitpunkt, Objektivwahl, Filmwahl, Filterwahl, Papiergradation und Labortechnik, deren Eingrenzung und nähere Definierung erst zum »entschiedenen« Bild führen kann, wodurch zugleich die Möglichkeit des unverfänglichen Dokumentierens mit fotografischen Mitteln ad absurdum geführt ist. R. gehört zu jener Gruppe von Fotografen (→ Mulas, → Josephson, → Katase), die vordringlich mit der Aufarbeitung und Darstellung von fotografie-immanenten Problemen befaßt sind.

Lit. K. R. Aanlytische Fotografie. Ausstellungskatalog Badischer Kunstverein Karlsruhe 1977

Riwkin, Anna (* 1908 Riga?, † 1970 Israel) Emigrierte 1914 mit ihren Eltern nach Schweden, wo sie nach ihrer Ausbildung an der Whitlocksa-Schule drei Jahre Tanzunterricht erhielt. 1927 ging sie als Fotovolontärin in das Stockholmer Benkow-Studio. 1928 eröffnete sie ein eigenes Fotoatelier für Porträtfotografie, beschäftigte sich aber in ihrer Freizeit mit fotografischen Tanzstudien. 1933 fanden ihre Arbeiten in der Pariser Ausstellung »La dance et le mouvement« ein besonders positives Echo. 1955 war sie als eine der wenigen Fotografinnen mit Arbeiten auf → Steichens »Family of Man«-Ausstellung vertreten. Neben ihren Reportagen (aus Israel, Korea, Jugoslawien) enstanden auch eine Reihe von Fotobüchern u.a. mit Texten von Daniel Brick, Eugénie Söderberg und Astrid Lindgren. Besonders bekannt machten sie ihre Bücher mit »Kinderreportagen«, die eine Gesamtauflage von über einer Million Exemplaren erreichten. 1960 gründete sie u.a. mit Gösta Glasa und Gustav Hansson die Fotoagentur »Full Hand«.

Lit. A. R. In: Fotografer A. Riwkin u.a. Ausstellungskatalog Moderna Museet/Fotografiska Museet. Stockholm 1978

Robinson, Henry Peach (* 1830 Lindlow/England, † 1910 Turnbridge Wells?) Betrachtete wie → Rejlander die Fotografie als ein besonderes, künstlerisches Ausdrucksmittel; er inszenierte seine Bilder (Genre und Porträt) nach den »akademischen Regeln für Komposition und Bildaufbau«. 1857 Eröffnung eines Porträtstudios in Leamington; 1888 Ehrenmitglied der Royal Photographic Society; 1900 Gründungsmitglied des »Linked Ring«. Ab 1868 Zusammenarbeit mit N. K. Cherril in Turnbridge Wells; dort 1878 Bau eines Großraumstudios. Berühmt wurde R. 1858 durch die Schilderung von Kindermärchen (u.a. »Rotkäppchen und der Wolf«) in Form

Anna Riwkin *»Ballet Dancer Alexander van Swaine. 1936«*

von fotografischen Bildserien. Häufig verwendete er dabei Elemente aus mehreren Negativen, die er auf ein Einzelbild übertrug. Er gilt als der prominenteste Vertreter der »narrativen Fotografie« in England.

Lit. H. P. R. In: Große Photographen 1840–1960. Time-Life o.O. 1976

Rodger, George (* 1908 Cheshire/England) Hatte bis 1927 als Kaufmann und Seemann die ganze Welt bereist; arbeitete danach (bis 1934) in den USA, wo er auch zu fotografieren begann. Übersiedlung nach England und Anstellung bei der BBC, bis 1939. Ab 1940 arbeitete er für »Life«; seine

Bildberichte aus aller Welt (u.a. über die Nuba in Afrika; → Riefenstahl) erschienen in »Picture Post«, »Illustrated« und »Life«. Während des Krieges berichtete er über die Kampfhandlungen in der Normandie ebenso wie über die im Fernen Osten, Nordafrika und Italien. 1947 gründete er zusammen mit → Cartier-Bresson, → Capa und → Seymour die Bildagentur »Magnum«. Ab 1948 hauptsächlich für »Magnum« tätig. R. verbrachte mehrere Jahre in Afrika, wo er ausgezeichnete Bildberichte über Negerstämme und wild lebende Tier schuf.

Lit. G. R. In: C. Beaton und G. Buckland, The Magic Image. London 1975

Rodtschenko, Alexander Michailowitsch (* 1891 Petersburg, † 1956 Moskau) Besuchte 1907–14 die Kasaner Kunstschule; Bekanntschaft mit dem Symbolisten Michail Wrubel. Ab 1915 entstanden abstrakte Federzeichnungen; Zusammentreffen mit Kasimir Malewitsch und Wladimir Tatlin; Auseinandersetzung mit dem Suprematismus und dem Konstruktivismus; Rodtschenko malte die Bildserie »Schwarz auf Schwarz« (als Reaktion auf Malewitschs »Weiß auf Weiß«). 1920 Gründungsmitglied des Instituts für künstlerische Kultur »Inchuk«; zugleich Leiter des Experimentierstudios an den Wchutemas; erste Fotomontagen. 1924 wurden seine Fotografien erstmalig in »Lef« publiziert. In seinen streng formalen Bildkompositionen (Städte-, Porträt- und Figurenbilder) favorisierte er das »Neue Sehen«, den schrägen Bildhorizont, starke Auf- und Untersichten, extreme Perspektiven. 1931 Ausschluß aus der Gruppe »Oktober« wegen Formalismus. Ab 1933 Beginn seiner Tätigkeit als Bildjournalist für die Zeitschrift »UdSSR im Bau«, in der seine Reportagen vom Bau des Weißmeerkanals abgebildet wurden. Freundschaft mit Wladimir Majakowski, zu dessen Gedichten er mehrere Fotocollagen als Illustrationen beisteuerte. Für die Avantgarde-Fotografie in Europa wurde sein Schaffen von zentraler Bedeutung. Besonderen Einfluß hatte er auf die jüngeren, dem »Visualismus« zuzuordnenden Fotografen wie z.B. Paul den Hollander, Claude Shade, Jaroslav Rajzik und → Müller-Pohle.

Lit. E. Weiss, A. R. Fotografien 1920–1938. Köln 1978

Roehr, Peter (* 1944 Lauenburg, † 1968 Frankfurt a.M.) Absolvierte 1959–62 eine Lehre in einer Werkstatt für Schilder- und Leuchtreklame; studierte 1962–65 an der Werkkunstschule in Wiesbaden; erste serielle Arbeiten entstanden seit 1962: symmetrische Lege- und Montagebilder aus Etiketten, Büchsen, Schachteln, industriell gefertigten Objekten. Seine seriellen Fotomontagen, die ihn vor allem bekannt machten, entstanden zwischen 1964 und 1966: diese zu Tableaus zusammenmontierten Bildserien bestehen aus horizontal und senkrecht gereihten Einzelbildern des immer selben Motives. Das auf solche Weise entstandene visuelle Netzwerk (das sekundäre Ornament, die Unterordnung des Einzelbildes unter das von ihm selbst erzeugte neue formale Muster) soll dabei die Wahrnehmung eines subjektiven Duktus, des individuellen Eingriffs des Künstlers verhindern. R.s Arbeiten wurden erst nach seinem Tod einem größeren Rezipientenkreis bekannt.

Lit. P. R. Ausstellungskatalog Kunsthalle Tübingen. 1976

Rössler, Jaroslav (* 1902 Smilov/CSSR) Arbeitete 1917–25 als Fotograf im Atelier von → Drtikol, dessen Einfluß in seinen frühen Lichtbildern erkennbar bleibt. 1923 Freundschaft mit Karel Teige; Mitglied der Gruppe »Devetsil«; Experimente mit abstrakten Lichtkompositionen. Ab 1925 Tätigkeit für das »Freie Theater« in Prag, wo er u.a. mit → Štyrský zusammentraf. Versuche mit Bromöl- und Gummidrucken; verdiente seinen Lebensunterhalt mit Werbefotografie. 1926 Übersiedlung nach Paris (Studio Lorelle) und Spezialisierung auf Werbe- und Industriefotografie.

Lit. J. R. In: Photographie als Kunst 1879–1979. Ausstellungskatalog Tiroler Landesmuseum Ferdinandeum, Bd. 1. Innsbruck 1979

Roh, Franz (* 1890 Apolda/Thüringen, † 1965 München) Studierte Literatur und Kunstgeschichte u.a. in Leipzig und München. Beschäftigung mit der Fotografie als Autodidakt seit 1920. Herausgabe (gemeinsam mit Jan Tschichold) des ersten Buches über experimentelle Fotografie: das »Foto-Auge« (1929). Nach 1946 Dozentur für Kunstgeschichte an der Universität München. 1951 Präsident der AICA (association internationale des critiques d'art). 1954 Mitglied des PEN-Club. Zahlreiche Publikationen über Malerei, Grafik und Fotografie. Seine Fotoexperimente beschränkten sich auf die Zusammenfügung disparater Sujets (Sandwichtechnik) wie z.B. Frauenakt und Stadtlandschaft, Akt und Architektur, denen literarisierende Titel beigefügt sind. R. war vor allem Theoretiker, Essayist, Kritiker und Förderer fotografischer Talente.

Lit. F. R. In: E. Bertonati, Das experimentelle Photo in Deutschland. Ausstellungskatalog Galleria del Levante. München 1978

Roiter, Fulvio (* 1926 Meolo/Italien) Begann 1953 als Autodidakt zu fotografieren; konzentrierte sich auf Bildessays über Städte und Landschaften in Italien; für seinen zweiten, 1955 entstandenen Bildband »Ombrie, Terre de Saint François« erhielt er den »Prix Nadar«; ab 1956 ausgedehnte Reisen durch Südeuropa; ab 1957 Reisen nach Amerika und in den Vorderen Orient. Fotodokumentation der prähistorischen Inschriften von Valcamonica. Seit 1960 veröffentlichte R. umfängliche Bildbände u.a. über Brasilien, Afrika, Türkei und Mexiko; er dürfte einer der meistpublizierten und international bekanntesten italienischen Fotografen sein.

Lit. F. R., Essere Venezia. Udine 1977

Ronis, Willy (* 1910 Prag) Wollte wie sein Vater eigentlich Musiker werden; beschäftigte sich als Autodidakt mit der Fotografie. Interessierte sich früh für die Theater- und Tanzfotografie; entschied sich 1945, die Fotografie als Beruf auszuüben; arbeitete ab 1946 zusammen mit → Doisneau, → Brassaï und Emile Savitry für die Agentur »Rapho«. Sein Arbeitsschwerpunkt lag auf der Darstellung sozialer Probleme. Er war einer der ersten französischen Fotografen, die offiziell für »Life« arbeiteten. 1954 Bekanntschaft mit → Steichen, der mehrere seiner Lichtbilder in der Ausstellung »The Family of Man« vorstellte. Ab 1960 war R. auch als Industriefotograf tätig; ab 1970 Dozent für Fotografie an der Académie des Beaux-Arts in Avignon und an der Universität von Aix-en-Provence. R. zählt neben → Izis, Jean-Philippe Charbonnier und Jean Dieuzaïde zu den hervorragenden französischen Fotografen, deren Werke im Ausland noch immer zu wenig bekannt sind.

Lit. W. R. In: C. Nori, French Photography. New York 1979

Rothstein, Arthur (* 1915 New York) Studierte bis 1935 an der Columbia University in New York; arbeitete 1935–40 als einer der jüngsten Fotografen im Team für die Farm Security Administration (→ Lange, → Shahn, → Parks, → Delano). Ab 1940 als Bildjournalist für »Life« tätig; im Auftrag der UNO Bildberichte aus China; 1945 Gründungsmitglied der »American Society of Magazine Photographers«; 1946 Entwicklung der »Xographie« (ein 3-D-Bildverfahren) und erneuter Vertrag bei »Life«; dort 1964 Publikation einer Xographie. R. arbeitete auch als Fotokolumnist bei »US-Camera«, war ab 1969 Bildchef von »Life« und Berater der US-Umweltschutzbehörde sowie des American Iron and Steel Institutes. Seit einigen Jahren ist er Mitherausgeber des Magazins »Parade«. Typisch für seine Fotografien ist die häufige Benutzung von Blitzlicht und ab 1961 seine fast expressionistisch anmutende Verwendung der Farbe, deren Einsatz im Bildjournalismus er nachdrücklich propagierte.

Lit. A. R., The Depression Years – As Photographed by A. R. New York 1978

Rubin, Genia (* 1906 Kiew/Ukraine) Verließ nach dem Schulbesuch 1927 Rußland, um in Berlin als Kameramann zu arbeiten. 1929 ging er nach Paris, wo er in den Pathé Studios als Standfotograf arbeiten konnte; 1931 Rückkehr nach Berlin; Eröffnung eines Porträtstudios; Modefotografien für »Das Magazin« und »Elegante Welt«. 1935 Übernahme des Ateliers von Harry O. Meerson in Paris; Freundschaft mit André Breton; Beschäftigung mit der Malerei der Surrealisten. In seinen die Stimmung des fin de siècle nachempfindenden Fotos wird die Kenntnis der Werke → Hoyningen-Huenes und → Platt-Lynes' sichtbar.

Lit. G. R. Photographien 1929–1959. Ausstellungskatalog. Berlin 1978

Rubinstein, Eva (* 1933 Buenos Aires) Verbrachte ihre Kindheit (Tochter Arthur R.s) in Paris; 1938/39 Übersiedlung in die USA; bis 1966 wirkte sie als Tänzerin und Schauspielerin in New York. Ab 1967 Zusammenarbeit mit → Model und → Arbus; im selben Jahr entstanden ihre ersten Theaterfotografien und Situationsporträts. 1969, 1971 und 1973 Studienreisen nach Europa. R. arbeitet heute als Journalistin, Porträt- und Modefotografin in New York; Lichtbilder von ihr erschienen u.a. in »Life«, »Look«, »Jour de France« und im »New York Times Magazine«. Zu ihren eindrucksvollsten Leistungen zählen die 1973 in Italien entstandenen Bildfolgen über »Sabbioneta« und ihre an → Modotti erinnernden Fotos von Innenräumen und Interieurs. Sie ist zweifelsohne eine der ernsthaftesten und zugleich unterschätztesten Fotografinnen in Amerika.

Lit. E. R. Mit einem Vorwort von S. Kernan. Dobbs Ferry 1974

Rübelt, Lothar (* 1901 Wien) Ausbildung an der Technischen Hochschule in Wien. 1918 Eintritt in den Wiener Sportverein WAC. 1920 Teilnahme als Schlußläufer der Olympischen Staffel (R. lief die 400-, 800- und 1000-Meter-Strecke). Ab 1923 erste Sportfotos. 1924 gemeinsam mit seinem Bruder Gründung der Bildagentur »Phot-Rübelt«. 1926 drehte der motorradbegeisterte R. mit eigenen Mitteln den Film »Mit dem Motorrad über die Wolken«. 1927 Bildbericht vom Brand des Justizpalastes in Wien. 1935 Bildjournalist für die »Berliner Illustrirte«, für die er 1936 über die Olympischen Spiele in Berlin berichtete. 1939 Fotograf bei der Wehrmacht (Polen-Feldzug). Nach 1945 wieder als Sportreporter tätig. 1960 letzter großer Bildbericht von den Olympischen Winterspielen in Squaw Valley. R., der zugleich auch hervorragende Fotoserien über politische Ereignisse und aus dem Arbeitermilieu vorlegte, gilt als der wohl bedeutendste Sportfotograf des deutschen Sprachraums.

Lit. L. R., Österreich zwischen den Kriegen. Mit einem Text von G. Jagschitz. Wien/München/Zürich 1979

Ruetz, Michael (* 1940 Berlin) Studierte nach seinem Abitur (1960) u.a. in Freiburg und Berlin Sinologie und Publizistik. Als Gasthörer bei → Hajek-Halke an der Berliner Hochschule für Bildende Künste gewann er Inter- *

Michael Ruetz »*Milano. Cimitero Monumentale*«

esse an der Fotografie; 1962/63 Aufgabe des Studiums und freie Arbeit als Fotograf. 1969–73 arbeitete er als Bildjournalist für das Hamburger Magazin »stern«. Vorbereitende Mitarbeit an der Kasseler »documenta V«

Michael Ruetz »*Genova. Cimitero di Staglieno*«

(1972); 1973 Gastdozentur an der Universität Hamburg; danach freiberuflich als Fotograf tätig (ohne redaktionelle Bindung): es entstanden bis Ende 1979 u.a. die Bildbände »Goethe in der Schweiz«, »Im anderen Deutschland«, »Auf Goethes Spuren« und »Nekropolis«, die ihn als einen der besten deutschen Landschafts- und Magazinfotografen ausweisen, dessen subtiler Umgang mit der Farbe (auch Einsatz von Farbfiltern bei Landschaften und Innenräumen) nachgerade als vorbildlich bezeichnet werden könnte. 1975 bestand er als externer Examinand die Prüfung bei → Steinert.

Lit. M. R. DDR – Bilder aus Deutschland. Ausstellungskatalog Galerie Spectrum. Hannover 1976

Ruscha, Ed (* 1937 Omaha/Nebraska) Übersiedelte 1956 nach Los Angeles. Dort bis 1960 Studium (Industriezeichnen und Graphik) am Chouinard Art Institute, danach Anstellung als Reinzeichner und Layouter in einer Werbeagentur. 1963–65 als freier Kunstmaler tätig. Ab 1965 Layouter bei »Artforum«. Seit 1969 in Hollywood als freier Fotograf und Maler tätig. R., der der Fotografie die Kunstfähigkeit abspricht, benutzt die Kamera als Instrument zur Konservierung seiner visuellen Eindrücke; dabei interessiert ihn nicht die einmalige, sondern die wiederholbare Impression. Aus diesem Grunde entstehen umfangreiche Bildersammlungen zu Themen wie »Gasoline Station«, »Swimming Pool«, »Parking Lot« usw., die jeweils in Buchform publiziert werden (zumeist Selbstverlag). R. weist darauf hin, daß nicht der individuellen Ausarbeitung des Themas sein Interesse gilt, sondern dem »Moment des Sammelns, des Zusammenstellens und des Verteilens«, weswegen es auch möglich sei, Aufnahmen anderer Fotografen in seinen Publikationen (ohne Nennung der Namen) mit zu verwenden.

Lit. E. R., Twentysix Gasoline Stations. Alhambra 1969

Růžička, Drahomir Josef (* 1870 Trhová Kamenice/Tschechoslowakei, † 1960 New York) Studierte Medizin bis zur Promotion in Wien; wollte sich als Arzt niederlassen; Emigration in die USA (um 1900). Ab 1904 erste durch die Kunstfotografie inspirierte fotografische Versuche. Ab 1911 Freundschaft mit Clarence H. → White, der ihn zum Fotografen ausbildete; Stilleben und Aktstudien entstanden. R. war ein entschiedener Verfechter der »Fotografie als Kunst«; er wirkte als solcher unmittelbar auf Fotografen wie → Sudek und Adolf Schneeberger. Er wandte sich später gegen die Verwendung von Umdrucktechniken (Bromöl- und Gummidruck); machte wie → Funke vehement auf die Fotografie der Neuen Sachlichkeit aufmerksam. 1921 wurden seine Arbeiten erstmalig in einer größeren Ausstellung in der CSSR präsentiert.

Lit. D. J. R. In: P. Tausk, Die Geschichte der Fotografie im 20. Jahrhundert. Köln 1977

Salomon, Erich (* 1886 Berlin, † 1944 Auschwitz) Arbeitete nach seinem Jurastudium in München, Berlin und Rostock als Bildjournalist 1918–25 für den Ullstein-Verlag; ab 1926 Bildberichterstatter für die »Berliner Illustrirte Zeitung«, später auch für »Time«, »Fortune« und die »New York Tribune«. Er gilt neben → Man als Begründer des modernen Bildjournalismus. Seine Bildberichte aus dem Reichstag, dem Genfer Völkerbundpalast und von den politischen Gipfeltreffen der frühen 30er Jahren zählen bis heute zu Meisterleistungen der deutschen Bildberichterstattung. Er wurde anerkennend als »diskreter Beobachter« bezeichnet; er arbeitete mit besonders lichtstarken Objektiven (Ermanox, Leica) bei Gerichtsverhandlungen, Konferenzen und Parlamentssitzungen (mit vorhandenem Licht, was seinen Fotos einen besonderen Grad von Authentizität verlieh). 1934 flüchtete er nach Holland, von wo aus er von den Nazis nach Auschwitz verschleppt wurde. 1971 wurde von der Deutschen Gesellschaft für Photographie ein Preis für außergewöhnliche bildjournalistische Arbeiten gestiftet, der seinen Namen trägt.

Lit. E. S., Berühmte Zeitgenossen in unbewachten Augenblicken. München 1978

Salzmann, August (* 1824 Konstanz, † 1872 Paris?) Reiste als Maler, Archäologe und Fotograf 1854 nach Palästina, wo er mehr als 200 Lichtbilder historischer Bauten (Tempel, Grabmale, Kirchen; zumeist in Jerusalem) anfertigte. 1856 wurden diese außerordentlich schönen, von einem sicheren Gespür für Kompositionen und Lichtführung zeugenden Bilder von Blanquart-Evrard kopiert und als Portfolio in Paris veröffentlicht. Diese Fotografien wurden von dem Altertumsforscher Louis-Félicien de Saulcy als willkommene »unbestechliche Zeugen« für seine Thesen bezüglich bestimmter architektonischer Stilmerkmale (und deren Datierungen) Jersualemer Bauten begrüßt, derentwegen man ihn vorher (da er nur Zeichnungen vorlegen konnte) heftig angegriffen hatte. S. wird als einer der ersten Reisefotografen angesehen.

Lit. A. S. In: The First Century of Photography. From the Collection of André Jammes. Ausstellungskatalog Art Institute of Chicago. 1978

Samaras, Lucas (* 1936 Kastoria/Griechenland) Lebt seit 1948 in Amerika; studierte 1955–59 an der Rutgers University in New Brunswick (u.a. bei Allan Kaprow); Studium der Kunstgeschichte 1959–62 an der Columbia University in New York; erste Happenings, Objekt-Environments, Pop-Art-Pastelle; 1962 »Book Nr. 4«, Buchobjekt mit Nägeln und Rasierklingen; seit 1968 Transformationen von Gebrauchsgegenständen; seit 1970 »Autopolaroids«, Selbstporträtserien des eigenen Körpers; Polaroid-Verformungen; Polaroid-Performances; seit 1973 »Foto-Transformationen«, Veränderung des Bildes durch Bilder, Projektionen, Gegenüberstellungen, Manipulationen, Zerstörungen (Fotoauflösungen, → Neusüss). S. benutzt, wie z.T. auch → Mulas und → Messager, die Fotografie zur Darstellung eines Prozesses, der das Thema Fotografie (Realität der Bilder, Veränderung der Realität durch Bilder) zum Inhalt hat; Kritik der Fotografie mit Mitteln der Fotografie (→ Katase, → Paolini).

Lit. L. S., Phantasmata, Photo-Transformations. Ausstellungskatalog Pace Gallery. New York 1977

Sandels, Karl (* 1906 Stockholm) Begann mit zwölf Jahren zu fotografieren; mit 16 Jahren machte er seine erste eigenständige Sportreportage; 1924 brachte die Stockholmer Tageszeitung »Dagens Nyheter« eine Serie seiner Sportbilder; 1925 machte er sich als Bildjournalist selbständig. Ab 1926 arbeitete er hauptsächlich für das Stockholmer »Dagblad«, bis 1931. Eine eigene Bildagentur gründete er 1934, die bis 1948 bestand – er selbst gab die auftragsgebundene Fotografie 1942 auf, da man ihn zum Direktor der »Swedish Photographer's Association« ernannt hatte (1942–60). Zugleich wurde er als Herausgeber der »Svensk Fotografisk Tidskrift« tätig. 1961 gründete er das Magazin »Fotonyheterna«. Neben zahlreichen bildjournalistischen Fotomontagen, die um 1930 im »Dagblad« abgedruckt wurden, sind besonders seine Bildberichte von offiziellen politischen Empfängen und aus dem Schwedischen Reichstag erwähnenswert, die in ihrer sensiblen Situationserfassung an → Salomon und → Lebeck denken lassen.

Lit. K. S. In: Fotografen K. Sandels u.a. Ausstellungskatalog Moderna Museet/Fotografiska Museet. Stockholm 1978

Sander, August (* 1876 Herdorf, † 1964 Köln) Versuchte sich zunächst als Bauzeichner; machte 1892 seine ersten Lichtbilder und begann während seiner Militärzeit (1896–98), eine Serie von Soldatenporträts anzufertigen. Nach dem Besuch der Dresdner Malakademie 1902 Eröffnung eines Fotostudios in Linz. Teilnahme an der Weltausstellung in Paris 1904, wo er eine Goldmedaille gewann. Im selben Jahr Versuche mit der Farbfotografie (Bichromatdrucke). 1910 Übersiedlung nach Köln und 1914 Teilnahme an der Werkbund-Ausstellung. Nach dem Ersten Weltkrieg Beginn der Fotodokumentation »Menschen ohne Maske«, die 1927 im Kölner Kunstverein ausgestellt wurde; 1929 Publikation des Buches »Antlitz der Zeit«; 1934 Beschlagnahmung seines Werkes durch die Nazis. 1935–44 Konzentrierung auf die Landschaftsfotografie (Rheinlandschaften); 1945 Zerstörung seines Kölner Ateliers durch Kriegseinwirkung. 1960 Verleihung des Bundesverdienstkreuzes. In seinen inszenierten Porträtstudien (Ganzporträts) versuchte S., eine Typologie des sozialisierten (berufstätigen) Menschen zu erstellen. Die Konsequenz, mit der er diese Porträts »deutscher Menschen« zusammentrug, erinnert, auch hinsichtlich der enormen Anzahl von Lichtbildern, an das Schaffen von → Curtis (→ Stone).

Lit. A. S., Menschen und Landschaften. Ausstellungskatalog Bahnhof Rolandseck. Bonn 1977

Saudek, Jan (* 1935 Prag) Studierte 1950–53 an einer Schule für Industriefotografie. Wurde nach seiner Militärzeit mit dem Katalog der von → Steichen organisierten Ausstellung »The Family of Man« (1955) konfrontiert und beschloß, als freier, künstlerisch orientierter Fotograf zu arbeiten. 1963 organisierte er seine erste Einzelausstellung in Prag. 1969 folgte eine große Ausstellung in den USA, 1977 in Melbourne. S.s Bilder »kreisen immer um ein Thema«, schreibt Anna Farová: »um die Beziehungen der Menschen zueinander – Eltern, Kinder, nackte Körper mit ihrem Potential zu Liebe und Tod«. S. arbeitet hauptsächlich schwarzweiß, z.T. in Form von Bildessays (drei bis zwölf Fotos).

Lit. J. S. In: Fotografie, Heft 4. Göttingen 1977

Schad, Christian (* 1894 Miesbach) Begann 1913 ein Kunststudium in München; hielt sich 1915–20 in Zürich und Genf auf, wo er sich an den Schweizer Dada-Aktionen beteiligte und für die »kameralose« Fotografie einsetzte. Zusammentreffen mit Tristan Tzara, der seine Fotogramme als »Schadographien« bezeichnete. 1920 bis 25 Aufenthalte in Italien; ab 1925 in Wien. 1928 Übersiedlung nach Berlin und Bekenntnis zur Malerei der »Neuen Sachlichkeit«, deren bedeutendster Vertreter er wurde. Ab 1935 Bevorzugung der Porträtmalerei; Fotogramme entstehen nur noch vereinzelt. 1973 erste große Übersichtsausstellung seiner Fotogramme in München. Kennzeichnend für sein lichtbildnerisches Werk, das auf Künstler wie → Lex-Nerlinger, → Moholy-Nagy und besonders → Hoepffner gewirkt haben könnte, ist die absolute Beschränkung auf ein fotografisches Verfahren ohne Kamera und Film.

Lit. Ch. Sch., Schadographien 1918–1975. Ausstellungskatalog Von der Hedt-Museum. Wuppertal 1975

Schaewen, Deidi von (* 1941 Berlin) Studierte 1960–65 Malerei, Grafik und Fotografie an der Hochschule für Bildende Künste in Berlin. 1961 Beginn ihrer Lichtbildserie zum Thema »Wände«, die 1974 in einer Einzelausstellung im Pariser Musée d'Art Moderne vorgestellt wurde. 1966 Übersiedlung nach Barcelona (dort bis 1973); im selben Jahr Auftrag für den Pavillon »Der Mensch und seine Gesundheit« auf der »Expo '67« in Montreal. 1969 Übersiedlung nach New York; Zusammenarbeit mit Robert Cordiers für den Film »Injun Fendre«; Tätigkeit als freie Architekturfotografin; Fortsetzung der Arbeit am Thema »Wände« (zumeist Hauswände, die Spuren des Lebens, des Verfalls, der Zerstörung aufweisen). Ihr 1977 publizierter Band »Mauern« läßt an die Ablichtung »Berliner Wände« von → Höpker denken.

Lit. D. v. Sch. In: H. Schöttle (Hrsg.), dumont foto 2. Köln 1980

Schafganz, Theo (* 1892 Bonn, † 1976 Bonn) Erhielt seine Ausbildung 1907–10 an der Bayerischen Staatslehranstalt für Photographie in München, u. a. bei → Eugene. 1911 übernahm er das 1854 gegründete Fotoatelier seines Großvaters Johannes in Bonn. Theo Sch. spezialisierte sich wie dieser auf die Porträtfotografie, zugleich fertigte er aber auch eine Reihe von Stadtansichten und Milieustudien. 1919 gründete er zusammen mit → Grainer, → Erfurth und → Schensky die Gesellschaft Deutscher Lichtbildner (GDL). 1967/68 Übergabe des Ateliers an seinen Sohn Hans. Das Atelier Sch. ist das älteste fotografische Atelier in Europa.

Lit. H. Sieber, G. Sachsse und Th. Sch., Bonn. Frankfurt 1968

Schaichet, Arkadi (* 1898 Nikolajev, † 1959 Moskau) Arbeitete zunächst als Hilfsschlosser auf einer Werft; ab 1922 als Retuscheur in einem Fotostudio tätig; ab 1923 erste Bildberichte für die Moskauer Arbeiterzeitung. Ab 1924 Reporter für »Ogonjok«, danach für das Magazin »UdSSR im Bau« tätig. Während des Zweiten Weltkriegs als Kriegsberichterstatter unterwegs. Außerdem Fotodokumentationen aus der Welt der Arbeit. Mit seiner Bevorzugung ungewöhnlicher Perspektiven, ausgefallener Licht- und Schattenkompositionen, die vehement auf → Rodtschenko verweisen (der ebenfalls für »UdSSR im Bau« arbeitete), zählt er zu den Begründern des modernen Bildjournalismus in Osteuropa.

Lit. A. Sch. In: Fotografie, Heft 4. Leipzig 1976

Scharf, Otto (* 1858 Krefeld ?, † 1947 Krefeld) War von Beruf Turnlehrer; als Fotograf Autodidakt. Ab 1881 unterrichtete er am Krefelder Gymnasium; 1890 Ernennung zum Hauptturnlehrer; 1893 Ausstellung mit 53 seiner kleinformatigen Lichtbilder in Hamburg. Ab 1895 stellte Sch. Platindrucke her, 1897 Gummidrucke. Auseinandersetzung mit den Werken von → Hofmeister und → Kühn; Bekenntnis zur »Kunstfotografie«. Neben den an → Dührkoop erinnernden Porträts sind es vor allem seine »Szenen des Alltags«, seine Gruppenporträts und Krefelder Stadtansichten, die ihm den Ruf des engagiertesten Amateurs der Jahrhundertwende eintrugen. 1967 wurde in Krefeld eine Straße nach ihm benannt.

Lit. Der Photograph O. Sch. (1858–1947). Ausstellungskatalog Kaiser Wilhelm Museum. Krefeld 1979

Schawinsky, Xanti (* 1904 Basel) Bevor er 1924 an das Bauhaus nach Weimar ging, studierte er 1915–24 Architektur in Zürich, Köln und Berlin. In Weimar fertigte er u.a. Bühnenbilder für das Bauhaustheater und für das Stadttheater in Zwickau. 1925 entstanden die ersten experimentellen Fotos mit Rasterfolien und Doppelbelichtungen, die er »optische Transformationen« nannte. Einflüsse auf → Wittkugel und → Kepes sind denkbar. 1929 intensive Zusammenarbeit mit Walter Gropius und Marcel Breuer. 1936 Übersiedlung nach Amerika; neben Josef Albers Dozentur am Black Mountain College in North Carolina. Seit 1939 nur noch als freier Maler tätig.

Lit. X. S. In: E. Bertonati, Das experimentelle Photo in Deutschland 1918–1940. Ausstellungskatalog Galleria del Levante. München 1978

Otto Scharf »*Frühlingsabend, 1896*«

Otto Scharf »*Rheinstraße in Krefeld bei Dämmerung*«

Schensky, Franz (* 1871 Helgoland, † 1957 Schleswig) Erlernte das Fotohandwerk bei Franz Telgmann in Mühlhausen. Rückkehr nach Helgoland 1890 und Eröffnung eines eigenen Ateliers. In der Folgezeit entstanden

»Seestücke« und Aufnahmen von Meerestieren (grüner Kohlepigmentdruck), die ihn weltberühmt machten; Ernennung zum Hoffotografen. Neben → Erfurth und → Grainer 1919/20 einer der Mitbegründer der Gesellschaft Deutscher Lichtbildner (GDL). 1944 Zerstörung des Ateliers auf Helgoland.

Lit. F. Sch., Helgoland – wie es war. Ausstellungskatalog der evangelischen Kirchengemeinde St. Nicolai. Helgoland 1963

Schmidt, Michael (* 1945 Berlin) Machte 1965 als Amateur seine ersten Fotografien. Beschäftigung mit der Ereignis- und Dokumentarfotografie. Seit 1969 Lehrtätigkeit an der Volkshochschule in Kreuzberg (Berlin) im Fachbereich Fotografie. 1976 Gründung der Werkstatt für Fotografie; Beginn der Lehrtätigkeit an der Pädagogischen Hochschule in Berlin. Sch., der seit 1970 mit zahlreichen Ausstellungen und Publikationen an die Öffentlichkeit tritt, sieht sich selbst als emotionslosen, in erster Linie um Sachlichkeit bemühten Schilderer Berliner Verhältnisse. Dabei gelingen ihm einprägsame Milieu- und vor allem Straßen- und Architekturstudien, bei denen die Grauvaleurs den harten Licht-Schatten-Kontrasten vorgezogen werden. Zu seinen bekanntesten Schülern zählen Ulrich Görlich, Wilmar Koenig und Klaus-Peter Voutta.

Lit. M. S. und Schüler. Ausstellungskatalog Werkstatt für Photographie. Berlin 1980

* **Schneiders,** Toni (* 1920 Koblenz) Absolvierte eine Fotografenlehre und machte sich 1948 selbständig. Seine Spezialgebiete waren Architektur-, Industrie- und Landschaftsfotografie (auch Werbung). 1949/50 u.a. neben → Keetman, Siegfried Lauterwasser und später → Hajek-Halke Mitglied in der von → Steinert initiierten Gruppe »fotoform«. Bekenntnis zur kreativen, »subjektiven« Fotografie. Er publizierte in mehr als 100 Büchern und Broschüren (war zumindest in den meisten davon mit zahlreichen Aufnahmen vertreten). Sch. war zugleich als Bildjournalist für verschiedene Zeitschriften und Magazine tätig. Seine innerhalb der deutschen Fotografie überragenden Landschaftsbilder könnten auf die Kenntnis des Werkes von Minor → White schließen lassen

Lit. T. Sch. In: GDL 1919–1969. Eine Dokumentation. Essen/Werden 1969

Schürmann, Wilhelm (* 1946 Dortmund) Studierte nach dem Abitur 1966–69 Chemie an der Technischen Hochschule Aachen. Beschäftigte sich während des Studiums autodidaktisch mit der Fotografie. War zunächst als Bildberichterstatter für verschiedene Tageszeitungen des Aachener Raumes tätig. Unterrichtete ab 1972 (bis 1976) Fotografie am Aachener Reiff-Museum; zugleich erste Straßen-, Landschafts- und Architekturstudien; umfangreiche Fotoserien belgischer Wohnhäuser und Wohnsiedlungen, vorgefundener Stilleben, Zirkus-, Strand- und Waldszenen. Ende 1973 gründete er zusammen mit Rudolf Kikken die Aachener Galerie »Lichttropfen« (Schwerpunkt: amerikanische Fotografie), die neben der Galerie Wilde in Köln und der Galerie Spectrum in Hannover wesentlich zur Popularisierung der kreativen Fotografie in Deutschland beitrug. Neben B. und H. → Becher, → Schmidt und → Albert (der ebenfalls eine Serie über Häuser in Belgien vorgestellt hat) gehört Sch. zu den bekanntesten und international renommiertesten deutschen Dokumentarfotografen (→ Mantz, → Renger-Patzsch).

Lit. W. Sch., Fotografien. Mit einem Text von K. Honnef. Köln 1979

Schuh, Gotthard (* 1897 Iselwald, † 1969 Küsnacht) Ging nach Beendigung des Ersten Weltkrieges nach Italien, um Malerei zu studieren. 1926

Toni Schneiders *»Letzte Meldung«*

Rückkehr nach Zürich und Mitglied der Baseler Künstlergruppe »Rot-Blau«. 1931 Entscheidung, als Berufsfotograf für die »Zürcher Illustrierte« zu arbeiten. Bildberichte aus aller Welt. 1933–37 Reportagen u.a. aus Belgien, Italien, England und über die Wirkungen des aufkommenden Nationalsozialismus' in Österreich. 1938–39 Aufenthalte in Ostasien, Sumatra, Java und Bali. 1940 Publikation des Bildbandes über Indonesien »Insel der Götter«. Nach 1941 kurze Mitarbeit bei der Zeitschrift »DU«; danach bis 1960 Leitung der Bildredaktion der »Neuen Zürcher Zeitung«. Sch.'s Menschendarstellungen und Bildberichte gehören wie die von → Schulthess zu den Höhepunkten der Schweizer Fotografie.

Lit. G. S., Frühe Fotografien 1929–39. Zürich 1967

Schulthess, Emil (* 1913 Zürich) War zunächst als freier Grafiker in Zürich tätig, bis er 1937 eine Stellung beim Verlag Conzett & Huber annahm, für dessen neugegründete Zeitschrift »DU« er 1940 die grafische und fotografische Leitung übernahm. Wenig später begann er selbst zu fotografieren. Bekannt wurde er 1949 mit einem farbigen 360°-Panoramafoto vom 24-Stunden-Lauf der Mitternachtssonne; diese und viele andere seiner Aufnahmen wurden bald danach u.a. in »Life«, »Look« und anderen großen Magazinen nachgedruckt. 1951 unternahm Sch. eine Reise in den Kongo, deren fotografisches Ergebnis als Sonderheft von »Du« und als Bildband publiziert wurde. Weitere Bildberichte über die USA und Afrika folgten und machten ihn weltbekannt. 1957 machte er sich selbständig und nahm als fotografischer Beobachter an einer amerikanischen wissenschaftlichen Expedition in die Antarktis teil. Ab 1962 u.a. auch Bildberichte über Südamerika; 1964 über den Fernen Osten; 1970 über die Sowjetunion. Neben vielen Preisen und Ehrungen erfuhr er 1962 eine besondere Auszeichnung: Auf Initiative des »Board on Geographic Names« wurde ein geographischer Punkt in der Antarktis nach ihm »Schulthess Buttress« benannt.

Lit. E. S., China. Eine photographische Dokumentation. Text H. Keller u.a. Zürich/Stuttgart 1966

Schulz-Dornburg, Ursula (* 1938 Berlin) Absolvierte bis 1961 eine Ausbildung als Pressefotografin am Institut für Bildjournalismus in München; Auseinandersetzung mit der Pädagogik und der freien Fotografie als »Wahrnehmungstraining«. 1972 Fotobericht über »Abenteuerspielplätze«; 1974 Dokumentation über ein »Kindermalhaus«; im selben Jahr Publikation ihrer Bildserie »Vorhänge am Markusplatz« (Venedig). 1975 Beginn des Studiums der Sozialpädagogik in Düsseldorf (Abschluß 1978); ab 1976 bildjournalistische Aufträge für das Deutsche Jugendinstitut in München. 1977 Bilddokumentation über den »Palace Pier in Brighton«; 1978 Fotoessay »Ansichten von Pagan, Burma«. Ihre in Thematik und Durchführung konkret-konsequenten Arbeiten (zumeist s/w) stehen der Konzeptfotografie ebenso nahe wie dem Dokumentarismus.

Lit. R. Knubel und U. S.-D., Ansichten von Pagan – Burma. Köln 1978

Secchi, Angelo (* 1818 Regio Emilia, † 1876 Rom) Dieser auf dem Gebiet der Fotografie tätige Jesuitenpater wurde nicht nur wegen seiner astronomischen Abhandlungen bekannt, sondern vor allem auch durch jene sensationelle Serie von Fotografien der Sonnenfinsternis am 18. Juli 1860. Die Lichtbilder, die in der spanischen Wüste bei Las Palmas entstanden sind, sollen mittels eines speziell für diesen Zweck konstruierten Teleobjektivs von 250 cm Länge gemacht worden sein. S. setzte bis zu seinem Lebensende die Fotografie bevorzugt für astronomische Studien ein, die zum größten Teil auch publiziert wurden.

Lit. A. S., Relazione delle Osservazioni fatte in Spagna durante l'Ecclisse del 18 luglio 1860. Rom 1860

Seidenstücker, Friedrich (* 1882 Unna, † 1966 Berlin) Begann mit 16 Jahren zu fotografieren. Studierte zunächst Maschinenbau. Ab 1904 Studium an der Technischen Hochschule Berlin; Fotos aus dem Tiergarten. 1914–18 Konstrukteur beim Zeppelinbau in Potsdam. 1919–22 Studium der Bildhauerei an der Kunstschule Berlin. 1930 Entschluß, als Fotograf zu arbeiten. Er publizierte u.a. in der »Berliner Illustrirten«. 1945 Bildfolgen vom zerstörten Berlin. Er arbeitete als »Schnappschuß«-Fotograf im besten Sinne (Bilder von Straßenmusikanten, Menschen im Park, Lastenträgern). Wie bei → Cartier-Bresson, so kann man auch in seinen Arbeiten das Gespür für den »entscheidenden Augenblick« erkennen. S., der Fotograf des »Alltags und der kleinen Leute«, wurde erst vor wenigen Jahren als Lichtbildner von Rang wiederentdeckt.

Lit. F. S. In: V. Kahmen, Fotografie als Kunst. Tübingen 1973

Seymour, David (gen. Chim; * 1911 Warschau, † 1956 Suez-Kanal) Besuchte 1929–31 die Akademie für Graphische Künste in Leipzig; Studium an der Sorbonne in Paris 1931–33; erste Fotografien 1933. Bildberichte vom Spanischen Bürgerkrieg (1936–38). Bilddokumentation über die spanischen Flüchtlinge in Mexiko 1939; im selben Jahr Übersiedlung in die USA; dort ab 1942 amerikanischer Soldat. 1947 neben → Cartier-Bresson, → Rodger und → Capa Gründungsmitglied von »Magnum«. Bildberichte über die Nachkriegskinder in Polen, Ungarn, Italien und Deutschland für die UNICEF. 1954–56 Präsident von »Magnum«. Während eines Bildberichtes über den Suez-Krieg wurde er am 10. November 1956 von ägyptischen Soldaten erschossen.

Lit. D. S. ICP-Monographie 1911–1956. New York 1974

Shahn, Ben (* 1898 Kaunas/Litauen, † 1969 New York) Kam mit seiner Familie 1906 in die USA; absolvierte 1913–17 eine Lithografenlehre in New York und studierte 1917–22 Malerei an der National Academy of Design. Anschließend führten ihn mehrere Reisen durch Europa und Nordafrika; erste Versuche mit der Fotografie, in denen er von → Evans unterstützt wurde. 1930 Reduzierung der Malerei und Beginn der bildjournalistischen Tätigkeit; 1935–40 Fotodokumentation über die Lebenssituation der amerikanischen Landbevölkerung während der Depressionsjahre für die Farm Security Administration, für die u.a. auch Fotogafen wie → Delano, → Lee, → Hine und → Parks arbeiteten. Nach 1940 Rückkehr zur Malerei und allmähliche Aufgabe der Fotografie.

Lit. M. R. Weiss (Hrsg.), B. S. Photographer. An Album from the Thirties. New York 1973

Sheeler, Charles (* 1883 Philadelphia, † 1965 New York) Der hauptsächlich als Maler bekannt gewordene S. begann erst 1912, nach einem Kunststudium u.a. bei William Merrit Chase, zu fotografieren. Bedeutsam für seine sachlichen und formalistischen Lichtbilder wurde 1914 die Bekanntschaft mit → Stieglitz. 1915 entstand eine Fotoserie von Scheunen in Bucks County. 1919 Übersiedlung nach New York, wo er die Fotografie berufsmäßig ausübte (Reproduktionsfotografie, Aufnahmen von Kunstgegenständen). Zusammenarbeit mit → Strand. 1921 Fotoserie über Bauwerke in New York, die → Weston 1922 »als die besten Architekturfotos« bezeichnete, die er jemals gesehen habe. 1923–29 Arbeiten für »Vogue« und »Vanity Fair«. 1927

Fotodokumentation über eine Fabrikanlage für den Autohersteller Ford. 1929 Beteiligung an der Internationalen Film- und Fotoausstellung in Stuttgart. Ab 1932 Aufgabe der auftragsgebundenen Fotografie. Lichtbilder entstanden nur noch unter dem Aspekt ihrer späteren Verwendbarkeit für seine Malerei.

Lit. M. Friedman, Ch. S. New York 1975

Shinoyama, Kishin (* 1940 Tokio) Arbeitete 1961 als Fotograf bei der »Light Publicity Comp.«; promovierte im selben Jahr am Photo College in Tokio; 1963 eine weitere Promotion am Institut für Fotografie der Nippon Universität; 1966 Preis als bester Nachwuchsfotograf der Vereinigung japanischer Fotokritiker; 1968 Aufgabe der auftragsgebundenen Fotografie, zugleich erste Einzelausstellung im Ginza Nihon Salon. 1970 Preis der japanischen Fotografenvereinigung; Ausstellung der Aktserie »Nude« in einem Kaufhaus; Einladung zur photokina nach Köln. 1972 Fotoserie über »Kabuki Schauspieler«. 1973 Preis der japanischen Kunstakademie; Fotoserie über 106 berühmte Personen des öffentlichen Lebens. 1974 Beginn der Fotoserie über japanische Wohnungen und Landhäuser. 1975 Einladung zum Festival nach Arles. 1976 große Einzelausstellung seiner Werke im japanischen Pavillon auf der Biennale in Venedig. Neben seinen avantgardistischen Aktfotografien verdient vor allem die eine vollendete Beherrrschung der Farbe dokumentierende Serie »Meaning of the House« (1975) hervorgehoben zu werden, in der S. so etwas wie einen Exkurs über japanische Haus- und Wohnkultur anbietet.

Lit. K. S. In: ZOOM, Nr. 10. München 1978

Shore, Stephen (* 1947 New York) Fotografiert angeblich seit seinem 6. Lebensjahr. Verfaßt seit 1968 theoretisch-essayistische Texte zur Fotografie. Studierte 1970 u.a. bei Minor → White; präsentierte seine Fotos (s/w und Farbe) 1971 im Metropolitan Museum of Art in New York; erhielt 1974 ein Stipendium der National Endowment for the Arts und 1975 ein weiteres von der Guggenheim-Stiftung. Durch seine nüchternen, kargen Fotos amerikanischer Städte (Straßenkreuzungen, Tankstellen, Häuserreihen, Neubausiedlungen), die an → Evans und → Friedlander denken lassen und die u.a. → Albert und → Schürmann inspiriert haben könnten, erweist er sich als einer der prominentesten Vertreter der amerikanischen Dokumentarfotografie.

Lit. S. S., Fotografien. Ausstellungskatalog Städtische Kunsthallen. Düsseldorf 1977

Sieff, Jean-Loup (* 1933 Paris) Studierte nach dem Abitur ab 1952 Literatur und Philosophie in Paris. Später Ausbildung als Fotograf an der Schule Vaugirard und an der Schule von Vevey in der Schweiz (bis 1954). Nach mehreren freien Reportagen wurde er 1955 für die Zeitschrift »Elle« tätig, ab 1958 auch für die Bildagentur »Magnum«, für die er ein Jahr lang durch die Türkei, Polen und Griechenland reiste. 1959 entstanden erste Werbeaufnahmen. 1961–65 mehrere Reisen nach Amerika, Auseinandersetzung mit den Werken von → Smith und Walker → Evans. Rückkehr nach Paris und Eröffnung eines eigenen Studios für Werbefotografie und -film. Daneben freie Arbeiten (Bevorzugung des Weitwinkelobjektivs).

Lit. J.-L. S., La Vallée de la Mort – Journal d'un voyage 1. Paris 1978

Sieverding, Katharina (* 1944 Prag) Übersiedelte 1949 nach Castrop-Rauxel; besuchte in Dortmund bis 1962 die Schule und studierte bis 1964 an der Staatlichen Hochschule für Bildende Künste in Hamburg. Fortsetzung des Studiums 1964–73 an der Kunstakademie in Düsseldorf u.a. bei Joseph Beuys und Teo Otto. Beschäftigung mit Film, Video und Fotografie seit 1969. 1976 wurde ihr ein Stipendium des DAAD (Deutscher Akademischer Austausch-Dienst) für New York zuerkannt. Ihre bisweilen raumhohen, farbigen, oft mit Texteinfügungen versehenen Fotografien thematisieren das Rollenverständnis der Geschlechter innerhalb einer auf Konsumption und Gewalt ausgerichteten Gesellschaft. Einflüsse der Arbeiten von Valie Export, Nam June Paik und → Messager sind erkennbar.

Lit. K. S. Ausstellungskatalog Museum Folkwang. Essen 1977

Silk, George (* 1916 Neuseeland) Arbeitete bis 1938 als Cowboy und Viehzüchter; beschäftigte sich als Amateur mit der Fotografie; wurde 1939 Berufsfotograf. Diente als Soldat in der Armee Australiens. 1943–72 arbeitete er als Bildjournalist für »Life«. Seine Spezialgebiete waren zunächst Berichte über die »Außenseiter« in aller Welt (Menschen als Skurrilitäten), später dann Milieustudien und Sportreportagen. Neben → Rübelt ist er einer der wenigen Sportfotografen von Rang.

Lit. G. S. In: C. Beaton und G. Buckland, The Magic Image. London 1975

Siskind, Aaron (* 1903 New York) Studierte Pädagogik am City College in New York. Unterrichtete zunächst im Fach Englisch, dann (ab 1949) im Fach Fotografie (die Kenntnisse hatte er sich autodidaktisch angeeignet). S. begann ab 1933 in den Slums von Harlem zu fotografieren. In den frühen 40er Jahren entdeckte er die Faszination von Materialstrukturen, deren fotografische Aufzeichnung (s/w) von da an zu einem Hauptthema für ihn wurde. 1947 Freundschaft mit → Callahan, mit dem er 1951 als Dozent an das Black Mountain College geht. Ab 1959 Leiter der Fotoabteilung des Institute of Design in Chicago. 1963 neben Minor → White Gründungsmitglied der Society of Photographic Education. 1964 zeigte das George Eastman House eine 200 Bilder umfassende Ausstellung, darunter Strukturstudien und Fotos aus den Slums von Harlem. 1971 Berufung als Professor an die Rhode Island School of Design. Seine um 1945 begonnene Serie von Oberflächenstrukturen steht inhaltlich den Materialstudien von Minor White und den »Graffiti«-Bildern von → Brassaï nahe.

Lit. A. S., Photographs 1923–1978. Oxford 1979

Siskind, Arkadij (* 1899 Vjatka/Rußland) Erlernte die Fotografie um 1915/16 in einem Fotoatelier in Kazan. Von 1918–22 diente er als Soldat in der Roten Armee. Ab 1924 Bildjournalist bei »Vjatskaja Pravda« und »Vjatskaja Derevnja«. Ab 1928 Publikationen in »UdSSR im Bau« (→ Rodtschenko, → Fridljand) und »Sovetskoe Foto«. 1941–45 Kriegsdienst (auch als Bildberichterstatter). Ab 1946 Journalist der Zeitschrift »Krest'janka«. 1963 wurden seine Lichtbilder in Moskau erstmalig innerhalb einer Einzelausstellung präsentiert. Wie → Ignatowitsch, → Schaiet, Max Penson und Eleazar Langman so zählt auch er zu den Verfechtern des von Rodtschenko propagierten »Neuen Sehens« in der Fotografie.

Lit. A. Fomin, Fotoreporter A. S. Moskau 1969

Slavin, Neal (* 1941 New York) Erhielt 1961 ein Stipendium für das Studium der Renaissance-Malerei am Lincoln College der Oxford University in New York; 1962 arbeitete er als Assistent für Fotografie am Guggenheim-Museum in New York; ab 1963 Studium der Malerei und Grafik an der Cooper Union; zugleich erste Arbeiten als freier Fotograf. 1968 Reise nach Portugal: persönlicher Bildbericht über ein Land am Rande Europas (Publikation 1971). Ab 1972 Versuche mit großformatigen Farbfotografien; 1973 erste Einzelausstellung seiner Arbeiten in New York; zugleich Konzentrierung auf ein neues Thema: »Menschen als Gruppe«. S. geht es bei diesem Projekt darum, aufzuzeigen, daß es ein typisierendes Merkmal des amerikanischen Lebens ist, einem Club, Verein, einer Organisation, Gruppe oder Gesellschaftsschicht anzugehören und dieses auch durch eine entsprechende Kleidung oder gar Uniform deutlich werden zu lassen. S.s farbige Lichtbilder von Menschengruppen (bis zu 500 Personen) bestechen durch ihre meisterhafte Beleuchtungstechnik und ihre z.T. ironisch anmutenden Inszenierung.

Lit. N. S. In: Camera, Nr. 5. Luzern 1974

Smith, William Eugen (* 1918 Wichita/Kansas, † 1978 New York) Bekam bereits mit 18 Jahren ein Fotografie-Stipendium für die University of Notre Dame; machte mit 19 Jahren seine erste Bildreportage für »Newsweek«; veröffentlichte mit 20 Jahren Mode- und Porträtstudien in »Harper's Bazaar«; war mit 21 Jahren Vertragsfotograf bei »Life«. 1942–45 arbeitete er als Kriegsberichterstatter für »Popular Photography«; er machte u.a. risikoreiche Fotos des japanisch-amerikanischen Luftkrieges. Nach 1945 Reisen um die Welt für »Life«: u.a. Sozialdokumentationen, Bericht über Albert Schweitzer, »The Spanish Village«. 1955 Mitglied bei »Magnum«. 1956 Farbdokumentation über die zeitgenössische amerikanische Architektur. 1972 berichtete er in einer eindringlichen Folge von Bildern über »Minamata«, über die Auswirkungen der Umweltverschmutzung durch Quecksilber auf die Einwohner eines japanischen Fischerdorfes. Seine humanen, um Wahrheit bemühten Bildreportagen blieben in der Geschichte des modernen Fotojournalismus bis heute ohne wirklich überzeugendes Parallelbeispiel (→ Lebeck).

Lit. W. E. S., Photographer. Millerton 1971

Snowdon, Lord (geb. Antony Armstrong-Jones; * 1930 Sussex) Besuchte die Schule in Eton; studierte ab 1948 Architektur am Jesus College in Cambridge; begann 1949 zu fotografieren. 1950 Abbruch des Studiums. Ab 1951 erste Aufträge als Fotograf; 1952 Gründung eines Fotoateliers in Pimlico (London); ab 1953 Publikation seiner Arbeiten in »Picture Post«, »Tattler« und »Sketch«. Sein bevorzugtes Thema zu dieser Zeit: Theaterfotografie. Ab 1956 Modefotos für »Vogue« und »Harper's Bazaar«. 1960 Heirat mit Prinzessin Margaret; Schließung des Fotoateliers. Fortan freie Bildberichte für »The Sunday Times« und »Life«, u.a. über Künstler, Schriftsteller, Altenheime, Nervenheilanstalten, Ballett und Filmschauspieler. Ab 1969 auch als Regisseur von Dokumentarfilmen tätig. 1978 Bildberichte aus Brasilien für »The Sunday Times«. S., dessen beste Leistungen auf dem Gebiet des Situationsporträts liegen, dürfte einer der einfallsreichsten und vielseitigsten englischen Fotografen sein.

Lit. S., A Photographic Autobiography. New York 1979

Sommer, Frederick (* 1905 Angri) Lebt seit 1913 in Rio de Janeiro; bis 1927 Studium an der Cornell University. 1927–30 Architekt und Stadtplaner in Rio de Janeiro. 1935 Kurzstudium bei → Stieglitz; Bekanntschaft mit Edward → Weston; erste Fotos entstanden. 1957–58 Dozent für Fotografie am Institute of Design, Illinois Institute of Technology. S.s bevorzugte Themen sind Landschaften und »objets trouvés«. Seine seit 1941 entstehenden »Kadaver-Bilder« erinnern an die Werke gleichen Themas von → Clergue und → Wols; sie offenbaren eine Verwandtschaft zum Surrealismus und zur Phantastik.

Lit. F. S. Drawings, Paintings and Photographs. Ausstellungskatalog Institute of Design. Chicago 1957

Sommer, Giorgio (* 1834 Frankfurt a.M., † 1914 Neapel) Der wohl bekannteste italienische Veduten-Fotograf muß sein Handwerk schon recht früh erlernt haben. Um 1854 wurde er in der Schweiz mit der Erstellung einer Fotodokumentation betraut, die Aufschluß über die verkehrstechnisch am sinnvollsten zu realisierende Trassenführung einer Straße geben sollte. 1857 ließ er sich dann in Neapel nieder, wo er neben einzelnen Porträts und Kunstreproduktionen zahlreiche Stadtansichten von Neapel schuf. 1861 verfolgte er die Schlacht bei Gaeta als fotografischer Kriegsberichterstatter (→ Brady, → Gardner). Mehr als zehn Jahre arbeitete er mit Edmundo Behler zusammen, der sich wie er für die dokumentarische Stadt- und Landschaftsfotografie entschieden hatte. Zu S.s interessantesten Werken zählen die um 1865 entstandenen »Blicke auf Rom«.

Lit. P. Becchetti, Fotografi e fotografia in Italia. Rom 1978

Sougez, Emmanuel (* 1889 Bordeaux, † 1972 Paris) Studierte bis 1911 Kunst und Kunstgeschichte an der Universität von Bordeaux. Erste Fotografien entstanden bereits 1902. Mehrere Reisen bis 1914 führten ihn u.a. auch in die Schweiz und nach Deutschland, wo er seine fotografische Ausbildung vervollkommnete. Ab 1918 als freier Fotograf in Paris tätig. 1927 wurde er Leiter des Bilddienstes der Zeitschrift »Illustration«; hier setzte er sich besonders für die Farbfotografie ein; zugleich initiierte er die Gründung von »Le Rectangle«, einer Vereinigung von kreativen Fotografen in Frankreich. Bekannt wurde er durch seine Aktstudien und Fotografien der Rodin-Skulpturen, außerdem durch seine großformatigen Stilleben und Farbaufnahmen von »Meeresfrüchten«. 1945 schrieb er zusammen mit R. Lecuyer die vielbeachtete »Histoire de la photographie«. 1971 vermachte S. den bedeutendsten Teil seiner Arbeiten der Pariser Bibliothèque Nationale.

Lit. E. S. In: Beaton und G. Buckland, The Magic Image. London 1975

Souza, Al (* 1944 Plymouth/England) 1962–67 Ingenieurstudium an der Universität von Massachusetts. 1967–70 Studium an der Art Students League in New York. Bis 1972 Kunststudium in Amherst (Abschluß B. A.). Seit 1974 Dozent u.a. am Smith College in Northampton. Bis 1978 zahlreiche Studienreisen nach Europa. S. demonstriert in seinen farbigen Fotoarbeiten (Collage, Foto-Puzzle, Bild-Objekt-Kombination) die Beziehung zwischen industriellen und natürlichen Produkten (Spielzeug, Früchte, Insekten usw.) und deren grundsätzliche Transformierbarkeit zu Bildern: Einer Bildserie von Plastiksteinen werden diese als reale Körper gegenübergestellt. In seiner Rückbeziehung auf Künstler wie James Rosenquist und → Warhol erweist sich S. als ein der Pop Art nahestehender Fotograf.

Lit. A. S. Werke 1974–1979. Ausstellungskatalog University Gallery of Massachusetts. Amherst 1979

Spuris, Egons (* 1931 Riga/Lettland) Beschäftigte sich als Ingenieur der Radiotechnik autodidaktisch mit der Fotografie; erste Arbeiten (s/w) entstanden 1959: Landschaften und Situationsporträts; 1968 Auseinandersetzung mit dem Konstruktivismus und der neusachlichen Fotografie (Bau-

Edward Steichen *»After the Races«, Paris 1907*

haus, → Umbo); ab 1969 erste experimentelle Arbeiten und Teilnahme an inzwischen mehr als 300 Ausstellungen in 47 Ländern. Seit 1970 Fotoplakate und Buchveröffentlichungen. Seine avantgardistischen und formal äußerst sicheren Bildkompositionen weisen ihn als einen in der Tradition → Rodtschenkos arbeitenden »Visualisten« aus (→ Müller-Pohle).

Lit. E. S. In: H. Schöttle (Hrsg.), dumont foto 1. Köln 1978

Stankowski, Anton (* 1906 Gelsenkirchen) Lehre als Kirchenmaler 1921 bis 24; 1927–29 Studium an der Essener Folkwang-Schule u.a. bei → Burchartz. übersiedlung nach Stuttgart 1937. Dozentur an der Hochschule für Gestaltung in Ulm (1964). 1969–72 war er Vorsitzender des Ausschusses für visuelle Gestaltung des Organisationskomitees der XX. Olympischen Spiele in München. In seinen 1930–40 entstandenen Fotoarbeiten beschäftigte er sich hauptsächlich mit dem Problem Bewegung/Zeitablauf/Spiegelung. Die »Vortographien« → Coburns und die Fotoexperimente → Bragaglias könnten ihn beeinflußt haben.

Lit. A. St. und R. Fink, Augen-Blick. Stuttgart 1968

Steichen, Edward (eigentl. Eduard Jean St.; * 1879 Luxemburg, † 1973 West Redding) Absolvierte 1894–98 eine Lehre als Lithograf in Milwaukee. 1900 Beteiligung mit Fotografien an einer Ausstellung in Chicago; Bekanntschaft mit Clarence H. → White. der ihn mit → Stieglitz zusammen- *

brachte. Im selben Jahr Übersiedlung nach Paris; Begegnung mit → Demachy, dessen Arbeiten (Gummidrucke) ihn sehr faszinierten. 1902 Rückkehr nach New York, Mitbegründung der Photo-Secession. Es entstanden hauptsächlich Porträts (Platindrucke) berühmter Künstler und Schriftsteller; daneben Momentaufnahmen aus der High Society. Publikation zahlreicher Arbeiten in »Camera Work«. 1904 Experimente mit Farbe. 1906 Rückkehr nach Paris; Auseinandersetzung mit der europäischen Kunst und Fotografie; mehrmaliges Treffen mit → Kühn; 1907 Zusammentreffen in Igls und Tutzing u.a. mit → Eugene, Stieglitz und Kühn. Erneute Reise nach Paris; Bekanntschaft mit Auguste Rodin, Pablo Picasso, Constantin Brancusi. Ab 1912 Berater für Luftbildfotografie bei der amerikanischen Armee. 1923 Chef-Fotograf von »Vogue« und »Vanity Fair«; Konzentrierung auf künstlerische Modefotografie. 1947 Berufung zum Direktor der Fotoabteilung des Museums of Modern Art, bis 1962. Organisation von mehr als 60 Ausstellungen, darunter 1955 »The Family of Man«, die bis dahin größte Fotoausstellung der Welt.

Lit. D. Longwell, St. Meisterphotographien 1895 bis 1914. New York 1978

Steiner, Ralph (* 1899 Cleveland/Ohio) Begann mit zwölf Jahren zu fotografieren; 1917–21 Studium am Dartmour College; erste Publikation seiner Bilder 1922; 1921–22 studierte er an der Schule von Clarence H. → White in New York; ab 1923 erste Werbefotografien; 1928 Bekanntschaft mit → Strand, mit dem er 1936 den Dokumentarfilm »The Plow That Broke The Plains« drehte. 1932 arbeitete er mit dem »Group Theater« zusammen. 1938 drehte er den Film »The City«. 1939 Dozentur am Sarah Lawrence College. 1943 Übersiedlung nach Hollywood. 1948 Fotoarbeiten für »Fortune«. Seine in ihrer grafischen Strenge überraschenden Lichtbilder erinnern an → Umbo und → Kertész. Eindrucksvoll bleiben die Fotos aus der Welt des Theaters und die um 1930 (und später) entstandenen Porträtserien.

Lit. R. S., A Point of View. Middletown 1978

Steinert, Otto (* 1915 Saarbrücken, † 1978 Essen) Studierte zunächst bis 1939 Medizin, war bis 1948 als Arzt tätig; wurde als Autodidakt Fotograf. Berufung als Leiter der Fotoklasse (1948) an die Werkkunstschule Saarbrücken. 1949/50 Gründung der Gruppe »fotoform«, zu der u.a. auch → Schneider, → Keetman und → Hajek-Halke gehörten. 1952–59 Direktor der Werkkunstschule; 1954 Ernennung zum Professor; 1959 Berufung an die Essener Folkwang-Schule. Seine drei programmatischen, von ihm organisierten Fotoausstellungen »Subjektive Fotografie I, II und III« (1952–58) knüpften an die vom Bauhaus initiierte »Neue Fotografie« an und bewirkten eine Renovation der Lichtbildnerei unter künstlerischem Vorzeichen. Seit 1959 Organisation zahlreicher Ausstellungen zur Geschichte der Fotografie. Daneben selbst als hervorragender Porträtist und »live«-Fotograf tätig. Bedeutendster Fotolehrer der Nachkriegszeit. Zu seinen Schülern zählten u.a. → Gelpke, → Ruetz, Arno → Jansen, → Cordier und → Riebesehl. 1965 Verleihung der David Octavius Hill-Medaille. S. war Vorstandsmitglied der Deutschen Gesellschaft für Photographie (DGPh) und Vorsitzender der Gesellschaft Deutscher Lichtbildner (GDL).

Lit. O. S. Der Initiator einer fotografischen Bewegung. Ausstellungskatalog Museum Folkwang. Essen 1976

Stelzner, Carl Ferdinand (* 1805, † 1894 Hamburg) Studierte, bevor er sich 1837 in Hamburg niederließ, die

Miniaturmalerei und die Technik der Daguerreotypie in Paris. 1842 eröffnete St. sein erster Atelier in Hamburg. Im selben Jahr hielt er die große Hamburger Brandkatastrophe mit der Kamera fest (erstes Reportagefoto der Geschichte). Berühmt wurde er jedoch mit seinen arrangierten Biedermeier-Porträts des Hamburger Bürgertums. 1854 erblindete er als Folge des häufigen Umgangs mit giftigen Quecksilber- und Joddämpfen, die bei der Erstellung von Daguerreotypien Anwendung fanden. Neben → Biow zählt er zu den ersten Lichtbildnern in Deutschland, die die Fotografie berufsmäßig betrieben.

Lit. C. F. St. In: Photographie zwischen Daguerreotypie und Kunstphotographie. Bearbeitet von F. Kempe. Museum für Kunst und Gewerbe. Hamburg 1977

Stern, Grete (* 1904 Wuppertal-Elberfeld) Besuchte zunächst die Kunstgewerbeschule in Stuttgart (1925–27); von dort Übersiedlung nach Berlin; Privatschülerin bei → Peterhans. Studium am Bauhaus 1930–31 und Beschäftigung mit Porträtfotografie. 1933 Internationaler Preis für Fotoplakate in Brüssel; Übersiedlung nach London, wo sie sich weiterhin der Porträtfotografie widmete. 1956 Anstellung als Fotografin am Museo Nacional de Bellas Artes in Buenos Aires (Sachfotografie, Architektur). Dozentur für Fotografie an der Universität Resistencia. Ihre oftmals ironisch anmutenden Lichtbilder zeigen eine Verwandtschaft zu den Werken von → Krull und → Blumenfeld.

Lit. G. S., Porträts von 1927–1972. Ausstellungskatalog. Buenos Aires 1972

Stieglitz, Alfred (* 1864 Hoboken/New Jersey, † 1946 New York) Studierte nach dem Schulabschluß in New York 1881 Ingenieurwesen und Fotografie an der Technischen Hochschule in Berlin. Nach seiner Rückkehr in die USA wurde er Mitglied der Society of Amateur Photographers (New York). 1892 gab er die Zeitschrift »American Amateur Photographer« heraus; ein Jahr später entstanden seine ersten Aufnahmen vom »New Yorker Winter«; 1896 erste Nachtaufnahmen. 1897–1902 gab er die »Camera-Notes« heraus. 1902 gründete er, gemeinsam mit → Coburn und → Steichen die »Photo-Secession« und die Zeitschrift »Camera Work«, deren erste Nummer 1903 erschien und als Forum der künstlerischen Fotografie gedacht war. 1904 Reise nach Igls, Zusammentreffen mit → Kühn, der ihn mehrfach porträtierte. 1905 eröffnete St. in seiner Wohnung die Galerie »291«, in der er neben Fotografien auch Malereien und Grafiken ausstellte, u.a. von Georges Braque, Pablo Picasso, Constantin Brancusi, Gino Severini und Georgia O'Keefe (seiner späteren Frau). 1907 erneute Reise nach Deutschland und Österreich –»Gipfeltreffen« mit Kühn, → Eugene und Steichen in Igls und Tutzing. 1915 Herausgabe des Magazins »291«, das ihm jene publizistische Unterstützung für seine Galerie besorgen sollte, die ihm durch die New Yorker Presse versagt blieb. 1917 ließ er »Camera Work« nach der 50. Nummer einstellen; im selben Jahr Auflösung der Galerie; Organisation mehrerer Ausstellungen. Beseelt von dem Wunsch, die Fotografie als Kunst in Amerika zu etablieren, gründete er nicht nur Zeitschriften und Galerien, sondern er legte auch eine Sammlung mit Arbeiten der besten Fotografen des ihm nahestehenden Kreises an. Es gibt bis heute keinen zweiten Lichtbildner, der eine ähnlich zentrale Rolle in der amerikanischen Fotografie gespielt hat.

Lit. The A. S. Bequest. Ausstellungskatalog des Metropolitan Museum of Art. New York 1978

Stone, Sascha (Daten nicht zu ermitteln) Verließ angeblich mit 13 Jahren die UdSSR. Erlernte in New York das technische Zeichnen; besuchte (um

1920) die Kunstakademie in Paris, wo er zugleich mit der Fotografie in Berührung kam. Um 1925 Gründung eines Ateliers für Werbe- und Industriefotografie in Berlin. Sein Markenzeichen war der Satz »Sascha Stone sieht mehr«. Ungewöhnlich sind in der Tat seine Akt- und Architekturdarstellungen. Um 1930 Aufträge für Werbefilme für die Deutsche Reichsbahn. Ab 1936 wohnhaft in Brüssel. Seine noch erhaltenen Arbeiten lassen den Einfluß von → Rodtschenko und → Ray erkennen.

Lit. S. S. In: U. Eskildsen und J.-Chr. Horak (Hrsg.), Film und Foto der zwanziger Jahre. Stuttgart 1979

Stone, Sir Benjamin (* 1838 Birmingham, † 1914) Fing als Besitzer einer Glasfabrik um 1865 an zu fotografieren; publizierte 1869 »History of Lichtfield«, in dem Arbeiten von ihm abgedruckt sind. Weitere Publikationen: »Traveller's Joy« (1883) und »Children in Norway« (1884). 1889 wurde er zum Präsidenten der Birmingham Photographers Society gewählt; 1891 Weltreise; 1895 Parlamentsmitglied; 1896 Fotoserie von Westminster Abbey; 1901 erste große Ausstellung im Victoria und Albert Museum in London; Porträtserie von Parlamentsmitgliedern; 1906 Publikation von »Sir Benjamin Stone's Pictures«; 1911 Bilddokumentation (gemeinsam mit seinem Sohn) der Krönung Georg V. Schon 1902 war er gebeten worden, die Krönung Edwards VII. zu fotografieren; nach den Feierlichkeiten hatte sich jedoch herausgestellt, daß wegen eines Defektes die Platten nicht richtig belichtet waren. Aufgrund seiner zahlreichen Figurenporträts von Mitgliedern und Angestellten des englischen Parlaments (auch von »gewöhnlichen« Menschen auf dem Lande) wird Stone häufig → Sander verglichen.

Lit. B. Jay, Customs and Faces: Photographs of Sir B. S. New York 1974

Strand, Paul (* 1890 New York, † 1976 Paris) Studierte 1904–09 bei → Hine an der Ethical Culture School in New York; Mitglied des New Yorker »Camera Clubs«. 1912 Eröffnung eines Fotoateliers; Verkauf handkolorierter Architekturfotos. 1915 Bildberichte aus dem amerikanischen Süden. 1916 »Schnappschüsse« aus dem New Yorker Armenviertel; Auseinandersetzung mit formalen und fototechnischen Problemen; abstrakte Kompositionen und Stilleben entstanden; erste Einzelausstellung in → Stieglitz' Galerie »291«. Von 1919–21 Zusammenarbeit mit → Sheeler, mit dem er den Avantgarde-Film »Mannahatta« drehte. 1922–24 weitere filmische Experimente mit einer handbetriebenen Motorkamera; Vorlesungen über Fotografie in der Fotoschule von Clarence H. → White. 1929–32 Zusammenarbeit mit → Adams während der Sommermonate in Mexiko. 1935 Reisen in die UdSSR, wo er mit Sergei M. Eisenstein zusammentraf. 1943–44 Fotomontagen zur Unterstützung des Wahlkampfes von Franklin D. Roosevelt. 1945 große Retrospektivausstellung im Museum of Modern Art, New York. 1950 Verlegung des Wohnsitzes nach Paris. Sein der »straight photography« und dem »visuellen Risiko« zugleich verpflichtetes Werk erinnert in den Landschaftsdarstellungen an das Œuvre Edward → Westons.

Lit. P. S., Sixty Years of Photographs. Millerton 1976

Strelow, Liselotte (* 1908 Redel/Hinterpommern, † 1981) Erhielt 1924 bis 29 eine Ausbildung als Landwirtin; begann ab 1930 Fotografie an der Lette-Schule in Berlin zu studieren und war danach Assistentin im Atelier von Suse Byk. Bis 1938 arbeitete sie als Fotografin für die Kodak AG in Berlin, wo sie dann ein eigenes Atelier eröffnete, das während des Krieges völlig zerstört wurde. 1945 eröffnete sie ein

Liselotte Strelow »*Salvador Dali (oder ›Dali normal‹)*«

neues Atelier in Detmold; 1950 Übersiedlung nach Düsseldorf, wo sie bald, wie zuvor schon in Berlin, zur bevorzugten Porträtfotografin der oberen Gesellschaftsschichten, der Künstler- und Theaterkreise avancierte (Bilder u. a. von Werner Egk, Carl Orff, Hildegard Knef, Konrad Adenauer). 1957 erhielt sie auf der Biennale in Venedig die Goldmedaille für Fotografie. Ihr 1961 publiziertes Werk »Das manipulierte Menschenbildnis« gilt als Standardwerk der Porträtfotografie.

Lit. L. St. Porträts 1933–1972. Ausstellungskatalog. Text von K. Honnef. Rheinischen Landesmuseum. Bonn 1977

Strindberg, August (* 1849 Stockholm, † 1912 Stockholm) Dieser bedeutende Dramatiker und Prosaist (literarischer Durchbruch mit dem Roman »Das rote Zimmer«) war trotz seines über die Literatur hinausgehenden Interesses für die Malerei auch ein begeisterter Fotograf und Experimentator (→ Zola). Bereits 1844 konzipierte Strindberg eine Fotoreportage über Frankreich, die er 1886 gemeinsam mit Gustaf Steffen in die Tat umsetzte. Die Rückreise nach Schweden führte ihn über Gersau in der Schweiz. Von dieser Zwischenstation sind mehrere Fotos überliefert (vorwiegend Selbstporträts). 1890 machte er während einer Reise durch Mittelschweden 150 Fotos, von denen jedoch keines erhalten blieb. 1891 fertigte er eine Porträtserie seiner Kinder Hans, Greta und Karin an; 1906 Rollenporträts verschiedener Schauspieler. Bis zu seinem Tod hat sich Strindberg in unzähligen Bildern immer wieder selbst porträtiert, weil er der Meinung war, daß kein anderer »seine Seele« mit auf das Foto bekäme. Zeitweilig spielte er sogar mit dem Gedanken, die Literatur zugunsten der Fotografie aufzugeben. Er experimentierte mit Objektiven, baute eigene Kameras und versuchte sich an einem neuartigen Verfahren der Farbfotografie. Von seinen Lichtbildern sind nur wenig mehr als 30 Stück noch erhalten.

Lit. A. Gundlach (Hrsg.), Der andere Strindberg. Frankfurt a.M. 1981

Štryrský, Jindřich (* 1899 Černé/Kysperk, † 1942 Prag) Studierte an der Akademie der Bildenden Künste in Prag. 1925 Übersiedlung nach Paris; 1928 Rückkehr nach Prag, wo er zum Ausstattungsdirektor des »Freien Theaters« berufen wurde (bis 1929). Auseinandersetzung mit dem Surrealismus und der Fotografie ab 1934. Ab 1935 entstanden seine phantastisch-skurrilen Fotozyklen wie z.B. »Der Froschmann« und »Der Mann mit den Scheuklappen«; daneben an → Atget erinnernde Städtebilder aus dem alten Prag. 1941 Fotopublikation »Auf den Nadeln dieser Tage«, mit einem literarischen Text von Jindřich Heisler; das Buch erschien während der deutschen Besetzung im Untergrund. 1946 ehrte ihn die Stadt Prag posthum mit einer Retrospektivausstellung seines fotografischen Nachlasses.

Lit. J. S. In: Photographie als Kunst 1879–1979. Ausstellungskatalog Tiroler Landesmuseum Ferdinandeum Bd. 1. Innsbruck 1979

Sudek, Josef (* 1896 Kolin, † 1976 Prag) Begann während des Ersten Weltkrieges mit einer Faltkamera zu fotografieren; wurde 1920 Mitglied im Prager Amateur-Fotoklub und besuchte erst ab 1922 (bis 1924) die staatliche Grafikerschule, um dort bei Karel Novak Fotografie zu studieren. 1922–27 entstand eine Fotoserie von Kriegsversehrten, die allerdings seine einzige bildjournalistische Arbeit blieb. Sein deutlicheres Interesse galt der künstlerischen Fotografie. 1924–28 Fotoserien über den Prager St.-Veits-Dom; mit → Funke Gründung der »Tschechischen Fotografischen Gesellschaft«. 1927 Übernahme eines Ateliers und Erwerb einer 18 × 24-cm-Plattenkamera; Aktstudien, Interieurs und erste Landschaften enstanden. 1936 Beteiligung an der Internationalen Fotoausstellung in Prag, zusammen mit → Rodtschenko, → Heartfield, → Moholy-Nagy und → Ray. Ab 1940 fertigte er von seinen großformatigen Negativfilmen nur noch Kontaktkopien an; im gleichen Zeitraum Beginn der Serie »Das Fenster meines Ateliers«, ein Thema, das er bis zu seinem Tode immer wieder aufgriff. 1966 wird ihm der »Orden der Arbeit« verliehen. Beachtenswert sind vor allem seine symbolisch-phantastischen Stilleben, die einen Einfluß auf das Schaffen Arno → Jansens gehabt haben könnten.

Lit. J. S. Ausstellungskatalog Galerie Lichttropfen. Aachen 1976

Sudre, Jean Pierre (* 1921 Paris) Besuchte 1941–43 die École Nationale de Cinématographie in Paris; 1943–45 Fortsetzung des Studiums am Institut des Hautes Études Cinématographiques. Dozent an der École des Arts Visuels in Brüssel seit 1968. Mitarbeit am Centrum für kreative Fotografie in Lacoste seit 1974. Zu seinen eindrucksvollsten Leistungen zählen die neusachlichen Objektstudien und seine wie vorgefunden wirkenden Stilleben. Er gilt als Symbolist unter den französischen Fotografen; Parallelen zum Werk → Sudeks und → Laughlins sind erkennbar.

Lit. J. P. S. In: C. Beaton und G. Buckland, The Magic Image. London 1975

* **Sundgren,** Gunnar (* 1901 Rörberg/Schweden, † 1970 Uppsala) Erlernte die Fotografie, wie nach ihm → Järlås, im Atelier von Ferdinand Flodin. Machte sich 1928 mit einem Fotostudio in Uppsala selbständig; im selben Jahr erste Einzelausstellung seiner Lichtbilder in Uppsala. Er spezialisierte sich früh auf die Porträtfotografie; zugleich umfangreiche freie »Foto-Notizen« aus seiner Stadt und deren Umgebung (Straßenbilder, Alltagssituationen, Innenräume öffentlicher Gebäude). Er war einer der vielseitigsten schwedischen Fotografen; seine Porträts sind gut mit denen von → Leirens, seine Industriefotos mit denen von → Keetman und seine Architektur- und Landschaftsstudien mit denen von → Krull vergleichbar.

Lit. G. S. In: Fotografer. G. S. u.a. Katalog Moderna Museet/Fotografiska Museet. Stockholm 1977

Sury, Joseph (* 1866 Chimay/Belgien, † 1944 Antwerpen) Erhielt eine Ausbildung als Chemiker; studierte um 1888 an der Kunstakademie in Brüssel und beschäftigte sich später als Amateur mit der Fotografie. Bedeutung für die Fotografie in Belgien erlangte er durch seine Erfindung des »Color-Pulververfahrens«, bei dem die Bichromatgelatineschichten mit Pastellfarben eingefärbt wurden. 1923 widmete ihm die Royal Photographic Society in London eine Einzelausstellung. Hervorzuheben sind seine Genreszenen und seine ab 1930 entstandenen Porträtstudien alter Menschen, die er größtenteils in dem genannten Color-Verfahren ausführte.

Lit. J. S. In: C. Magelhaes und L. Roosens, De fotokunst in België 1839–1940. Deurne/Antwerpen 1970

Sutkus, Antanas (* 1939 Kluoniskiai/UdSSR) Erhielt bis 1960 eine Ausbildung als Journalist an der Universität in Vilnius; arbeitete dann bis 1969 als Bildjournalist für verschiedene Magazine und Zeitschriften. Seit 1966 auch ausländische Fotoausstellungen (u.a. in Berlin, Monte Carlo); seit 1969 Beschäftigung mit der Landschafts- und der freien Porträtfotografie. Seine situativen Künstlerporträts und seine Bildberichte von Volksfesten, Arbeitertreffen und Großveranstaltungen in der UdSSR zählen zu den beeindruckendsten Leistungen innerhalb seines umfangreichen Werkes. S. ist seit 1969 Vizepräsident der Litauischen Gesellschaft für fotografische Kunst. Er gehört neben Aleksandras Macijauskas, Peter Tooming, Jonas Kalvelis, Julius Vaicekauskas und → Spuris zu den wenigen künstlerisch orientierten Fotografen der UdSSR, die auch im Ausland bekannter sind.

Lit. A. S. u.a., Dieses Land Litauen. Vilnius 1976

Szathmari, Karl (aktiv 1850–1870) Begann um 1850 in Bukarest als Amateur zu fotografieren. 1853 porträtierte er russische Generäle im Feldlager; 1853/54 Fotoserien über türkische Truppen an der Donau (Bilder aus der Etappe; Krimkrieg). 1855 stellte S. 200 seiner Lichtbilder auf der Weltausstellung vor. Je ein Exemplar des vielbeachteten Portfolios übergab er der englischen Königin Victoria und Leopold

Gunnar Sundgren »*Keramik Utan årtal*«

I. von Belgien. Nach 1855 widmete er sich wiederholt der Darstellung von Genreszenen (»Mutter und Kind«, »Die Wasserträger«). Er gilt als einer der ersten Kriegsberichterstatter der Fotografie.

Lit. K. S. In: J. M. Eder, History of Photography. New York 1978

Székessy, Karin (* 1939 Essen) Studierte 1957–59 Fotografie in München; arbeitete 1962–66 als Bildjournalistin für die Zeitschrift »Kristall«. Ihre ersten Aktfotografien entstanden 1963; Zusammenarbeit und Heirat mit Paul Wunderlich, der ihre farbigen Aktfotografien (weibliche Modelle) als Bildvorlage für seine Gemälde und Grafiken nutzt. Seit 1966 freie Fotografin. 1967–70 Dozentur für Modefotografie an der Werkkunstschule Hamburg. Ab 1970 freie Arbeiten u.a. für »Twen«, »Avantgarde«, »Spiegel« und »Architektur und Wohnen«. Ihre träumerischen, oftmals sehr dekorativen Körperarrangements erinnern in ihrer Farbigkeit und leichten »out-of-focus«-Technik an die Mädchendarstellungen David Hamiltons.

Lit. K. S. Ausstellungskatalog Galerie Levy. Hamburg 1974

Tabard, Maurice (* 1897 Lyon) Begann als Amateur neben dem Musikstudium zu fotografieren. 1918 Übersiedlung nach New York, wo er Unterricht an der Fotoschule von Emil Bunel erhält. Zugleich Bekanntschaft mit → Genthe und später auch mit → Steichen, dessen Einfluß in seinen frühen Arbeiten nachklingt. 1928 Rückkehr nach Paris und Arbeit als freier Fotograf (Mode, Porträt und experimentelle Fotografie). Bekannt machten ihn vor allem seine Porträt- und Objektsolarisationen (Sabattier-Effekt), seine Fotogramme und seine abstrakten Fotocollagen. 1948 kurzer Aufenthalt in den USA, wo er → Blumenfeld traf und für Alexey Brodovitch und Carmel Snow tätig wurde. Seine Fotografien erschienen u.a. in den Magazinen »Elle«, »Marie Claire« und »Harper's Bazaar«.

Lit. M. T. In: K. Steinorth, Photographen der 20er Jahre. München 1979

Tajiris, Shinkichi (* 1923 Los Angeles) Nahm als Soldat am Zweiten Weltkrieg teil. Studierte 1946–48 am Art Institute of Chicago. 1949 Übersiedlung nach Paris und Studium bei Ossip Zadkine und Fernand Léger. 1950 Studium an der Académie de la Grande Chaumière. 1951 Dozent an der Werkkunstschule Wuppertal. Arbeit als Maler und Plastiker. Auseinandersetzung mit der Fotografie seit 1961. Teilnahme an der documenta II (1959), III (1964), und IV (1968). 1961 Beschäftigung mit der Assemblage und der Video-Technik; Architektur-Plastiken. 1973 Professor an der Hochschule für Bildende Künste in Berlin. 1975 konzentrierte sich T. auf die Herstellung von Daguerreotypien. Bis 1976 entstehen 101 Lichtbilder nach dem historischen Verfahren mit allerdings neuzeitlichen Sujets (surrealistische Porträts, Aktszenen, die Berliner Mauer). Seit 1978 Versuche auch mit Umdrucktechniken.

Lit. S. T., Spiegel mit Erinnerungen. Ausstellungskatalog Künstlerhaus Bethanien. Berlin 1977

Takanashi, Yutaka (* 1935 Tokio) Studierte Fotografie an der Nihon Universität. Er interessierte sich besonders für Situationsporträts; Versuche, durch Schnappschußserien einen möglichst spontanen Eindruck des heutigen Lebens in einer technisierten, von Massenkommunikationsmitteln beherrschten Welt zu erhalten wie z.B. in »Tomorrow« (1963), »Holiday« (1964) und »Tokyo man« (1966). 1964 wurde er von der japanischen Fotokritikervereinigung zum »Most Promising Photographer« gewählt. 1967–70 Lehrbeauftragter an der Fotoabteilung des Nishon Design Center. 1967 erster Preis für Fotografie der internationalen Pariser Jugendbiennale.

Lit. Y. T., Toward City. Tokio 1974

Talbot, William Henry Fox (* 1800 Melbury/England, † 1877 Lacock Ab-

Alexandrine Tinne »*Lange Voorhout in Den Haag*«

bey) Als englischer Gutsbesitzer und Universalgelehrter beschäftigte er sich ab 1843 u.a. auch mit der Camera lucida und der Camera obscura; Bekanntschaft mit J. F. W. Herschel. 1835 Entwickelte T. ein Papiernegativ-Verfahren, das er als »Kalotypie« patentieren ließ. Dieses Negativ-Positiv-Verfahren, bei dem sensibilisiertes Papier belichtet wurde, ist vom Prinzip her (im Gegensatz zu → Daguerres bzw. → Niépces Verfahren) mit dem heute üblichen Verfahren der Positivbildherstellung identisch. 1835 gab er eine Denkschrift heraus, in der dieses Verfahren beschrieben wurde und die als die erste theoretische Abhandlung über Fotografie angesehen wird. 1839–40 Bekanntgabe seiner Forschungen über Bromsilber- und Jodsilberpapiere und deren Fixierungsmöglichkeiten; Briefwechsel mit dem französischen Wissenschaftler Jean Baptiste Biot. 1840–43 erstellte T. eine Reihe von Landschafts-, Architektur- (auch als Interieur), Pflanzen-, Porträt- und Stillebenfotos, die ihm 1844 u.a. zur Illustrierung des sechs Bände umfassenden Werkes »The Pencil of Nature« dienten (erstes »Fotobuch« der Geschichte). 1845 gab er mit »Sun Pictures in Scotland« ein weiteres aufsehenerrregendes Fotobuch heraus. 1848 entwickelte er zusammen mit Thomas Augustine Malone ein spezielles Porzellan als fotografischen Bildträger (Patent 1849). 1847 Zusammentreffen mit → Bayard. 1873 wurde T. zum ersten Ehrenmitglied der Royal Photographic Society ernannt. Neben dem Kalotypie-Verfahren beschäftigte er sich u.a. mit Fotogrammen (z.B. von Insekten und Pflanzen), der Mikro- und Infrarotfotografie, Raster- und Vervielfältigungsverfahren und der Panoramafotografie. Von allen Erfindern der Fotografie war T. einer der wenigen, die vorausschauend die Potenz und Entwicklungsmöglichkeit der Fotografie wirklich erkannt und beschrieben haben.

Lit. A. Jammes, W. H. F. T. Ein großer Erfinder und Meister der Photographie. Luzern/Frankfurt a.M. 1972

Thomson, John (* 1837 Edinburgh?, † 1921 London) Studierte an der Universität von Edinburgh; unternahm 1865 als Mitglied der Royal Geographic Society eine fünfjährige Forschungsreise nach China und Kambodscha; die fotografischen Ergebnisse dieser Reise publizierte er 1867 unter dem Titel »The Antiquites of Cambodia« und 1872 als Portfolioband »Illustration of China and Its People«. Th. erwies sich in diesen Aufnahmen als präziser, unromantischer Schilderer des chinesischen Alltags in den Städten und auf dem Lande. 1877 publizierte er mit »Street Life in London« ein von der Thematik her ähnliches Werk. Ab 1880 fertigte er außerhalb des Ateliers, eine Reihe von Bildnissen berühmter englischer Persönlichkeiten an, mit denen er sich als Meister des Situationsporträts zu erkennen gab. Th. gilt als einer der ersten Bildjournalisten Englands.

Lit. J. Th., Street Life in London. Text von A. Smith. New York/London 1969

* **Tinne,** Alexandrine (* 1835 Den Haag, † 1869 Nordafrika) Fing um 1855 an zu fotografieren 1859 begann sie mit einer Fotodokumentation Den Haager Stadtansichten, die wegen ihres sicheren Gespürs für Komposition gerühmt wurden. Ab 1862 unternahm sie mehrere Reisen nach Afrika. Sie gilt als die erste bedeutende Fotografin und Bildjournalistin der Niederlande. 1869 fuhr sie nach Nordafrika, um einen Bildbericht über das Leben der Tuaregs anzufertigen; angeblich wurde sie von diesen in der Nähe von Tripolis ermordet.

Lit. W. Sutherland, A. T. – Haar leven en reizen. Amsterdam 1935

Titzenthaler, Waldemar (* 1869 Laibach, † 1937 Berlin) Erlernte das Fotografenhandwerk 1886–89 in Hannover bei Karl Wunder. Nach mehreren Reisen durch Deutschland ließ T. sich 1896 in Berlin nieder, wo er sich 1897 selbständig machte. Neben seinen Bilddokumentationen über die historischen Stadtteile Berlins arbeitete er auch wiederholt für die aktuelle Bildberichterstattung (zugleich war er einer der ersten Illustrationsfotografen in Deutschland). Obgleich er zumeist wegen seiner Industrie- und Architekturfotografien gerühmt wurde, hat er doch eher in seinen unprätentiösen Landschafts- und Naturstudien zu meisterhaften Leistungen gefunden. Sein zum großen Teil noch erhaltenes Werk befindet sich im Archiv der Landesbildstelle Berlin.

Lit. W. T., Berlin und die Mark. Berlin-Friedenau o.J.

Tomatsu, Shomei (* 1930 Nagoya/Japan) Promovierte 1954 am Institut für Volkswirtschaft der Aichi-Universität. Galt schon früh als bester Nachwuchsfotograf (Auszeichnung 1958). 1959 Gewinn des angesehenen Mainichi-Photo-Preises; im selben Jahr neben → Kawada und → Ikko Gründungmitglied der primärfotografisch orientierten Gruppe »VIVO«. 1961 Ernennung zum »Fotograf des Jahres«; zugleich neben Ken Domon Mitwirkung an der Konferenz gegen die Atombombe (»Hiroshima-Nagasaki-Dokumentation«). 1964 Reisen u.a. nach Afghanistan. 1972/73 Studienaufenthalte in Okinawa. In seinen erschütternden Bildberichten über die Nachwirkungen der Atomexplosion »11 : 02 – Nagasaki« (1966) definiert er sich als entschiedener Gegner jeglicher tödlich-moderner Technologie. Sein Hauptthema ist die Beschreibung des Wandels der japanischen Gesellschaft im Zeitalter der totalen Industrialisierung.

Lit. S. T. In: Neue Fotografie aus Japan. Ausstellungskatalog. Darmstadt 1978

Torregrosa, José (*1949 Pamplona/Spanien) Konzentrierte sich früh auf die experimentelle Fotografie; nutzt auch die Sequenz (Folgen von 6–12 Bildern) zur Steigerung der Bildaussage (→ Michals). Bekannt wurde er u.a. durch seine Aktfotografien und durch eine ausgefeilte Koloriertechnik, die es bisweilen nicht möglich macht, zu erkennen, ob es sich bei den jeweiligen Arbeiten tatsächlich um farblich gehöhte s/w-Aufnahmen oder um reine Color-Fotografien handelt. T. nimmt seit 1947 regelmäßig an nationalen und internationalen Ausstellungen teil; seine Lichtbilder wurden u.a. in »Anuario de la Fotografia Española« (1974) und »Fotografia Kwarrtalnik Polonia« (1977) publiziert (→ Fontcuberta, → Catany).

Lit. J. T. In: H. Schöttle (Hrsg.), dumont foto 2. Köln 1980

Tress, Arthur (*1940 Brooklyn/New York) Unternahm mehrere Reisen nach Asien, Europa und Afrika; studierte Malerei und Kunstgeschichte am Bard College und war ab 1968 als Bildjournalist für das Magazin »Vista« tätig, für das er u.a. Bildberichte über die chinesischen Einwanderer in San Francisco und über die Situation der Erntearbeiter in South Carolina lieferte. 1971 Abkehr vom Bildjournalismus, Entscheidung für die kreative Fotografie. 1971 Stipendium des New Yorker State Council on the Arts für ein Fotoprojekt; Beginn der Fotofolge »Theatre of the Mind«, die er als Portfolio (1000 Exemplare) publizieren läßt. 1973 wird sein Fotoband »The Dream Collector« veröffentlich, der ihn auch in Europa bekannt macht. In seinen metaphysischen, oft direkt surrealistischen Fotografien geht es T. um die Sichtbarmachung unbewußter »Denkprozesse, Wunschbilder und Verzweiflungen«.

Lit. A. T., Theatre of the Mind. New York 1976

Tuminello, Ludovico (*1824 Rom, †1907 Rom) Er begann um 1842, sich für die Fotografie zu interessieren. 1849 mußte er wegen seiner Aktivitäten während der »Römischen Republik« nach Turin übersiedeln, von wo er erst 20 Jahre später wieder nach Rom zurückkehren konnte. Besonders hervorzuheben sind seine Fotodokumentationen aus dem militärischen Bereich (Truppen im Feldlager, Afrikaexpedition des Orazio Antinori, Belagerung Roms). Seine rege Ausstellungstätigkeit (Turin, Paris, Wien) machte ihn und seine Vorliebe für Kalotypie schon früh über Italien hinaus bekannt. Kurz vor seinem Tode wurde der größte Teil seiner Gerätschaften und sein gesamtes fotografisches Archiv versteigert (1903). Eine größere Anzahl seiner Papiernegative befindet sich heute im Gabinetto Fotografico in Rom.

Lit. L. T. In: Rom in frühen Photographien 1846–1878. München 1978

Turbeville, Deborah (*1938 Medford/USA) Begann als Autodidaktin zu fotografieren; betätigte sich zugleich auch als Filmemacherin. Ihre mit allen Traditionen brechenden Werbefotografien trugen ihr den Ruf einer »hard-core-Modefotografin« ein. 1976 beauftragte das New Yorker Kaufhaus Bloomingdale sie mit der Gestaltung mehrere Fenster im Stile ihrer Fotografien. Ihre unorthodoxen, morbiden Modeszenerien wurden stilbildend für die junge amerikanische Modefotografie. Charakteristisch für ihre Bilder ist ein übermäßig grobes Korn und eine Art verwaschene Farbigkeit. Neben den artifiziellen Arbeiten von Cheyco Leidmann, Guy Bourdin und → Newton nehmen sich ihre Werke wie ein gelungener Affront gegen die intellektuell-verspielte Welt der Mode aus.

Lit. D. T. In: ZOOM, Nr. 11. München 1978

Uelsmann, Jerry Norman (* 1934 Detroit) Studierte ab 1953 am Rochester Instute of Technology, u.a. bei Minor → White; ab 1958 Studium am Department of Art der Indiana University; ab 1960 Dozent für Fotografie an der University of Florida in Gainsville; dort 1969 Ernennung zum Professor. Ab 1970 Workshops an verschiedenen Universitäten in Amerika über kreative Fotografie. Zusammenarbeit mit → Adams. In seinen experimentellen Bildfindungen (auch als symbolhaftes Porträt; → Newman) vereint U. verschiedene Techniken der Foto-Grafik (Sabattier-Effekt, Collage, Doppelbelichtung, Retusche, Sandwich, Rückprojektion usw.) zu einer bisweilen phantastisch-surrealistisch überhöhten Aussage (»Eye Chair«, »Reminiscing about the Future«, »Rock-Tree«); U. dürfte der bekannteste Fotograf dieses Genres in Amerika sein (→ Meatyard).

Lit. J. N. N., Silver Meditations. Dobbs Ferry 1975

Umbo (eigentl. Otto Umbehr; * 1902 Düsseldorf, † 1980 Hannover) War 1921–23 Schüler am Bauhaus in Weimar, u. a. bei → Itten, Oskar Schlemmer und Paul Klee. 1923 Kamera-Assistent in Berlin, Zusammenarbeit mit → Stone für Walter Ruttmanns Dokumentarfilm »Berlin, Sinfonie einer Großstadt« (1927). Ab 1926 Zusammenarbeit mit → Citroën; Bildjournalist bei der »Dephot« (Deutscher Photodienst, → Man) unter Simon Guttmann. 1933–43 Arbeit als freier Fotograf für verschiedene Zeitungen und Magazine. 1943–45 Kriegsdienst; Verlust des gesamten Bildarchivs. Ab 1945 Lokalreporter in Hannover. Ab 1948 Hausfotograf der Kestner-Gesellschaft in Hannover. Sein Werk, das der »Neuen Fotografie« und dem auf → Rodtschenko zurückreichenden »experimentellen Bildjournalismus« verpflichtet scheint, ist für die deutsche Fotografie von ähnlich grundsätzlicher Bedeutung wie das Œuvre von → List. Die Bandbreite seines Schaffens reicht von der subtilen Reportage (Serie über den Clown »Grock« 1928/29) über die ironische Fotocollage bis hin zum neusachlichen und symbolistischen Stilleben.

Lit. U., Photographien 1925–1933. Ausstellungskatalog Spectrum Photogalerie im Kunstmuseum Hannover mit Sammlung Sprengel. Hannover 1979

Uribe, Jesús Sanchez (* 1948 Mexiko D. F.) Besuchte 1971–73 die Kurse bei Alejandro Parodi; fotografiert als Autodidakt seit 1970. 1972–73 unterrichtete er im Fotoklub von Mexiko City; seit 1974 private Fotoworkshops; seit 1975 Fotokurse am Medizinischen Zentrum La Raza, IMMS, Mexico City; seit 1976 Dozent am Mexikanischen Studienzentrum der Fotografie; 1977 Assistent bei → Alvarez-Bravo. U. versteht sich in erster Linie als künstlerisch orientierter Primärfotograf. Seine besondere Aufmerksamkeit gilt seit 1972 dem Situationsporträt und den »von der Zivilisation gezeichneten Stadtlandschaften«.

Lit. J. S. U. In: Camera, Nr. 10. Luzern 1978

Valdivia, Marco (* 1947 Antofagasta/Chile) Studium der Malerei und Bildhauerei bis 1968 in Santiago; 1969–71 Studium der Architektur an der Universität von Mexico City; Fortsetzung des Studiums an der Yale University in New Haven. 1976 Master of Arts für Fotografie am Royal College of Art in London. 1977 Berufung auf den Lehrstuhl für Fotografie am London College of Painting. V.s Arbeiten (bevorzugt s/w) beschäftigen sich mit der systematischen Analyse von fotografischen Kompositionsproblemen anhand von Körper- und Objektformationen. Insofern zählt er, wie → Mulas, → Josephson und z.T. auch → Katase, zu der Gruppe von Konzeptfotografen, die mit der Aufarbeitung fotografieimmanenter Probleme befaßt sind (→ Neusüss).

Lit. M. V. In: The New British Image. London 1977

Vanderpant, John (* 1884 Alkmaar/Niederlande, † 1939 Vancouver/Kanada) Studierte, bevor er nach Kanada auswanderte, an der Reichsakademie in Leiden, wo er auch als Bildjournalist tätig war. 1913 Übersiedlung nach Okotos; 1919 Übersiedlung nach New Westminster, wo er 1923 den ersten »International Salon of Photography« in Kanada organisierte. 1924 Eröffnung eines Fotostudios und ab 1925 mehrere Ausstellungen seiner Landschafts- und Pflanzenfotots in England, Holland und Deutschland. 1926 Mitglied der Royal Photographic Society; Eröffnung der »Vanderpant-Galleries« in Vancouver; Fotoserien von Getreidespeichern, die an → Sheeler denken lassen. 1930 Beschäftigung mit der experimentellen Fotografie; zugleich Organisation zahlreicher Ausstellungen mit amerikanischen Fotografen, u.a. mit → Cunningham und Edward → Weston. Besonders seine in den 30er Jahren entstandenen Pflanzenfotografien erinnern in ihrer Qualität an → Blossfeld und → Renger-Patzsch.

Lit. C. C. Hill, J. V. Photographs. Ausstellungskatalog National Gallery of Canada. Ottawa 1976

Van Der Zee, James (* 1886 Lennox/South Dakota, † 1976 New York?) Begann mit 14 Jahren zu fotografieren; übersiedelte 1906 nach New York. Um 1915 begann er, als Assistent im Atelier von Gert's Department Store als Fotograf zu arbeiten; kurz darauf Rückkehr nach New York; Bildserien über die Jugend von Harlem. 1916 Eröffnung des ersten Studios in der 135th Street in Harlem (in erster Linie Porträtaufträge); 1931 Umzug in die 7th Avenue; 1937 nochmaliger Umzug; 1943 Neueröffnung als »GGG«-Studio in der Lenox Avenue, das 1969 geschlossen werden mußte. 1969 Gründung des James-Van-Der-Zee-Institutes in New York. 1970 Ernennung zum Ehrenmitglied des Metropolitan Museum of Art, das 66 Lichtbilder von ihm erwarb und sie in die Präsenzsammlung integrierte. V. D. Z. war der erste bedeutende schwarze Fotograf Amerikas (→ Parks). Die Darstellung seiner zumeist schwarzen Kunden (Hochzeiten, Festbankette, Gruppen, Militärs, Beerdigungen) als bürgerliche erfolgreiche und »besonders adrette Amerikaner« wirkt angesichts der realen politischen Hintergründe wie ungewollte Ironie.

Lit. L. De Cock (Hrsg.) J. V. D. Z. Dobbs Ferry 1973

Veronesi, Luigi (* 1908 Mailand) Beschäftigte sich als Autodidakt schon früh mit der vom Bauhaus propagierten Fotografie des »Neuen Sehens« und der Neuen Sachlichkeit. Erste Fotogramme und Fotozeichnungen entstanden um 1930. Erste größere Ausstellung seiner Arbeiten 1932 in der Galleria del Milione in Mailand. Auseinandersetzung mit dem russischen Konstruktivismus. 1934 Mitglied der Gruppe »abstraction-création«; Freundschaft mit → Moholy-Nagy; Serien abstrakter Fotografien und Strukturstudien entstanden. Ab 1935 fotografische Bühnenbilder; 1939 Zusammenarbeit mit Riccardo Malipiero und Giorgio Strehler an abstrakten Filmen. Seit 1945 bevorzugt im Bereich Theater und Film tätig. Seine Fotogramme und Lichtexperimente erinnern an → Schad und → Bruguière zugleich.

Lit. L. V., Del film astratto. Mailand 1948

Vink, John (* 1948 Brüssel) Er studierte nach seinem Schulabschluß 1968–71 Fotografie an der École Nationale Superieure d'Architecture et des Arts Visuelles in Brüssel u.a. bei → Cordier und → Sudre. In seinen hauptsächlich nach 1972 entstandenen Lichtbildern (s/w) wird eine Vorliebe für ausgefallene Perspektiven (→ Rodtschenko, → Müller-Pohle) und skurrile Objekte und Situationen

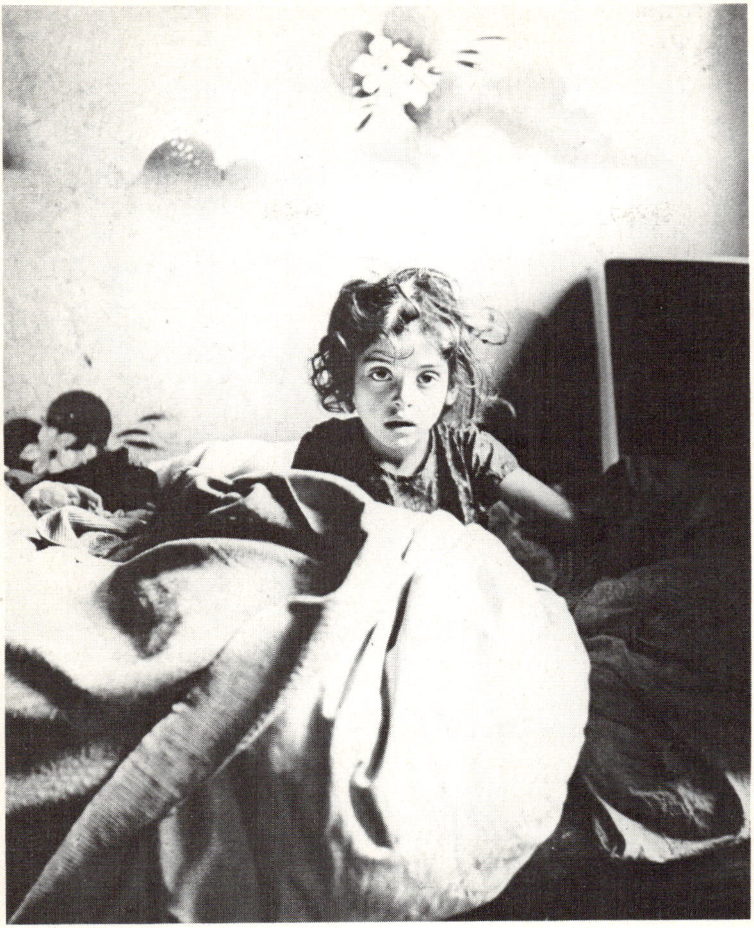

Roman Vishniac

erkennbar. Zahlreiche Ausstellungen in Europa und Übersee bestätigen ihn als den wohl bekanntesten Vertreter der Avantgarde-Fotografie in Belgien. Seine Arbeiten, die gleichermaßen poetisch und phantastisch anmuten, werden dem »Visualismus« zugeordnet.

Lit. J. V. In: Fotografie, Heft 7. Riesweiler 1978

* **Vishniac,** Roman (*1897 Petersburg/Rußland) Fotografiert seit seinem achten Lebensjahr; machte bereits 1906 Fotos durch ein Mikroskop; studierte 1914–19 Biologie und Medizin an der Universität in Moskau. Übersiedlung nach Deutschland 1920; Studium der asiatischen Kunst 1928–33 in Berlin. 1935–39 fotografierte er die Welt der Juden in Polen (u.a. in Lublin, Krakau und Warschau); 1939–40 Internierung in einem französischen Konzentrationslager. 1940 Emigration in die USA. 1941–50 arbeitete er dort

als Porträtfotograf. Ab 1951 beschäftigte er sich mit der Makrofotografie (Insekten- und Kleinstlebewesen) und der fotografischen Sichtbarmachung chemischer Prozesse. 1956 Ernennung zum Ehrenmitglied der American Society of Magazine Photographers (→ Rothstein). Ab 1960 Weiterentwicklung der Mikroskopfotografie und Konzeption mehrerer wissenschaftlicher Filme wie z.B. »The Edge of the Sea« und »The Microscopic Algae«. 1971 ehrte ihn das Jewish Museum in New York mit einer umfangreichen Retrospektivausstellung: »The Concerns of R. V.«.

Lit. R. V. Biographie. Mit einem Text von E. Kinkead. New York 1974

Vogt, Christian (* 1946 Basel) Studierte Fotografie bis 1969 in Basel, München und London; 1970 Eröffnung eines Fotostudios in Basel; zugleich erste Publikationen seiner Lichtbilder in »DU«, »Time-Life« und »Camera«. 1974 wurde ihm von der schweizerischen Eidgenossenschaft ein Stipendium zuerkannt; 1975 erhielt er den 1. Preis der Internationalen Triennale der Fotografie in Fribourg. Bekannt wurde er besonders durch seine 1974 publizierten surrealistischen »Wolkenbilder« (künstliche Wolken im Schlafzimmer, über dem Parkett, vor dem Sofa, dem Spiegel usw.) und seine »Rote Serie« (1977), in der er von roten Tüchern verhüllte oder eingeschnürte Akte in bühnenartigen Räumen präsentierte. V. gilt neben → Goebli als einer der populärsten Fotodesigner der Schweiz.

Lit. Ch. V. Werkverzeichnis. Ausstellungskatalog Kunsthaus. Zürich 1976

Von der Mühll, August (* 1858 Basel, † 1942 Basel) Absolvierte bis 1878 eine kaufmännische Lehre im elterlichen Seidengeschäft in Basel; zugleich autodidaktische Auseinandersetzung mit der Fotografie (ab 1882 auch mit der Farbfotografie). 1883–84 Studienreisen u.a. nach Indien, Singapur, Amerika und Japan, wo seine ersten Farbaufnahmen von japanischen Menschen entstehen (Tätowierungen, Straßen- und Genreszenen). Nach seiner Heirat 1884 Rückzug aus dem Geschäftsbetrieb. Bis kurz vor seinem Tode widmete sich V. d. M. der Fotografie (vor allem Stadtansichten und Landschaften). Obgleich seine Werke heute weitgehend vergessen sind, dürfte er neben → Scharf einer der bedeutendsten kreativen Fotoamateure der Jahrhundertwende gewesen sein.

Lit. A. V. d. M. In: Camera, Nr. 11. Luzern 1976

Vroman, Adam Clark (* 1856 La Salle/Illinois, † 1916 Pasadena?) Arbeitete 1874–92 als Schaffner bei der Bahn und als Vertreter. 1892 machte er seine ersten Landschaftsaufnahmen; im selben Jahr Übersiedlung nach Pasadena; 1894 Eröffnung einer Buchhandlung; 1895 Bildberichte über die Lebensbedingungen der Hopi-Indianer (→ Curtis). Bis 1904 bereiste V. mehrere Indianerreservate des amerikanischen Südwestens. Mit seinen äußerst dramatischen Lichtbildern erwies er sich als aufmerksamer und einfühlsamer Beobachter des Lebens einer vom Untergang bedrohten Rasse. 1901 erstellte er eine fotografische Dokumentation der archäologischen Ausgrabungen im Gebiet der Navajo-Indianer.

Lit. R. Mahood (Hrsg.), Photographer of the Southwest: A. C. V. New York 1969

Wahlberg, Arne (* 1905 Stockholm) Arbeitete schon während seiner Schulzeit als Fotograf für verschiedene Tageszeitungen und Magazine (z.B. für das »Svenska Dagbladet« und das Wochenmagazin »Vecko-Journalen«). Zusammenarbeit mit Bildjournalisten wie Anders Karnéll (1927) und Herman Sylwander (1928). Eröffnung eines eigenen Fotoateliers 1929 in Stockholm: Porträts, Werbung (Erzeugnisse der Glasindustrie, Keramik). Studienreise nach Dresden 1931. Um 1950 Niederlassung als freier Fotograf in Blekinge. Wie → Sundgren zählt auch W. zu den Fotografen, die sich vom Porträt (u.a. Ingrid Bergman) über das Fotodesign bis hin zur Aktfotografie und Industriereportage in allen Bereichen der Lichtbildnerei zu Hause fühlen. Hervorzuheben sind seine auftragsungebundenen Arbeiten, in denen er zu einer Klarheit und Direktheit der Bildsprache gelangte, die in Schweden sonst nur noch von → Götlin und → Riwkin erreicht wurden.

Lit. A. W. In: Fotografer A. W. u.a. Katalog Moderna Museet/Fotografiska Museet. Stockholm 1977

Walker, Todd (* 1917 Salt Lake City/Utah) Studierte 1939–41 an der Art Center School in Los Angeles u.a. bei Edward Kaminski. Als Dozent ab 1942 am Art Center of Design in Los Angeles tätig. Berufung als Professor 1966 an die University of California in Los Angeles. Seit 1970 Professor an der University of Florida. Erste Lichtbilder entstanden 1946. Seine sehr eigenwilligen Akt- und Situationsstudien erschienen u.a. in »Art in America«, »U.S. Camera«, »Gaphis« und »Album«. W. zählt zu den wenigen in erster Linie primärfotografisch arbeitenden Lichtbildnern in Amerika.

Lit. T. W. In: Camera, Nr. 11. Luzern 1975

Warhol, Andy (eigentl. Andrew Warhola; * 1928 Pittsburgh/Pennsylvania) Studierte 1945–49 am Carnegie Institute of Technology. 1952 Übersiedlung nach New York; Tätigkeit als Werbegrafiker; Studienreise nach Italien (Florenz). W. entschloß sich 1959, Künstler zu werden. Seit 1960 Verwendung des fotografischen Sofortbildverfahrens (z.B. Polaroid) zur Erstellung von Siebdruckserien (Serigrafie) u.a. von Elvis Presley, Marilyn Monroe, Liz Taylor, Willy Brandt, Joseph Beuys. Ab 1963 Entstehung von Langzeitfilmen (»Sleep«, 6 Std.; »Empire«, 8 Std.). 1978 erregte er Aufsehen durch eine Foto-Gemälde-Serie über die Schatten der Bilder an der Wand seines Ateliers. W. kann seit Mitte der 60er Jahre als der wohl populärste Vertreter der Pop Art angesehen werden. Kein bildender Künstler vor ihm hat die Fotografie so konsequent zur Umsetzung von Bildideen genutzt.

Lit. R. Crone, A. W., Stuttgart 1970

Watson-Schütze, Eva (* 1867 Jersey City/New Jersey), † 1935 Chikago) Studierte Malerie und Grafik in Philadelphia. Arbeitete an 1896 mit dem Maler und Fotografen → Eakins zusammen. 1900 Aufnahme in die Jury für den Photographic Salon von Philadelphia (neben → Käsebier, → Eugene, → Stieglitz und Clarence H. → White). 1901 Übersiedlung nach Chikago und Aufnahme in den »Linked Ring«. 1902 Gründungsmitglied der »Photo-Secession« in New York. Bis 1910 bevorzugte sie die Technik des im Stieglitz-Kreis beliebten Gummidrucks. Vor allem ihre romantisch-konventionellen Frauenporträts stehen den Arbeiten → Camerons und Käsebiers nahe.

Lit. E. W.-S. In: Photosammlung Stieglitz aus dem Metropolitan Museum New York. Ausstellungskatalog Museum Ludwig. Köln 1980

Watzek, Hans (* 1848 Bilin/Böhmen, † 1903 Wien) Studierte 1865–72 an den Kunstakademien in Leipzig und München. Ab 1874 als Zeichenlehrer tätig; Ernennung zum Professor; theoretische Arbeiten über physiologische Optik. 1891 Mitglied im Wiener »Kamera-Club«. Konstruierte gemeinsam mit Ludwig David eine 30 × 40-cm-Plattenkamera, die er für Naturaufnahmen einsetzte. 1894 Freundschaft mit → Henneberg und → Kühn;

Gründung der Gruppe »Trifolium« (Kleeblatt); außerdem Mitglied im »Linked Ring«. Ab 1895, durch die Kenntnis der Werke von → Demachy, Auseinandersetzung mit der Technik des farbigen Gummidrucks. Ab 1896 Entwicklung eines echten Mehrfarbendrucks durch Übereinanderlegen von drei Grundfarben. Ab 1902 Korrespondenz mit → Stieglitz. Obgleich W. in erster Linie an der Fotografie als einem technischen Problem interessiert war, fand er Kompositionen, die jeglichem Vergleich mit denen anderer Kunstfotografen standhalten.

Lit. H. W. In: F. Matthies-Masuren, Gummidrucke von H. Henneberg, H. Kühn und H. W. Halle 1902

Weber, Wolfgang (* 1902 Leipzig) Studierte bis 1924 in München Ethnologie, Philosophie und Musik. Reiste 1925 im Auftrag des Phonetischen Instituts der Universität Berlin nach Afrika; Beginn seiner bildjournalistischen Tätigkeit u.a. für die »Berliner Illustrirte«. Während des Zweiten Weltkrieges Bildberichte »auf neutralem Boden über die gegnerischen Fronten«; Fotodokumentation des Geschwaderfluges von Italo Balbo über den Atlantik. Nach 1945 Chefreporter für die »Neue Illustrierte«, für die er von den Krisenherden der Welt berichtete. Seit 1955 Bildberichte aus der Dritten Welt; Berichte u.a. über die Suez-Krise, den Kongo, die Begegnung von Nehru und Tschu En-Lai; Dokumentation für die »Bunte« und die »Schweizer Illustrierte« über die Situation der Weißen in Südafrika. Seit 1964 ist W. hauptsächlich für das Deutsche Fernsehen tätig.

Lit. W. W., Abenteuer meines Lebens. München/Wien/Basel 1960

Weegee (eigentl. Arthur Fellig; * 1899 Zloczew/Polen, † 1968 New York) Kam mit zehn Jahren nach New York, wo er sich bereits mit 15 Jahren als Straßenfotograf durchschlagen mußte. 1915–35 arbeitete er als Fotolaborant bei einer Bildagentur, die ihn gelegentlich auch als Pressefotograf einspringen ließ. Ab 1935 fotografierte er freiberuflich (als »Polizeifotograf«) für das Manhattan Police Headquarter. 1938 bekam er die Erlaubnis, ein Polizeifunkgerät in seinem Wagen zu installieren. Sensationelle Fotos entstanden, weil er meist als erster die Tat- bzw. Unglücksorte erreichte. Seine Bildreportagen von Brandkatastrophen und Mordfällen bestechen zwar durch die Eindringlichkeit der eingefangenen Situationen, bewegen sich aber zugleich auch hart am Rande menschlicher und fotografischer Geschmacklosigkeit. 1945 gab er sein erstes Buch mit Sensationsfotots heraus: »Naked City«; zugleich erste Ausstellung im Museum of Modern Art, New York. Ab 1947 u.a. für »Vogue«, »Harper's Bazaar« und »Life« tätig; Übersiedlung nach Hollywood; Arbeit an »Naked Hollywood«. Ab 1952 Fotokarikaturen von Polikern und Unterhaltungskünstlern; Mitwirkung in mehreren Unterhaltungsfilmen. Ab 1960 zahlreiche Reisen für Foto-, Film- und Buchprojekte u.a. nach Deutschland, Frankreich und in die UdSSR.

Lit. J. Coplans (Hrsg.), W. – Täter und Opfer – 85 Photographien. München 1978

Weston, Brett (* 1911 Los Angeles) Erlernte die Fotografie unter Anleitung seines Vaters Edward → Weston, den er 1925 nach Mexiko begleitete; Bekanntschaft mit → Modotti. 1926 Rückkehr nach Kalifornien. 1930 Eröffnung eines eigenen Studios. 1932 entstanden die ersten Luftaufnahmen. Ab 1945 Zusammenarbeit mit → Rothstein. 1948–58 erneute Zusammenarbeit mit seinem Vater. W. wurde vor allem durch seine dramatischen Landschaftsstudien und seine Fotoserien fast abstrakter, gleichwohl natürlicher Formen und Strukturen bekannt. 1968 besuchte er auf Einladung der Bonner Regierung im Rah-

Edward Weston

men eines Fotoauftrages die Bundesrepublik Deutschland.

Lit. B. Newhall (Hrsg.), B. W.: Voyage of the Eye. Millerton 1975

* **Weston,** Edward (* 1886 Highland Park/Illinois, † 1958 Carmel/Kalifornien) Machte mit 16 Jahren seine ersten Fotografien. Später Ausbildung am Illinois College of Photography. 1911 Eröffnung eines Porträtstudios in Tropico/Kalifornien. 1923 Übersiedlung nach Mexiko City; Bekanntschaft mit Diego Rivera und → Alvarez-Bravo. 1926 Fotoreportagen (gemeinsam mit → Modotti) über Mexiko. 1928 Gründung eines Ateliers in Carmel; Ausbildung seines Sohnes Brett → Weston zum Fotografen. Abkehr von der bis dahin gepflegten Kunstfotografie. Bekenntnis zum Dokumentarismus und zur Neuen Sachlichkeit. Pflanzen, Landschaften, natürlichen Strukturen galt sein Interesse. 1932 zusammen mit → Cunnigham, → Adams und Willard van Dyke Gründung der Gruppe »f/64«. 1937 erhielt er als erster Fotograf ein Guggenheim-Stipendium. 1948 letzte Fotografien von »Point Lobos«. Seine zahlreichen Pflanzen- und Strukturstudien, die, wie seine Aktdarstellungen, zunehmend abstrakter und artifizieller wurden, ließen ihn schon zu Lebzeiten zu einem »Klassiker des Mediums« werden.

Lit. B. Maddow, E. W.: Fifty Years, New York 1975

White, Clarence Hudson (* 1871 West Carlisle/Ohio, † 1925 Mexico City) War zuerst als Buchhalter tätig. Begann als Amateur um 1893 zu fotografieren. Gewann 1897 eine Goldmedaille der Ohio Photographer's Association und gründete 1898 den »Camera Club« von Newark. 1898 Begegnung mit → Day und → Stieglitz, der für W. eine Einzelausstellung organisierte. 1900 gemeinsam mit → Käsebier Aufnahme in den »Linked Ring«. 1904 Aufgabe seiner Buchhaltertätigkeit und Beginn der freien Arbeit als Fotograf (Reise und Porträt). 1906 Übersiedlung nach New York, wo er 1907 gemeinsam mit Stieglitz fotografische Aktstudien betrieb, die später den Namen »The Cramer-Thompson-Series« erhielten. 1910 Gründung einer Sommerakademie für Fotografie in Maine, an die er Käsebier, Max Weber und Day als Assistenten berief. 1914 Gründung der Clarence H. White School of Photography in New York, die bis 1943 regelmäßig Kurse abhielt. 1916 Präsident der »Pictorial Photographers of America«. Neben → Coburn, Käsebier und → Steichen zählt W. zu den bedeutendsten Vertretern der amerikanischen Kunstfotografie.

Lit. Symbolism of Light: The Photographs of C. H. W. Ausstellungskatalog Delaware Art Museum. Wilmington 1977

White, Minor (*1908 Minneapolis/Minnesota) Studierte 1928–33 Anglistik und Botanik an der University of Minnesota. Während der Studienzeit erste Gedichte; zugleich autodidaktische Versuche mit der Platten- und der Kleinbildkamera. Ab 1935 Beschäftigung mit den Werken von → Adams, → Stieglitz und Edward → Weston; Entschluß, Fotograf zu werden. 1940–42 arbeitete er als Dozent für Fotografie am La Grande Art Center in Oregon, 1946–47 als Leiter der Fotoabteilung der California School of Fine Arts. 1952 gründete er die Zeitschrift »Aperture« (die noch heute erscheint); u.a. Zusammenarbeit mit → Lange, → Morgan, Milton Ferris und Ernest Louis. Ab 1956 redaktionelle Betreuung der Zeitschrift »Image«. Ab 1965 Professor am Massachusetts Institute of Technology. In seinen poetischen, oft mit literarischen Titeln versehenen Lichtbildern (Wand- und Materialstrukturen; Aaron → Siskind) finden die abstrakt-fotografischen und die dokumentarfotografischen Tendenzen (Landschaften, Landhäuser, Fabriken) zu einer häufig überraschenden Symbiose.

Lit. M. W., Rites and Passages. Millerton 1978

Windstosser, Ludwig (*1921 München) Lehrzeit als Mechaniker; nach dem Zweiten Weltkrieg Fotografenlehre bei Adolf Lazi; als Fotograf selbständig seit 1948. Obgleich W.s frühes Interesse der Industriefotografie galt, publizierte er eine Reihe hervorragender Fotobücher über Landschaften und Städte (Württemberg, Neckarland, Griechenland, Ludwigsburg, Breslau, Ulm). Seine Industriefotografien z.B. aus dem Ruhrgebiet, die in ihrer subjektiven Perspektivik an → Steinert denken lassen, machten ihn schon zu Beginn der 60er Jahre zu einem der bedeutendsten Fotografen dieses Genres in Europa.

Lit. L. W./H. Missenharter, Das Stuttgartbuch. Stuttgart 1960

Wilp, Charles (*1937 Witten) Studium der Wirkungspsychologie und Publizistik in Aachen; zugleich Studium der Musik und freie Arbeiten als Fotograf und Filmemacher. Reisen in die USA und nach Brasilien; dort Zusammenarbeit mit dem Architekten Oscar Niemeyer in Rio de Janeiro; Eröffnung eigener Fotostudios in London und Düsseldorf; Konzentrierung auf Werbefotografie (unorthodoxe Bildkampagnen für »Bluna«, »Afri-Cola«, »Puschkin« u.a.). Aufsehen erregte W. 1972 mit einem farbigen Großporträt von Franz Josef Strauß, das auf der 5. documenta in Kassel ausgestellt wurde.

Lit: Ch. W., 777,777. Die Fülle und die Leere. Ausstellungskatalog Städtische Kunsthalle Düsseldorf. 1974

Winogrand, Garry (*1928 New York) Beschäftigte sich während des Kriegsdienstes in der amerikanischen Luftwaffe mit der Fotografie. Studierte 1947–48 Malerei am New York City

College. 1951 Fortsetzung der Studien im Fach Fotografie bei Alexey Brodovitch an der New School für Social Research. 1952–64 als freischaffender Fotograf (u.a. für Werbung, Mode, Produkte) tätig. Zwei Guggenheim-Stipendien (1964 und 1969) ermöglichten ihm schließlich die Durchführung eines längeren Fotoprojektes. 1969 publizierte er sein Bildessay »The Animals«, in dem er das Tier (im Zoo, Zirkus, Freizeitpark) als ein vollständig domestiziertes Lebewesen darstellte, das auf den Menschen nur noch als Skurrilität Eindruck machen kann. W.s Hauptthema nach 1970 ist die Darstellung des amerikanischen Alltags: Situationsporträts gewöhnlicher Menschen an gewöhnlichen Orten. Ohne es intendiert zu haben, ist er in den letzten Jahren zu einem der subtilsten Kritiker der extrovertierten amerikanischen Verhaltensnormen avanciert. Seit 1976/77 wirkt er als Lehrer an der University of Texas.

Lit. G. W., Women are Beautiful. New York 1975

Wittkugel, Klaus (* 1910 Kiel) 1927–29 studierte er freie Malerei in Hamburg; 1929–32 an der Folkwang-Schule in Essen. Ab 1945 Gebrauchsgrafiker in Ost-Berlin. 1949 Chefgrafiker des Amtes für Information der Regierung der DDR. 1952 Berufung als Professor an die Kunsthochschule in Ost-Berlin. Seine in erster Linie 1925–35 entstandenen Fotoarbeiten thematisieren das Problem von »abstrakten Schattenverläufen« und von Lichtbrechungen durch undefinierbare Objekte. Seine Lichtbilder könnten unmittelbaren Einfluß auf das experimentelle Schaffen von → Kepes und → Schawinsky gehabt haben.

Lit. K. W. Ausstellungskatalog Galerie Phot'Oeil. Paris 1980

Wolf, Reinhart (* 1930 Berlin) Studierte bis 1954 Literatur, Kunstgeschichte und Psychologie in den USA und an der Universität in Hamburg. 1955 Besuch der Bayerischen Staatslehranstalt für Photographie in München. Anschließend Studienaufenthalt in Paris, wo eine Serie von vielbeachteten Künstlerporträts u.a. von Fernand Léger und Alberto Giacometti entstand. 1956 Rückkehr nach Hamburg und Gründung eines Fotostudios für Werbung; erste farbfotografische Schallplatten-Covers, Food- und Stillife-Fotografien. Ab 1970 Konzentrierung auf Werbefilme und TV-Spots. Ab 1972 Zusammenarbeit mit James Garret für internationale Werbefilmproduktionen. Daneben beschäftigt er sich mit der farbigen Dokumentarfotografie industrieller Bauten, altertümlicher Häuser und Scheunen in den USA und in Deutschland (»Gesichter von Gebäuden«). Ab 1978 entstehen wiederholt an Arno → Jansen erinnernde Stilleben. W. gilt als einer der vielseitigsten, oft künstlerisch orientierten Werbefotografen der 70er Jahre. Redaktionelle Aufträge u.a. auch für »stern« und »GEO«.

Lit. R. W., Gesichter von Gebäuden. Mit einem Text von M. Sack. Bremen 1980

Wolff, Paul (* 1887 Mühlhausen, † 1951 Frankfurt a.M.) War zuerst hauptberuflich als Zahnarzt tätig. Kam 1920 als Amateur zur Fotografie und gewann auf der Großen Deutschen Fotografischen Ausstellung in Frankfurt a.M. 1926 eine Leica. Er wurde zu einem der wichtigsten Wegbereiter der von Oskar Barnack initiierten Kleinbildfotografie. Ab 1930 wurde aus dem umfänglichen Hobby ein zweiter Beruf. W. favorisierte jene »live«-Fotografie, die keine Bindung an spezielle Sujets, sondern authentische Berichte aus allen Bereichen des Lebens übermitteln wollte. Zahlreiche Bildbände über Menschen, Landschaften und Städte und der Aufbau eines eigenen Bildarchivs machten ihn zum prominenten

Vorbild der nachfolgenden Generation deutscher Bildjournalisten.

Lit. P. W. In: GDL 1919–1969. Eine Dokumentation. Essen/Werden 1969

Wols (eigentl. Alfred Otto Wolfgang Schulze; * 1913 Berlin, † 1951 Paris) Erlernte um 1931 das Fotografieren im Atelier von Genja Jonas. 1932 kurze Lehrzeit am Bauhaus u.a. bei → Moholy-Nagy und Mies van der Rohe. Übersiedlung nach Paris; Bekanntschaft mit Fernand Léger, Joan Miró und Max Ernst. Arbeitete neben seiner Malerei als Fotograf. Skurrile Stilleben von zerlegten Tieren, Früchten und Geräten entstanden, die ihm oft als Vorlage für seine Gemälde und Zeichnungen dienten. Zugleich fertigte er aber auch visuell äußerst anspruchsvolle Bilder aus den Pariser Künstlervierteln. 1937 nahm er den Künstlernamen »Wols« an, mit dem er fortan seine Werke signierte; im selben Jahr Ernennung zum offiziellen Fotografen der Pariser Weltausstellung. 1939–40 Internierungslager. Erste große Einzelausstellung bei René Drouin in Paris; fortschreitende seelische Zerrüttung. Sein fotografisches Werk, dessen morbide Thematik an → Bellmer und Arno → Jansen denken läßt, ist bis heute in der Fotografie ohne gleichwertiges Pendant.

Lit. L. Glozer, WOLS Photograph. München 1978

Yamada, Shuji (* 1939 Nishinomiya/Japan) Besuchte nach seiner Abschlußprüfung an der Nishinomiya Highschool 1958–60 die Kuwazawa Design School. Y. wollte zuerst Werbefotograf werden, konzentrierte sich dann aber, nach Beendigung der Tätigkeit für die »Toppau Printing Company«, ab 1964 auf die Architekturfotografie (frei und auch auftragsgebunden). Seit 1965 erscheinen seine Lichtbilder in fast allen führenden Architekturzeitschriften Japans. Seine häufig schräg ins Bild gestellten Horizonte und seine Vorliebe für ungewöhnliche Perspektiven lassen auf die Beschäftigung mit den Werken von → Kertész und → Rodtschenko schließen.

Lit. S. Y. In: Neue Fotografie aus Japan. Ausstellungskatalog. Darmstadt 1978

Yamagisawa, Shin (* 1936 Tokio) Studierte Fotografie am Tokyo College of Photography; machte dort 1960 sein Abschlußdiplom und arbeitet seitdem als freischaffender Fotograf. Seine Bilder erschienen u.a. in »Camera Mainichi«, »Asahi Camera« und »Taiyo«. 1967 erhielt er den Peis für den besten Nachwuchsfotografen von der Vereinigung japanischer Fotokritiker. In seinen Fotoarbeiten, die zumeist Szenen des japanischen Alltags zeigen (häufig mit Frontalblitz und Weitwinkelobjektiv), wird eine Verwandtschaft mit den Lichtbildern von Hiromi Tsuchida und → Takanashi erkennbar.

Lit. S. Y. In: Neue Fotografie aus Japan. Ausstellungskatalog. Darmstadt 1978

Yva (eigentl. Else Simon; * 1900 Berlin, † 1942) Arbeitete seit 1925 in einem eigenen Atelier in Berlin (hauptsächlich Mode und Porträt). Fertigte 1926/27 nach Entwürfen von → Hajek-Halke »Kombinationsfotos« (Mehrfachbelichtungen, Sandwich). 1936 wurde ihr Studio »arisiert« und unter die Zuständigkeit des Pressedienstes von Charlotte Weidler gestellt. 1937–38 volontierte → Newton bei ihr, der später in Paris zu einem der bestbezahlten Modefotografen avancieren sollte. 1938 erteilte man ihr Berufsverbot. 1942 erfolgte die Verschleppung in ein Konzentrationslager. Neben ihren ausgefallenen Modefotografien verdienen besonders ihre Akt- und Detailstudien hervorgehoben zu werden.

Lit. Y. In: K. Steinorth (Hrsg.), Film und Foto – Internationale Ausstellung des Deutschen Werkbunds. Stuttgart 1979

Zak, Jerzy (*1937 Olejow/Polen) Dieser neben → Bakowski und → Bendkowski international wohl bekannteste polnische Fotograf studierte zunächst Pädagogik und Psychologie an der Jagiellonski-Universität in Krakau, bevor er sich 1959 der Fotografie zuwandte. 1971 wurde er Mitglied des Verbandes Polnischer Kunstfotografen. In seinen weitgehend experimentellen Lichtbildern bevorzugt Z. die Kombination von Collage-Umkopier- und Retusche-Techniken. Häufig werden Bilder und Bildsequenzen wie bei Rolf H. Kraus und → Roehr zu Tableaus zusammengefügt.

Lit. J. Z. In: H. Schöttle (Hrsg.), dumont foto 1. Köln 1978

Zaza, Michele (*1948 Molfetta/Italien) Begann um 1970, die Fotografie als Mittel zur Darstellung seiner Konzepte einzusetzen. Z. beschränkt sich bei seinen Fotodemonstrationen auf die Erkennbarmachung des Problems von »Raum und Zeit«. Als Personen verwendet er bevorzugt Familienmitglieder. Seine Sequenzen, häufig als Tableaus präsentiert (wie in »Ritratto Segrato«, 1976), sollen Zeitabläufe und Veränderungen räumlicher Beziehungen zwischen sich im Kreise (auch linear, diagonal) bewegenden Personen sichtbar werden lassen. Außerdem Demonstration des wechselnden Erscheinungsbildes von Figuren (»Mimesis«, 1975) durch kontinuierliche Veränderung des Lichtes.

Lit. M. Z. In: E. Billeter, Malerei und Photographie im Dialog. Ausstellungskatalog, Kunsthaus Zürich. 1977

Zielke, Willy (*1902 Lodz/Polen) Studierte Eisenbahntechnik in Taschkent/UdSSR. Übersiedelte 1921 nach München; Besuch der Bayerischen Staatslehranstalt für Photographie; dort 1928 Berufung zum Fachlehrer. Seine frühen Fotografien (Materialstudien, Akte und Stilleben) stehen in Beziehung zur Neuen Sachlichkeit. Ab 1932 Beschäftigung mit dem Film und der Farbfotografie (vierfarbige Bromöldrucke). Filme wie »Arbeitslos«, »Das Stahltier« und »Aluminium« machten ihn über Deutschland hinaus bekannt. 1936 Zusammenarbeit mit → Riefenstahl. Ab 1945 für die Filmsynchronisation in Potsdam tätig. 1951 Übersiedlung in die Bundesrepublik Deutschland; Arbeit an verschiedenen Industriefilmen (Pseudonym: Victor Valet).

Lit. F. Kempe, W. Z. und sein Werk. In: Foto-Magazin, Nr. 12. München 1976

Zille, Heinrich (*1858 Radeburg/Sachsen, †1929 Berlin) Begann 1872–74 nach der Übersiedlung nach Berlin (1867) eine Lehre als Lithograf. Ab 1877 arbeitete er in der Fotowerkstatt der »Photographischen Gesellschaft« in Berlin; erste eigene fotografische Aufnahmen, die sich wie Vorstudien zu seinen späteren Zeichnungen und Skizzen aus dem Berliner »Milljöh« der Kaiserzeit ausnehmen. Die erste datierte Fotografie trägt die Jahreszahl 1887. Bevorzugtes Thema dieser Jahre war die Ablichtung Berliner Straßenszenen und Bilder aus dem eigenen Familienleben. Ab 1899 Fotos von Künstlerfesten bei Fritz Klimsch, August Kraus und August Gaul, in dessen Atelier 1900 Z.s erste Aktaufnahmen entstanden. 1924 wurde Z. Mitglied der Akademie der Künste und Titularprofessor. Seine Fotografien, die mit ähnlicher Unbefangenheit wie die von → Lartigue entstanden, stehen in erfrischendem Kontrast zur favorisierten Kunstfotografie jener Zeit. Die Stimmung vieler seiner Bilder läßt an die vor kurzem wiederentdeckten Werke → Seidenstückers denken.

Lit. W. Ranke, H. Z. Photographien Berlin 1890–1910. München 1979

Zola, Emile (*1840 Paris, †1902 Paris) Romancier des französischen Naturalismus. Arbeitete auf den Docks, als Verlagsangestellter bei Hachette und als Journalist. 1877 literarischer Durchbruch mit dem Roman »Assommoir«, der innerhalb eines Jahres 35 Auflagen erreichte. Danach Konzentration auf den 20bändigen Romanzyklus »Les Rougon-Macquart«, der als sein Hauptwerk angesehen werden kann. 1898–99 Exil in England, weil er öffentlich gegen die Rechtsbeugung im Fall Dreyfus protestiert hatte. Seine ersten Fotos machte Z. 1889 (Freundschaft mit → Nadar). Innerhalb von sieben Jahren stellte er mehrere tausend Aufnahmen her, von denen ein großer Teil erhalten ist. Neben erstaunlich einfühlsamen Porträts seiner Freunde und Bekannten sind es vor allem seine Straßenszenen (Italienreise, Englandaufenthalt) und seine Situationsschilderungen aus dem familiären Milieu, die ihn als subtilen Ereignisfotografen ausweisen. Zeitweilig unterhielt Z. drei Fotolabors, in denen er seine Abzüge herstellte. Seine Fotoausrüstung reichte von der Kodak-Panoramakamera über die 9×12-cm-Plattenkamera bis hin zur 4,5×6-cm-Reisekamera. Unter den fotografierenden Schriftstellern nimmt Z. durch Qualität und Originalität seiner Lichtbilder eine absolute Sonderstellung ein (→ Strindberg).

Lit. F. E. Zola/Massin (Hrsg.), E. Z. Photograph. München 1979

Zwart, Piet (* 1885 Zaandijk/Niederlande, † 1977 Waassenaar) Besuchte 1902–07 die Reichsschule für Kunstgewerbe. War 1908–13 Lehrer für Zeichnen und Kunstgeschichte in Leeuwarden und bemühte sich ab 1918 um Kontakte zur »De Stijl«-Gruppe. U.a. Zusammenarbeit mit Theo van Doesburg, Piet Mondrian und Jan Wils, dessen Assistent er 1919–21 war. Ab 1923 Werbegrafik für die Kabelfabrik in Delft; Freundschaft mit → Lissitzky, der ihm 1931 eine Gastdozentur am Bauhaus vermittelte. Z. war hauptsächlich auf dem Gebiet der angewandten Fotografik (Fotogramm, Fotozeichnung, Fotomontage) tätig. 1927 Mitglied in dem von Kurt Schwitters gegründeten »Ring neuer Werbegestalter«; daneben auch Aufträge als Typograf und Möbeldesigner.

Lit. P. Z. Ausstellungskatalog des Gemeentemuseums. Den Haag 1973

Allgemeine Bibliographie

A: *Nachschlagewerke und Lexika*

Backhouse, D., u.a., Illustrated dictionary of photography. London/New York 1972
Boni, A. (Hrsg.), Photographic literature 1960–1970. A bibliographic guide. Dobbs Ferry 1976
Heidtmann, F., Wie finde ich photographische Informationen. Berlin 1979
Heidtmann, F., u.a., Die deutsche Photoliteratur 1839–1978; Theorie – Technik – Bildleistungen. München/New York 1980
Jessien, E., Foto und Film von A bis Z. Lexikon der Fachausdrücke in Wort und Bild. Düsseldorf 1980
Jones, B. E. (Hrsg.), Cassell's encyclopedia of photography. New York 1973
Schöttle, H., DuMont's Lexikon der Fotografie; Foto-Technik, Foto-Kunst, Foto-Design. Köln 1978
Voigt, F. W., Fotolexikon. München 1977

B: *Allgemeine theoretische und geschichtliche Abhandlungen zur Fotografie*

Arnheim, R., Kunst und Sehen. Eine Psychologie des schöpferischen Auges. Berlin 1978
Baier, W., Quellendarstellung zur Geschichte der Fotografie. München 1977
Barthes, R., La chambre claire. Note sur la photographie. Paris 1980
Beiler, B., Die Gewalt des Augenblicks. Gedanken zur Ästhetik der Fotografie. Leipzig 1967
Beiler, B., Weltanschauung der Fotografie. München 1977
Berger, J., u.a., Sehen. Das Bild der Welt in der Bilderwelt. Reinbek 1974
Buddemeier, H., Panorama, Diorama, Photographie. München 1970
Coe, B., Das erste Jahrhundert der Photographie. München 1979
Eder, J. M., History of photography. New York 1978
Freund, G., Photographie und Gesellschaft. München 1976
Gernsheim, H., Die Fotografie. Wien/München/Zürich 1971
Goldsmith, A., The camera and its images. From the daguerreotype to the satellite photograph. New York 1979
Günther, R., Fotografie als Waffe. Zur Geschichte der sozialdokumentarischen Fotografie. Berlin 1977
Herneck, F., Fotografie und Wahrheit. Beiträge zur Entwicklung einer sozialistischen Fotokultur. Leipzig 1979
Honnef, K., 150 Jahre Fotografie. Frankfurt a.M. 1977
Keller, U., u.a., Beiträge zur Geschichte und Ästhetik der Fotografie. Gießen 1979
Kemp, W., Theorie der Fotografie I; 1839–1912. München 1980
Kemp, W., Theorie der Fotografie II; 1912–1945. München 1979
Kesting, M., Die Diktatur der Photographie. Von der Nachahmung der Kunst bis zu ihrer Überwältigung. München 1980

Krauss, R. H., Photographie als Medium. 10 Thesen zur konventionellen und konzeptionellen Photographie. Berlin 1979
Kruse, G., Das Licht macht Bilder. Die genialen Erfinder der Photographie. München 1967
Moholy-Nagy, L., Malerei, Fotografie, Film. Berlin 1967
Neumann, Th., Sozialgeschichte der Photographie. Neuwied/Berlin 1966
Newhall, B., The history of photography. From 1839 to the present day. New York 1972
Pawek, K., Das optische Zeitalter. Grundzüge einer neuen Epoche. Olten/Freiburg 1963
Pawek, K., Panoptikum oder Wirklichkeit. Der Streit um die Photographie. Hamburg 1965
Pollack, P., Die Welt der Photographie von ihren Anfängen bis zur Gegenwart. Wien/Düsseldorf 1962
Schiendl, C., Geschichte der Photographie. Wien 1891
Schimmer, F., Rangerhöhung der Fotografie. Halle 1958
Schmoll, J. A., gen. Eisenwerth, Vom Sinn der Photographie. München 1980
Schreiber, H., Die Welt in einem Augenblick. Kultur- und Sittengeschichte der Fotografie. Tübingen/Basel 1969
Sontag, S., Über Fotografie. München/Wien 1978
Stenger, E., Siegeszug der Photographie in Kultur, Wissenschaft, Technik. Seebruck/Chiemsee 1950
Tausk, P., Die Geschichte der Photographie im 20. Jahrhundert. Von der Kunstfotografie zum Bildjournalismus. Köln 1977
Wiegand W., (Hrsg.), Frühzeit der Photographie. Frankfurt 1980

C: *Ausstellungskataloge, anthologische Übersichten*

Album der Photographie I; mit einem Vorwort von J. Millier. München 1980
Ars viva 79/80, Arbeiten im Medium Photographie. Katalog Kunsthalle. Nürnberg 1980
Barret, A., Die ersten Photoreporter 1848–1914. Frankfurt a. M. 1978
Beaton, C./Buckland, G., The magic image. The genius of photography from 1839 to the present day. London 1975
Bertonati, E., Das experimentelle Photo in Deutschland. Katalog Galleria del Levante. München 1978
Billeter, E., Malerei und Fotografie im Dialog von 1840 bis heute. Bern 1979
Documenta 6, Fotografie – Film – Video. Katalog Bd. 2. Kassel 1977
Große Photographen, von der Redaktion der Time-Life-Bücher. Amsterdam 1974
Gruber, R. und L. F., dumont foto 3: Das imaginäre Photo-Museum. Köln 1981
Gruber, L. F., Große Photographen unseres Jahrhunderts. Düsseldorf/Wien 1964
Haenlein, C. A. (Hrsg.), Dada Photographie und Photocollage. Katalog Kestner-Gesellschaft. Hannover 1979
op ten Höfel, K,. u.a., In unnachahmlicher Treue. Katalog Josef-Haubrich-Kunsthalle. Köln 1979
Kempe, F. (Hrsg.), Photographie – zwischen Daguerreotypie und Kunstphotographie. Katalog Museum für Kunst und Gewerbe. Hamburg 1977

Künstlerfotografien im XX. Jahrhundert. Katalog Kestner-Gesellschaft. Hannover 1977
Lloyd, V. (Hrsg.), 23 photographers – 23 directions. Katalog. Liverpool 1978
Mitry, J., Schriftsteller als Photographen 1860–1910. Luzern 1976
Palazzoli, D., u.a. (Hrsg.), Photography – Venezia '79. Katalog. Mailand 1979
Photokina Bilderschauen 1980. Katalog. Köln 1980
Scharf, A., Pioneers of photography. London 1975
Schreiber, H., u.a., Fotografinnen. Katalog Folkwang-Museum. Essen 1970
Steinorth, K., Photographen der 20er Jahre. München o.J.
Szarkowski, J., Looking at photographs. 100 Pictures from the collection of the Museum of Modern Art. London 1976
Wedewer, R. (Hrsg.), Vorstellung und Wirklichkeit – 7 Aspekte subjektiver Fotografie. Köln 1980
Weiermeier, P. (Hrsg.), Photographie als Kunst 1879–1979/Kunst als Photographie 1949–1979. Katalog Tiroler Landesmuseum Ferdinandeum. Innsbruck 1979

D: *Ausgewählte Publikationen zur künstlerischen Fotografie*

Bäthe, K., Photographie, Kunst und Sprache. Wert und Unwert der Photographie prinzipiell untersucht, insbesondere in ihrem Verhältnis zur klassischen Bestimmung der Kunst. München 1958
Bartning, L., Photographie und Kunst. München 1909
Beiler, B., Die Fotografie als künstlerisches Bildverfahren mit spezifischen technischen Mitteln. Ihre ästhetischen Probleme und ihre kulturpolitische Bedeutung. Leipzig 1964
Benjamin, W., Das Kunstwerk im Zeitalter der technischen Reproduzierbarkeit. Frankfurt a.M. 1963
Brevern, M. v., Künstlerische Photographie. Von Hill bis Moholy-Nagy. Berlin 1972
Flüggen, H., Traktat über Kunst und Photographie. München 1938
Kahmen, V., Fotografie als Kunst. Tübingen 1973
Kunstreich, J., Historische Zusammenhänge von Kunst und Photographie. Heide/Holstein 1960
Matthies-Masuren, F., Künstlerische Photographie; Entwicklung und Einfluß in Deutschland. Berlin 1907
Neusüss, F. M. (Hrsg.), Fotografie als Kunst – Kunst als Fotografie. Köln 1979
Rotzler, W., Photographie als künstlerisches Element. Von Fox Talbot zu Moholy-Nagy. Luzern/Frankfurt a.M. 1974
Stelzer, O., Kunst und Photographie. Kontakte, Einflüsse, Wirkungen. München 1978
Springorum, F., Der Gegenstand der Photographie. Eine philosophische Studie. München 1930
Warstat, W., Die künstlerische Photographie. Ihre Entwicklung, ihre Probleme, ihre Bedeutung. Leipzig 1919

Namenregister

(Die **halbfett** gesetzten Seitenzahlen verweisen auf einen eigenen Artikel, die *kursiv* gesetzten auf ein Foto.)